Work, Motivation and Empowerment in the Global Age

グローバル時代の人的資源論

モティベーション・エンパワーメント・仕事の未来

渡辺聡子／アンソニー・ギデンズ／今田高俊──［著］

東京大学出版会

Work, Motivation and Empowerment in the Global Age

Satoko WATANABE, Anthony GIDDENS and Takatoshi IMADA

University of Tokyo Press, 2008
ISBN 978-4-13-050171-2

はじめに

人々の仕事や組織に対する考え方は、現実の社会経済構造の変化との深い相互関係の中で、徐々にではあるが確実に、しかも全世界的規模で変化している。経済発展途上期のまだ生活水準が低かった時代には、多くの人々にとって労働の目的は、家族みんなが食べていき、雨風を凌ぐ住みかを確保するための物質的報酬を得ることであった。また、後の高度成長期の消費主義全盛の頃には、人生の目的は豊かな消費生活の享受であり、労働はそのための手段に過ぎないと考えられる傾向があった。

しかしここ三〇―四〇年間にわたる産業構造の変化とそれに伴う職業構造の変化、および物質的生活水準の向上は、人々が仕事に対して抱く期待と欲求に大きな変化をもたらした。現在では、労働人口のかなりの部分が、仕事に対して物質的報酬以上のものを期待しており、彼らにとって仕事は自負心を満足し、生きがいを与え、自己発展のプロセスとなるものでなければならない。すなわち、仕事は人々の自己実現の欲求に応えるものでなければならない。さらに反権威主義（理由や根拠もなく機械的に権威に服従することを拒否する）、権利主張主義（民主主義思想の浸透に伴い、あらゆる階層のあらゆる個人が「機会の平等」を求める権利があると考えるようになる）、個人主義（自分の人生は自分で決める）などに代表される新しい価値観は、個人の組織に対する要求を大きく変えつつある。

テクノロジーの日々の進歩は目覚ましく、我々はほとんどすべての技術上の問題を解決できるだけのノウハウを獲得したと言われるが、組織の人間的側面に関しては、未解決の問題があまりに多い。こうした組織の人間的側面に関しては、米国の人的資源論者や産業心理学者による貢献以来、ここ数十年間、体系的な研究はなされていない。しかし、この間に大きな社会変動があり、人々の仕事意識は変化し、企業活動はますますグローバル化している。

人的資源政策の核心にあるのは、どのようにして社員のモティベーションを維持増進することができるかという問題である。組織におけるモティベーション戦略を発展させていく上での難しさの一つは、産業社会の高度化に伴って雇用形態や人々の欲求が多様化したこと、またグローバル化に伴って経営環境が多元化してきたことにある。その結果、従来の研究が目指してきたあらゆる組織と管理に普遍的にあてはまる原則や方法を追求することは不可能になった。すべての社員に適用され得る唯一最良の戦略などというものは存在しないし、また同一の社員に対してさえ、同じ戦略が長期間にわたって通用され得るとは限らない。なぜなら個人のモティベーションのあり方は、その個人の組織内での地位、その個人の置かれている経済社会的環境、さらにはその時代に社会全般を支配している価値観、などの影響を受けて変動するからである。こうした複雑な状況に対応するためには、人々の価値観や仕事意識の変化、工業技術の発達が人々の態度や行動に与える影響について十分に現状を分析する必要がある。

今求められているのは、新しい経営環境に適合するグローバル・モデルを新しい国際比較データに基づいて構築することである。本書は、こうした要請に応えることを目的として書かれたものである。つまり本書の目的は、国内外の企業で実施した調査の結果に基づき、個別社会を超えたグローバルな仕事意識の変容の方向性を明らかにし、そうした新しい仕事意識に対応するだけでなく、それを効果的に生かす人的資源政策のモデルと実践的処方を提示することである。調査は二〇〇四年から二〇〇七年にかけて日本およびEU域内の企業一三社において実施され、仕事意識やモティベーションのパターンを明らかにするために異なる職務階層の社員に対する面接が行われた。調査を設計し、調査結果を解析し、さらにこれらの結果を総合的観点から統合するにあたっては、社会学および経済学の理論的枠組と方法論、経営学分野で発展してきた諸概念、さらに心理学などの行動科学における成果が取り入れられた。

本研究は、したがってグローバルな視座、国際比較の視点に立つものである。しかし同時に長期的な変化の傾向にも焦点をあてるものであり、今回の調査結果とこれまでに実施されてきた企業での研究調査の結果がしばしば比較される。本書で言及される時系列変化に関わる分析は、今回の調査結果と一九九〇年から一九九六年にかけて米国、英国、およびドイツで渡辺が実施した質問紙調査の結果との比較に基づくものである。

本書においては、ますます厳しくなっていく経営環境の中で、社員から活力と創造性を引き出し、個人と組織の力を高めていくためにはどのような政策が必要なのかを具体的に示したい。またそれは同時に、企業の「競争力」と社員に対する「評価と分配の公正」をどのように両立させるか、さらに大きくは、企業の「利潤追求」と企業に対する「社会的要請」をどのように調和させていくのか、という問題と深く関わってくる。本書においては、EUにおける事例にも言及しながら、こうした問題との関わりにおいて人的資源戦略のあり方を考察する。

本書の内容は以下の通りである。

序章では、まず第1節において、本書で展開される議論の前提となる理論的な枠組みを明示する。続いて、第2節以降、現在ますます重要になってきた人的資源政策において、今後企業が目指すべき方向性について考える。グローバルな市場に参入する国々の数が増え、あらゆる局面での国際競争が激化していることに加えて、現在の企業には三〇年前には誰も想像できなかったような多様な役割が求められている。株主、顧客、従業員、近隣住民、地域社会など、様々なステークホルダー（利害関係集団）が、しばしば相互に相矛盾する要求を掲げ、企業に圧力をかけるようになっている。株主資本利益率、従業員の機会均等と権利尊重、雇用の安定、地球環境の持続可能性、倫理規定の設定など、実に多方面からの多様な要請に応えなければならない。こうした多様な要請に応えながら生き残っていくためには、企業は非常に高い業績水準を達成しなければならない。こうした状況の中、人的資源を新たな価値創造のための戦略的「梃《てこ》」として再定義し、人材戦略の重要性を改めて見直す必要があると考える経営者は多い。本章においては、今後展開される人材戦略の方向性を特徴づけると考えられる諸特性について述べる。

第1章においては、モティベーション（動機づけ）のメカニズムとインセンティブ（誘因）を理解する上で有用な基本的概念枠組を提示する。経営に関する理論は、ある特定の社会的空間や歴史的過程における人間の体験から生まれるものであり、特定の明確な社会関係の存在を前提とする。本章においては、こうした社会的諸条件の歴史的な変遷に伴って、経営組織論が過去一世紀の間にどのような展開を見せてきたのかを辿り、さらにこうした展開の中から生まれてきた様々な人事管理における実験的な試み、特にＱＣサークルやワークチームなどの参加型管理の実例を紹介する。

第2章では新しい仕事意識について、またこうした仕事意識と密接な相互関係にある価値観の変容について考えていく。こうした意識の変化は、程度の差こそあれ、すべての先進国で進行しているグローバルで普遍的な変化である。この章では世界的規模で変化している仕事意識、あるいは職業倫理といった仕事に関わる価値観を分析し、その変化の性向を明らかにする。

第3章においては、先進国、主として欧米と日本における仕事意識を職務階層別に分析し、それぞれの職階に適合するモティベーション政策を考える。第2章で述べる仕事意識や価値観の変化は、先進国に共通したものであるが、こうした価値観のどの局面が、どの程度個人の行動に影響を与えているかという点に関しては、その個人がどの職階に属するかによって異なってくる。もちろん、個人の置かれている経済社会的環境より生ずる個人差や実際の仕事内容の相違により、同じ職階に属していてもそれぞれの個人に適合する政策は異なってくる。しかし、経営の現実的要請に応えるという目的のためには、こうした複雑性を認識しつつも、ある程度のグループ分けが必要となる。モティベーションのパターンに最も大きな影響を与える要因は、組織の中での地位であることがこれまでの調査から明らかになっている。そこで本章では、職階によって全雇用者を、①幹部経営者、②ゴールドカラー（管理職・専門職、起業家、コンサルタントなど）、③ブルーカラー雇用者、ホワイトカラー下級職およびサービス業雇用者、④フレックス雇用者（期間雇用者およびパートタイム雇用者）の四つのグループに分け、それぞれのグループを有効に動機づけるためにはどのような政策が必要かを明らかにする。さらにこうした政策モデルは、システムとしては異質であり対極的な特性を持つとされる日本型とアングロ・サクソン型のそれぞれから有用な部分を取り入れることによって、両者を相互補完的に融合することを目指すものである。

第4章においては、個人と組織のエンパワーメントについて述べる。バブル経済崩壊後の厳しい雇用状況下においても揺るがなかった「物の豊かさ」に対する「心の豊かさ」の優位は、従来の仕事人間と管理型組織の見直しを迫っている。こうした状況下で組織が業績向上をめざすには、「エンパワーメント」つまり個人や組織が環境を制御し、みずから設定した目標を達成する力を持つようになること、またそのための支援戦略が必要となる。二一世紀の新しい組織運営の中心となるべきこの「エンパワーメント」という方式によって、社員がどのように自己実現を図り、同時に組織の業績を上げ、またそれによって自分自身および他者の生活の質を向上させるることができるかを考える。

第5章では、これからの働き方と雇用の問題を政府の役割との関連において見ていく。グローバル競争がますます苛烈になる世界で、企業が競争力を維持するためには、製品、資本および労働市場はすべて、柔軟性（フレキシビリティ）を持たなければならない。さらに企業家は積極的にイニシアティブを行使し、雇用をフレキシブル化し、アウトソーシングを活用しなければならない。しかし、雇用者の個人的コストを最小限にとどめ、可能な限り雇用の安定を確保し、社会における貧困の増大を防ぎながら、企業がこうした戦略を推進していくためには、教育訓練や職務の設計をはじめ、様々な分野での企業と政府との協力が必要になる。第5章では、こうした問題について、特に現在EUで実施されている新しい経済・社会政策から何を学ぶことができるかに焦点を当てながら議論を進める。

終章では、人的資源の運営において「効率」と「公正」を両立させるためには、戦略の重要な構成要因である成果主義をどのように適用すべきかについて述べる。第3章において提示される多層的モティベーション政策は、日本型とアングロ・サクソン型の相互補完的な融合による「ハイブリッド（混成）型」のモデルである。終章においては、特に組織の活性化に最も重要な役割を果たすことが期待されるゴールドカラーに対するハイブリッド型モデルの適用、現在先進国の経済の中心になっている知識産業におけるモデルの適用について述べる。

本書の執筆については、序章、第1章、第2章、第3章、および終章を渡辺が担当、第4章を今田、第5章をギデンズが担当した。ギデンズの英文原稿の日本語への翻訳は渡辺が担当した。さてここで、本書がこのような形で出版されることになった経緯について、少し述べておきたい。

一九七〇年代半ば、米国のボストン大学では、毎夏、世界の著名な社会学者を招聘し、当時の先端的なテーマについてワークショップを開催していた。新進気鋭の若手研究者としてギデンズ、マニュエル・カステル、ニコス・プーランザスらが、また理論分野での世界的リーダーとしてアラン・トゥレーヌ、アルヴィン・グールドナーらが招かれた。渡辺は博士課程の大学院生としてボストン大学に在籍していたが、ワークショップのオーガナイザーの一人でもあり、多くの会合に参加した。こうした会合では活発な議論が交わされ、話題は社会学分野に限らず、IRAの過激なテロ活動や全共闘の安田講堂占拠など広範なテーマに及んだのを記憶している。多様な社会システムの比較検討というテーマは、ギデンズと渡辺にとってこの頃からの継続的な関心事であった。

その後、ギデンズが渡辺をケンブリッジ大学に招いたり、また一九九五年には渡辺がギデンズを日本に招聘したりして、三〇年間にわたる交流の中で共同研究が続いている。一九九五年に来日した時にギデンズは、「今度労働党の党首に選出されるトニー・ブレアは恐らく首相になるであろう。私も政策立案に関わることになると思う」と話していた。果たしてほどなく英国にブレア政権が誕生した。ギデンズはケンブリッジ大学教授の職を辞してロンドン・スクール・オブ・エコノミクス（LSE）の学長（Director）に就任し、ブレア政権の政策立案にも深く携わることになった。渡辺が二〇〇四年にLSEに招聘されていたちょうどその夏、ギデンズは英国貴族院議員に任命され、グローバルな研究テーマについてより強い関心を持つようになっていた。

本書出版の話が初めて出たのは、二〇〇四年の春から秋にかけて渡辺がギデンズの招きによりLSEで教鞭をとるかたわら、英国での調査を進めていた時である。LSEにおいて、ギデンズと渡辺は、幾度となく研究会を持ち、多様な組織や社会システムの比較およびハイブリッド化について議論を重ねた。時にはLSEのグローバル・ガバナンス・センターのメンバーをも交えて、日本型と欧米型の組織や社会システムの比較検討を行い、それぞれどこに問題があるのか、それぞれがどのように互いの優れた点を取り入れていくことができるかについて論じた。

渡辺が二〇〇五年に再びLSEに招聘された時、前年から渡辺が書き進めていた原稿に、ギデンズが「新しいEUの政策との関わりにおいて人的資源と雇用の問題を論ずる」原稿を加えるということで具体的な共著の話がまとまった。渡辺が日本に帰国して間もなくギデンズからこの原稿が送られてきた。その意味で、本書は長年のグローバルな交流が形となって表れたものであるとも言える。

本書のベースとなった研究の主要な部分は、二〇〇四―〇六年度科学研究費補助金（基盤研究B「組織における『分配の公正』と『自己実現』――仕事意識の日英比較研究」）の助成を得て実施されたものである。科研費による研究は、研究代表者が渡辺、研究分担者が今田ならびに綿貫譲治上智大学名誉教授という研究組織で進められ、さらにギデンズが研究協力者として加わった。今田は、渡辺の著書『生きがい創造への組織変革』における自己実現至上主義と企業経営に強い関心を持っていたこと、また、一九九六年にケンブリッジ大学で開催されたフォーラム（Cambridge Forum on Future Generations）でギデンズと同席し、彼がより現実的な問題に関する研究を進めるようになっていた点に共感できると伝えそれを確認できたことが、右の科研費プロジェクトへの参加のきっかけとなった。二〇〇四年以来本プロジェクトで共同研究を続けてきた今田は、自己組織性の観点から「エンパワーメント」についての考察を進め、二〇〇六年の八月にこの章の原稿を完成した。

本書で言及される企業での面接調査の実施にあたっては、多くの日本企業および欧米企業の協力を得、担当の方々にお手数をお掛けした。また英国における調査の拠点となったLSEでは社会学部長であるニコラス・ローズ教授、パトリック・マクガヴァン博士をはじめ多くの方々の協力を得た。またイングランド中北部にあるリーズ・

ブラッドフォード地域での企業の面接調査に関しては、ブラッドフォード大学・経営学部長であるアーサー・フランシス教授の助力を得た。さらに綿貫譲治教授には、三年間にわたって東京での研究会にご参加頂き、貴重なご意見と励ましを頂いた。これらの方々に心から感謝する。そして最後になったが、本書の出版にあたっては、東京大学出版会の宗司光治氏に多大なお手数をわずらわせた。厚くお礼を申し上げる。

二〇〇八年二月

著者を代表して　渡 辺 聰 子

目次

はじめに　i

序章　構造変化と新しい人的資源政策……1
1　理論的枠組――アングロ・サクソン型市場主義、日本型共同体主義を超えて　1
2　今なぜ人的資源政策なのか　6
3　厳しさ増す経営環境と社会基盤の不安定化　8
［1］増大する企業への期待　8
［2］雇用の喪失と雇用形態の変化による社会基盤の不安定化　13
4　今後の人的資源政策の方向性――効率、公正、持続可能性の両立　17
［1］「支配モデル」から「協働モデル」へ　18
［2］市場主義の優勢と効率の追求　22
［3］持続可能性　23
［4］効率、公正、持続可能性の両立　25

*1*章　モティベーション理論の展開……33
1　モティベーションに関する四つの考え方　33

2　物質的インセンティブの限界　37
3　高度化する欲求とモティベーション理論の展開　43
〔1〕人間の基本的欲求とモティベーション　45
〔2〕人間の能力と自発性を生かす経営　50
4　従業員参加の実践　53
〔1〕QCサークル　54
〔2〕ワークチーム　58
〔3〕リストラと参加型管理　60

2章　ポストモダンの仕事意識……65
1　先進国におけるポストモダン化の進行と価値観の収斂　66
2　仕事における自己実現至上主義　72
3　ポストモダン的な価値観——五つの性向　76
〔1〕獲得型個人主義　76
〔2〕権利主張主義　83
〔3〕反権威主義　85
〔4〕脱物質主義　88
〔5〕自然共生主義　89

3章　多層的モティベーション政策……95

1 幹部経営者 96
［1］幹部経営者のインセンティブ 96
［2］欧米企業の場合 99
［3］日本企業の場合 104
2 ゴールドカラー 111
［1］ゴールドカラーの仕事意識 111
［2］ゴールドカラーに対するモティベーション政策 113
3 ブルーカラー雇用者およびホワイトカラー下級職・サービス業雇用者 115
［1］ブルーカラー雇用者 115
［2］ホワイトカラー下級職およびサービス業雇用者 128
4 フレックス雇用者 130
［1］フレックス雇用の増大 130
［2］フレックス雇用者に対するモティベーション政策 135
5 日本型とアングロ・サクソン型の相互補完的融合——ハイブリッド型モデルへ 141

4章 人と組織のエンパワーメント——ポストモダンの組織活性化とは？

4章 人と組織のエンパワーメント——ポストモダンの組織活性化とは？……………147
1 ポストモダン転回 149
［1］ポストモダンとは？ 149
［2］脱物質的価値と仕事意識の変容 152
［3］脱分節化と柔軟な専門化 158
2 管理から支援へ——人材のエンパワーメント戦略 170

〔1〕管理の限界 170
〔2〕支援型の組織 172
〔3〕成員のエンパワーメント——組織活性化の鍵 179
3 自己組織化能の彫琢——組織エンパワーメントの条件 183
〔1〕環境適応から自己適応へ 184
〔2〕内破とゆらぎによる自己変革 189
〔3〕ゆらぎ型組織の条件 197
4 脱管理のゆらぎ型組織——神戸製鋼ラグビーチームの事例 204
〔1〕個の優先——システムは最後 205
〔2〕通念の打破——変則的なチーム作り 207
〔3〕型破り——アドリブ・ラグビー 209
〔4〕脱管理——監督制の廃止 210
5 結　論 212

5章　グローバル時代の仕事と政府の政策……219
1 「欧州社会モデル」と政策論争 219
〔1〕過去と未来 220
〔2〕相互学習の可能性 224
2 「新欧州社会モデル」から何を学ぶことができるか? 226
3 改革への指針 244
4 市民の不安、公正な競争、不公正な競争 250

5 アウトソーシング 253
6 結　論 256
終章　グローバル・モデルとしてのハイブリッド型人的資源政策……………261
1 新たな価値の創造とハイブリッド化への展望 261
2 職階別成果主義――分配と手続きの公正 268
文　献 iv
索　引 i

序章　構造変化と新しい人的資源政策

1　理論的枠組――アングロ・サクソン型市場主義、日本型共同体主義を超えて

序章においては、人的資源政策がなぜ現在、特に切実な課題となっているのか、さらに企業の人的資源政策が今後どのような方向に変化していくのかについて考えるが、本論に入る前に、まずこの第1節において、本書で展開される議論の背景となる理論的な枠組について述べる。

現在では、世界の多くの国々で、自由競争の原理に基づく資本主義が最も現実的で妥当な制度として受け入れられている。つまり、資本主義そのものを否定する人は少なく、多くの人はそれ以外の制度を試みるのはあまりにリスクが大きいと考えている。特に一九八九年のベルリンの壁の崩壊により、こうした雰囲気は決定的なものとなった。しかしながら、具体的にはどのような資本主義が最も適当なのか、あるいは利潤の極大化という原則をどの程度徹底的に追求すべきかといった議論になると、多種多様な見解がある。

資本主義の原理を最も徹底的に追求するのがアングロ・サクソン型であるといわれる。アングロ・サクソン型資本主義というのは、最も早く産業革命が始まり、最も早く資本主義が発展した英国や米国で浸透した経済システムの形態で、他の形態に比べると、競争原理の追求が最も徹底的であり、レッセ・フェール（自由放任主義）の原則に最も忠実である。これに対し、社会民主主義勢力が目指すのは、市場原理の徹底によって生ずる「不平等」を政府の介入によって是正し、市民を完璧な福祉制度によって保護するという大きく修正された資本主義である。

一九八〇年代、九〇年代、英国のサッチャー首相や米国のレーガン大統領に代表される新自由主義勢力は、小さな政府と市場原理主義への回帰、つまりアングロ・サクソン型資本主義への回帰を唱えて一つの潮流を形成した。こうした流れにストップをかけたのが英国労働党やドイツ社会民主党に代表される新しい社会民主主義勢力である。彼らは新自由主義者の市場原理主義を批判し、また同時に従来型の古典的な社会民主主義をも乗り越えることを提唱した。この新しい左派勢力は、一九九八年の英国のブレア政権の成立以来、ヨーロッパ諸国の政治に大きな影響を与えている(1)。

このように欧米の資本主義の歴史を見ると、アングロ・サクソン型と福祉国家型はサイクルを成して移り変わっている。市場原理主義を標榜する人々と従来型の社会民主主義を標榜する人々の間では、政府はどの程度介入すべきか、市場原理をどの程度徹底すべきかといった点について、現在に至るまで、大きな意見の隔たりがある。

欧米の政党政治の基盤となってきたこうした社会政治思想的な議論に加えて、資本主義の多様なバリエーション（変形）のパターンを規定するもう一つの重要な軸として研究者の間で議論されるのは、個別社会に特有な制度的枠組である。すなわち、経済システムは、各国の制度配置によって異なり、各国の制度配置は、個別社会に特有な社会文化的要因と歴史的背景によって規定される。こうした制度的枠組の違いにより、多様な資本主義の形態が存

在するという議論である。(2)

各国における制度配置の相違による「資本主義の多様性論」を支持する実例として、しばしば持ち出されて対比されるのが、資本主義原理に最も近いとされるアングロ・サクソン型と、資本主義原理から最も遠く離反しているとされる日本型である。いわゆる「日本型」システムは、平等を重視し格差を最小限にする、そのために政府が介入して自由な競争を制限するという点では、社会民主主義型の経済システムよりも、さらに大きく資本主義原理から離反しており、共同体的かつ社会主義的な色彩が強い。

欧米で知られている資本主義とは異質な資本主義の形態として「日本型」が注目されるようになったのは、一九八〇年代のことである。海外の研究者、経営者、専門家らが日本企業の経営様式に対して関心を持つようになったことがきっかけとなった。一九六〇年代になって日本経済が高度成長期に入り、日本が経済大国として世界で認められるようになると、日本経済の驚異的発展を可能にしたこの非西欧的な経営様式に対する関心が高まった。折しも欧米の経営者は、生産性の伸び悩み、競争力の相対的低下など、科学的管理体制のもとで多くの問題を抱えるようになっていた。彼らは、日本型経営を研究することによって、科学的管理に内在するいくつかの重要な問題を解決する糸口が得られるのではないかと考えたのである。

こうして日本型経営への世界的関心が高まって以来、ジャーナリズムにおいてもアカデミズムにおいても、日本型経営を支えている日本型資本主義の制度全般に関する議論が盛んになっていった。企業内の人事制度、企業内の意思決定の仕組み、企業統治のあり方、さらに企業間の取引を律する取引制度といった日本型経営を支えている制度や慣行全般に対する研究関心も高まっていったのである。(3)

グローバル化が進む中、こうした多様な経済システムは今後どうなるのか。これに関してもまたいくつかの異なった見解が存在する。まず第一に「日本型異質論」という立場がある。これは、日本型とアングロ・サクソン型システムの間の基本的な差異を強調し、両システムが相互に融合することは不可能であり、それぞれのシステムが機能を維持するためには、お互いが制度的に隔離される必要があるとするものである。日本型システムに興味を示す研究者や専門家の多くは、こうした日本型異質論者である。これに対し「収斂論」という立場がある。両者のうち一方のシステムが次第に優勢になり、他方のシステムはこの優勢なシステムに収斂していく、とする見解である。さらに後者の収斂論の立場を取る場合、今後優勢になっていくのはどのタイプのシステムかということによって、次に挙げる三つの異なった見方が可能である。

(1)　多様な価値観と自由な新規参入を許容し、純粋な市場経済モデルの原型により近いアングロ・サクソン型の方がより普遍的であり、日本型もいずれはアングロ・サクソン型に接近していく。

(2)　日本型システムは、企業内の人事制度にしても、企業間の取引制度にしても、信用に基づく長期的な関係を重視して自由競争を排除する傾向があるので、外部からの参入者には不利である。一方、すでにシステムの内部にいる日本企業にとっては、日本的制度はきわめて有効に機能する。その上に日本企業は、自由競争の原理で動く欧米の市場には、比較的自由に参入できる。つまり日本型システムの方が相対的に効率が高く、優越性を持つ。したがって欧米のシステムもやがては日本型に近づいていく。

(3)　日本型、アングロ・サクソン型のいずれが優れているかは一概には言えず、業種や市場の地域性によってケース・バイ・ケースであったり、また制度のどの部分を取り上げるかによっても異なる。したがって現存のシステムのどちらかが他方を制覇するのではなく、両者が互いに長所を取り合って徐々に融合していく。

日本型が優勢であった一九八〇年代には、(2)の見解を支持する研究者や専門家が少なくなかったが、バブル崩壊後日本経済が低迷するようになると、(1)の見解を支持する人々が増えた。英国の社会学者ロナルド・ドーアは、一九七三年に出版した『イギリスの工場・日本の工場』において、日本と英国の企業組織を比較して、両者の相違は厳然として存在するが、その差は小さくなりつつあり、英国の組織は日本型に近い「組織志向型」の経営システムに収斂するであろうと予測した。しかし、ドーアが二〇〇一年に出版した『日本型資本主義と市場主義の衝突』では、彼は最近の日本企業のアングロ・サクソン化の傾向を指摘し、これに警鐘を鳴らす議論を展開している(4)。

本書において展開される議論は、基本的には(3)の見解に立つものである。ここ三〇—四〇年間にわたる脱工業化、それに伴う職業階層構造の変化と生活水準の向上は、人々の価値観にも大きな変化をもたらした。こうした変化は世界的規模で進んでおり、世界の先進国に共通してみられるものである。こうした価値観と仕事意識における変化については本書第2章で詳しく述べる。本書ではこの価値観の変化を「ポストモダン化」という言葉で表現するが、第2章で述べるように、多くの社会はこうした価値観変化の方向性を共有している。

本書において展開される議論は、企業や個人の行動選択を律する価値体系における変化の原則と構造を特定化し、さらにこれを個別社会の枠を超えて一般化することが可能であることを前提としている。こうした前提に立って、本書においては、アングロ・サクソン型市場主義、日本型共同体主義、両者の優れた点を取り入れることによって、いずれよりも優れたシステムを構築し、これを社会経済構造および価値観の変化の方向性を共有する先進諸国に適用しようとするものである。すなわち、ポストモダンという「共通の」時代状況に即した「ハイブリッド型」の人的資源政策の構築を目指すものである。

以上、本研究の展開の前提となった理論的枠組について述べたが、次の第2節においては、企業をめぐる経営環境が変化する中、なぜ今人的資源政策が重要になってきたのかを考える。

2　今なぜ人的資源政策なのか

今、企業を取り囲む環境は、ますます厳しいものになりつつある。グローバルな市場に参入する国々の数が増え、あらゆる局面での国際競争が激化していることに加えて、現在の企業には三〇年前には誰も想像もできなかったような多様な役割が求められている。株主、顧客、従業員、近隣住民、地域社会など、様々なステークホルダー（利害関係集団）が企業に対して様々な要求を掲げ、圧力をかけるようになっている。最近では、投資関連の調査会社や雑誌社が行う企業の格付け（ランキング）の評価項目に社会的責任（CSR—Corporate Social Responsibility）が含まれることが多くなった。例えば『ニューズウィーク』が発表する格付けの採点表には、財務力などの経済的項目に加えて、環境問題への取り組み、社会貢献活動、法令遵守体制、倫理規定の有無、途上国での人権保護、等々の社会的責任の項目が並んでいる。(5)

こうした社会的雰囲気の中、企業は多様なステークホルダーに対する責務を果たすべく様々な活動を行っていることを公に示すことを余儀なくされる。殊に企業がある程度力をつけ、名前が広く知られるようになると、社会的評判を高め、企業イメージを良くしたいと考えるようになる。(6) CSR活動はしばしばこうした目的に役立つものと考えられる。会社のパンフレットや宣伝用のポスターなどには、その会社がどれだけ環境や弱者にやさしい製品を開発しているか、地球の緑化に貢献しているか、あるいは慈善事業に貢献しているかが、美しい写真入りで紹介されている。鳴り物入りでCSR活動を始める企業は多い。企業のトップ経営者がこうした活動に力を入れると宣言するケースも見受けられる。[7]しかしこうした外向けのデモンストレーションがどの程度具体的な取り組みに結びついているのかは疑問である。単なる飾り窓政策に終わっている場合も少なくない。さらにそうした飾り窓政策に追われる結果、組織の活力や創造性を生み出すために欠くことのできない「人」に対する政策がおろそかになるという事態が生じつつある。

企業が社会で果たすことを求められる役割が増大し、多様化する中、多くの企業はこうした多面的な役割を果たしつつ、持続可能な収益を上げ続けることが以前よりもずっと難しくなってきたと感じている。ここ四半世紀にわたって世界規模で進行してきたリストラ（corporate restructuring）は、先進国の経済成長を支えてきた主要な産業分野のほとんどすべての企業において、何らかの形での人員削減をもたらした。こうした人員削減は、多くの企業において、少なくとも短期的な収益の面では効果を上げ、業績の改善をもたらした。しかし人員削減の傾向は企業の業績が回復してからも続いた。多くの企業では不況時のみならず好況時においてさえも、以前よりも頻繁に人員削減という選択肢に依存するようになり、恒常的に人員削減を行う企業も増えた。

多くの職場で厳しい競争原理が導入され、個人はこれまで以上の労働支出を求められるようになっている。特に正規社員の数が削減され、フレックス雇用者（フレキシブル雇用者——期間雇用者およびパートタイム雇用者）の割合が増加している職場においては、前線で働く正規社員つまりコア要員は、フレックス雇用者の専門的知識や技術の不足をカバーするためにより多くの時間と労力を費やさねばならなくなり、労働強化を経験する。こうした状況のもとでは、組織のあらゆるレベルにおいてストレスと不満が増大しがちである。

しかし一方では人的資源は競争力の源泉であり、企業の業績はその人的資源が生み出す成果に依存するところがきわめて大きいと考える企業は増えている。つまり、激化する国際競争の中で今後生き残っていくためには、人員の合理化を超えた、積極的な「ヒト」資源戦略が必要であるという考え方である。会社紹介のパンフレットなどでも「企業は人なり」とか「人がわが社の最も重要な資産である」などという経営者の言葉を目にすることも多い。こうした企業は、機会均等、健康と安全、雇用の安定、従業員の権利尊重、教育・訓練といった事項に関する従業員の要求に応える一方、積極的に社員から活力と創造性を引き出し、それらを将来性と収益性に結びつけていきたいと考える。厳しい経営環境の中で社員の信頼とコミットメントを得るためには、評価と分配を正しく行うことがこれまでにも増して重要であるとの認識に基づき、インセンティブ制度や組織構造を刷新する企業もある。さらには、人的資源を新たな価値創造のための戦略的「梃《てこ》」と再定義し、人事管理分野に力を集中して組織の強化を図り、競争力を高める政策を選択する企業もある。

しかしながら、人事管理の分野で新しい概念や技法を開発したり、またこれらを実際に用いている企業は必ずしも多くない。また人事管理の革新を試みても実施にあたって多くの問題に遭遇し、断念する場合も多い。企業が今後、人的資源を有効に活用して競争力を高めるためには、実施可能な、新しい効果的な政策を打ち出す必要があり、またそうした政策が現場で実際に生かされるための制度を担保する必要がある。本書においては、ますます厳しくなっていく経営環境の中で、変化する仕事意識と雇用のあり方に適合する新しい人的資源政策を提示したい。

3　厳しさ増す経営環境と社会基盤の不安定化

［1］　増大する企業への期待

前節でも述べたように、現在の企業には三〇年前には誰も想像もできなかったような多様な役割が求められている。株主、顧客、従業員、近隣住民、地域社会など、様々なステークホルダーが企業に圧力をかけるようになっている。

株主は株主資本利益率（自己資本利益率、ＲＯＥ―Return on Equity）の極大化を求め、ＩＲ（Investor Relations）活動を通じて投資家への説明義務を果たすことを求める。現在、先進諸国においては、株主の立場に立った価値観である株主資本利益率の極大化が経営上の重要な要請になりつつある。米国や英国ではこうした株主資本主義がすでに市民権を獲得しているし、そうでない国々においてもこうした傾向は顕著になりつつある。株主資本主義についてはその拡大を懸念する声も強い。経営者が株価をつりあげるため、短期的にバランスシートの見栄えを良くする戦略をとることばかりに集中して、長期的な利益にまで考えが及ばなくなるといったことがしばしば起こる。ＩＴバブルの崩壊、常軌を逸したストック・オプション、粉飾決算をはじめとするスキャンダルなどを目の当たりにして、不安を抱く人は少なくない。こうした懸念にも拘らず、株式市場は今や資本の源泉としてのみならず、企業を評価する基準として重要になりつつある。株主資本主義と株主利益を重視するアングロ・サクソン型の企業統治が次第にグローバル・スタンダードとして受け入れられつつあるということである。その結果、株主の企業経営に対する発言力は大きくなっている。

顧客は、製品に関して責任を持つことを企業に求め、誠意をもって対応することを期待する。顧客満足度は企業にとって重要な意味を持つようになった。多くの欧米企業においては外部の調査会社など第三者によって測定された顧客満足度（customer satisfaction）を役員の業績評価基準に加えており、役員の報酬を決定する際の指標として重視している。

また一方、従業員の企業に対する要求も高まり続けている。米国やヨーロッパでは、ここ三〇—四〇年間に従業員の発言力が大きくなっており、各企業は以前に比べると従業員への配慮を重視するようになった。一九六〇年代後半の反体制的社会運動を契機に、企業内でも「公民権運動」とも言える運動が起きており、社内での服装、髪型の自由といった小さな問題から、経営参加といった大きな問題まで、様々な事項がこうした権利の対象として考えられるようになった。特に欧米企業で働く専門職や管理職は、人事管理の様々な局面にわたって自由化を求めるようになり、その結果雇用条件に多くの変革がもたらされた。フレックス・タイムの導入、休暇日数の増加、育児休暇の導入、決定に参加する権利の拡大、会社の機密情報の開示、違法の疑いのある企業政策の実施を拒否する権利の承認などである。さらに少数者集団（マイノリティ）、女性、障害者、同性愛者、エイズ患者など、これまで雇用差別を受けていた社会的弱者の集団も、より一層強力に機会の均等を要求するようになった。

従業員は彼らの権利や手当てその他の恩典について、より大きな関心を持つようになっている。インターネットによる情報開示が進み、従業員は職場におけるこうした権利についての十分な知識を持つようになった。彼らは享受することができると信ずる権利についてはためらわず要求するようになった。(8) 多くの従業員は、組織管理（management of the workplace）が適切な手続きを経てなされることは当然のことと考えるようになっている。

さらに先進国の政府は社会の要請を受けて、企業に対して雇用の安定と従業員の福祉について様々な機能を果たすように求め、法律を制定したり、指導を行ったりしている。ここ数年来、ＥＵ諸国では、「仕事と生活のバランス」（ワーク・ライフ・バランス）を重視する家族に優しい労働関係法が制定されている。(9) こうした法律の制定により、企業は乳幼児を抱える従業員に対するフレックス・タイム、有給病欠休暇、出産・育児に関わる休暇の制度をより一層充実させることを求められている。日本でも一年六カ月の育児休暇が取れるようになり、四七％の企業がこれを実施している(10)。また六八％の企業が契約社員にも育児休暇制度を適用している(11)。

　近年経営に対する影響力を増しているもう一つのステークホルダーは「環境」である。地球資源の維持と地球環境の保全は人類が地球上に永続的に生存していくための必要条件であるという考え方は、多くの先進国において一般的なものになっている。もし企業が今後何十年にもわたって事業を続けていきたいと考えるならば、企業活動も地球環境との共存を前提としなければならない。一九七〇年代以降、企業活動が環境に害を及ぼすのを防ぐために多くの法律や規制が作られ、監視が強化されてきた。しかし、市民団体や社会的責任投資業界団体などは、環境を守るためには、企業が単に法を遵守するだけでは不十分で、より積極的な取り組みが必要であると主張する。

　株主、従業員、地域社会や環境など、様々なステークホルダーが企業に対する発言力を増すという現象は世界的に広がっており、先進国に共通する現象である。ただし、どのステークホルダーがどの程度の影響力を行使しているかは、国によって異なる。それぞれの国においてこれまで相対的に発言力の小さかったステークホルダーの発言力が大きくなる傾向があり、先進国の間でも歴史的文化的背景の差異により、近年発言力を増しているステークホルダーのタイプは異なっている。

　たとえば日本ではこれまで消費者運動があまり盛んでなく、製品の安全等についての顧客の要求に対する企業の対応は必ずしも迅速でなかった。しかし最近ではＰＬ法の実施に伴い、企業は製品の安全性について以前よりも注意深くなったし、欠陥製品の回収についても同様である。また企業間の競争が激しくなり、各企業はマーケティングに力を入れるようになり、顧客のニーズに敏感に反応するようになった。さらにこれまでは、系列企業同士が相互に株式を持ち合ういわゆる「株式持ち合い制度」が機能していたため、株主総会でも発言しない「物言わぬ株主」が多く、株主総会はいわゆる「シャンシャン総会」で済むことが多かった。しかし、持ち合いの解消、外国人株主の増加などに伴い、最近では、株主総会でも厳しい質問が出るようになった。また株主代表訴訟の手数料も一律八二〇〇円に値下がりして手続きも簡単になり、株主による訴訟も発生するようになった。株主の影響力の増大については第3章で詳しく述べるが、要するに、日本でも以前に比べると顧客や株主への配慮がより重要になってきたということである。

一方、米国や英国では以前に比べると従業員への配慮が重要になってきた。日本では伝統的な経営においては家族主義的な考え方が強く、生活全般にわたって従業員の面倒を見ることが雇用主の義務と考えられる傾向があった。これに対し、市場原理が浸透していた米英においては、労働者は労働力という商品の売り手であり、労働力は、他のどの商品とも同じ商品であると雇用主は考えていた。アダム・スミスは、一七七六年に著した『国富論』において、きわめて当然な調子で、労働力は、他のどの商品とも同じ商品であると述べている(12)。つまり英国においては一八世紀の中頃には自由市場の思想がすでに市民権を獲得していたといえる。こうした概念は、二〇世紀初頭から欧米で広範に用いられるようになった科学的管理に通ずるものである。しかし、本書第1章において詳しく述べるように、一九六〇年代後半から、仕事は個人に自己発展の機会を与え、人間としての尊厳の源泉となるべきものであるという人的資源論の考え方が経営に影響を与えるようになった。また従業員のコミットメントが業績に重要な影響を与えるとの認識が広まった。その結果、欧米企業においても経営者は、ステークホルダーとして、従業員を以前よりも重視するようになった。

以上述べてきたように、従業員、株主、顧客をはじめ、様々なステークホルダーが企業に対して厳しい要求をするようになってきたし、社会も企業に対して多くの責任を課するようになった。企業がこれほどまでに多様な要請に対して応えなければならない状況は、かつてなかったことである。さらに企業にとってビジネス上の要請もますます厳しいものになっている。旧社会主義諸国の資本主義経済への参加、発展途上国の台頭などにより、より多くの国々、より多くの人々が国際競争に参加するようになり、国際競争は熾烈になる一方である。企業にとって生産コストおよび労働コストの削減と品質向上の必要性は、かつてないほど逼迫したものとなった。生産性向上のためには、労働や資本をはじめ生産に投入されるあらゆる要素におけるコスト減を図らなければならない。各企業は、あらゆる要素におけるコスト減の可能性を求めて、国際的規模で「より良い物をより安く」手に入れる方法を探さなければならない。

つまり様々なステークホルダーの厳しい要求に応え、社会に対する責任を果たしながら生き残るためには、非常に高い業績水準を達成しなければならないと多くの経営者は考える。経済的、非経済的両面での要請に応えながら、持続可能な収益を上げ続けるためには、各企業にこれまで経験したことのないような多大な経営努力が求められるようになってきたのである。

[2]　雇用の喪失と雇用形態の変化による社会基盤の不安定化

長期にわたる企業の人員削減政策は、雇用と仕事の世界に大きな影響を与えている。まず第一に先進国では全般的に仕事の数が減少し、失業人口が増加している。第二に、比較的安定した条件の良い正規雇用の割合が減少している。多くの企業ではリストラの一環として正規社員の割合を減らし、代わってフレックス雇用者、つまりパートタイム雇用者や期間雇用者の割合を増やしている。その結果、労働市場全般においてフレックス雇用者の占める割合が高くなっている。フレックス雇用の多くが不定期、不安定、低賃金であり、こうしたフレックス雇用者の割合の増加は、低所得者層の増大に繋がることが懸念される。

失業の増加や安定した条件の良い正規雇用の喪失は、経済および社会システムの健全な働きを阻害する危険をはらむ大きな問題である。すなわち、私企業が利潤を上げ、資本蓄積を行うことを可能にしている資本主義経済の土台そのものが浸食されてしまう可能性がある。ピーター・ドラッカーはこの問題について、「生産における最も重要な要因としての『労働』の消滅は、資本主義社会の未完結の仕事として緊急の課題となるであろう」と述べている。(13)

この問題をもう少し詳しく見ていくことにする。

(1) 技術革新と雇用の喪失

多くの専門家や知識人は、技術革新により、労働力に対する需要は急激に減少したという。ある試算によれば、三〇年後には世界中の人々が消費する製品やサービスを生産するのに、全世界の労働人口の数%で足りるようになるという。(14)さらに人間の労働力を全く必要としない工場が出現する可能性すらあるといわれる。たとえばＢＭＷのトップ経営陣は、「生産性の向上により我々は、より少ない労働でより多くの自動車を生産できるようになっている。現在の雇用の水準を維持するだけでも、市場を大きく拡大しなければならない。現在のわが社の雇用をすべて維持するためには、世界中の街角という街角でＢＭＷを売らなければならないだろう」と述べている。(15)

これまでは、新しい技術の出現により一つの分野の労働者が不要になっても、常に新しい分野が出現してこれら不要になった労働者を吸収していた。しかし今日成長している分野の一つである情報・知識産業は、企業家、専門的技術者（コンピューター・プログラマーなど）、コンサルタントなどの少数のエリート集団によって構成されている。さらに新規に成長分野が開拓されなければ、この分野だけでは今後技術革新の進行によって職を失う何千万という人々のうちのほんの一握りしか吸収することができないであろうといわれる。

（2）発展途上国への生産移転

地球規模での雇用の喪失という大きな流れを見た場合、最も大きな影響を与えている要因は技術革新であろう。しかし、先進国における失業の増大には、製造業における生産拠点の海外への移転、特に発展途上国への移転も大きな影響を与えている。先進国の製造業は、製品のデザインなど知識集約的（knowledge-intensive）な活動に焦点を置くシステム統合者（system integrator）の様相をますます強く帯びるようになっている。そして製造過程は海外の発展途上国にアウトソースされ、現在ではかなり複雑な工程さえも海外に移転されるようになった。こうした変化は、エレクトロニクスをはじめ、多くの製造業で起きている。その結果、先進国の国内でこれまでこうした工程に従事していた雇用者は、職を失うことになる。

（3）雇用のフレックス化

経営の効率化と人件費コストの削減を目指し、多くの企業では正規社員の割合を減らし、代わってパートタイム雇用者や期間雇用者などの非正規社員の割合を増やしている。新たな雇用の多くは、主としてこうしたフレックス雇用の分野に集中している。こうしたフレックス雇用者の増大は先進国に共通した現象であり、今後もこうした傾向は続くものと考えられる。急速に変化する経営環境に迅速に対応するためには、常に技術の変化、需要の変化に対応して雇用調整を行う必要があり、多くの企業は雇用調整を容易にするためにフレックス雇用の制度化を進めている。

技術革新や発展途上国への生産移転により、ここ数十年間にわたって先進国における失業率は上昇している。ドイツでは、失業者、特に若年失業者を減らすため、雇用主が新たに雇った雇用者を特別の理由なく解雇することを法的に認めるための法改正がなされている。フランスにおいても同じ方向での法改正が提案されている。政府がこうした選択をすれば、労働市場に放出される職の数は増えるが、雇用はますます不安定になり、雇用期間はますます短期化するであろう。要するに「失業の増大」と「雇用の不安定の増大」という二つの選択肢のうちのどちらかを選ばなければならないという現実に直面して、これらの政府は後者を選択したということである。このジレンマは多くの政府が抱える共通の問題である。

多くの企業で起きているこのような雇用形態の変化は、労働市場全体の構造に影響を与えている。自由な市場競争が促進される経済環境の中で、起業家などとして成功した新しい富裕層が生まれる一方、不安定、不定期、低賃金の職を転々とする大量のフレックス雇用者が生み出されている。こうしたフレックス雇用者の多くは労働関係法による労働者保護の適用外にあり、その多くは労働組合にも参加していない。こうした人々の中には、金のため以外には誰も就きたがらない条件の悪い職を転々としたり、あるいはこうした職と失業の間を行ったり来たりして、このサイクルからなかなか抜け出せない人も少なくない。

失業の増加や安定した条件の良い正規雇用の喪失が続けば、資本主義経済の存続を可能にしている社会的基盤が崩壊する可能性がある。この問題については、最重要課題として、政府による経済・社会政策が検討されるべきであり、こうした政府による政策については、第5章で詳しく述べる。しかしながら、一方では、企業が果たすべき役割も大きい。政府による経済・社会政策が生かされるためには、企業は積極的に収益を上げ、新しい需要に応えるビジネスを創出し、組織を存続させ、資本主義経済の土台を維持していかなければならない。そして前節でも述べたように、企業が存続するための経営戦略において、きわめて重要な役割を果たすのが人的資源なのである。

4　今後の人的資源政策の方向性——効率、公正、持続可能性の両立

ますます厳しくなる経営環境において、今、人的資源政策の重要性が改めて認識されるようになっている。ここでは、今後展開される新しい人的資源管理を特徴づけると考えられる方向性について述べる。

東欧など旧社会主義国の資本主義経済への参加、あるいは開発途上国の経済発展などに伴って、資本主義市場に参加する国々は増え続けている。世界の国々の多くはすでにグローバルな資本主義経済に参加しているか、これから参加しようとしている。テクノロジー、市場経済機構、グローバル化など、すべての資本主義社会が共有する主要な要因の影響により、様々な局面における国による相違は縮小しつつある。

先進国の人々の価値観も、資本主義経済の高度化に伴って収斂する傾向にあり、組織や人間に関する概念や、そうした概念の前提となっているイデオロギーも相互に類似したものになりつつある。こうした収斂論の考え方については、本書第2章で詳しく述べる。もちろん、組織のあり方を規定する概念やイデオロギーにおいては、その国の歴史的背景による相違が依然として存在することは疑いを入れないが、今後の企業経営のあり方を考えていく上では、個別社会を超えて進行している普遍的な変化の原則と構造に焦点を置いて分析を進めていく必要がある。

先進国の組織管理のあり方に大きな影響を与えている組織や人間に関する概念には、先進国の間で多くの共通性が見られる。こうした概念およびその背後にある価値観の変化の方向性を特徴づけているのは、以下のような特性である。

[1] 「支配モデル」から「協働モデル」へ

(1) 「労働者階級」の消滅

二〇世紀初頭の多くの組織においては、経営者は決定し命令を下す人、これに対し、労働者は命令に従う人という役割分担が明確であった。しかしこうした組織管理が前提としていた一枚岩的な経営者層（所有者から委託された絶大な自由裁量の権限を持つ）と一枚岩的な労働者層（ただ命令を受けるだけで独自の意思決定力を持たない）の二極分裂と両者間の明確な利害対立の構図は、もはや現代の企業組織には適用されることができなくなった。

なぜなら、企業内の様々な階層相互間の利害関係は、ますます多面的かつ複雑なものになっているからである。この点において特に大きな意味を持つのは、伝統的な「経営者」、「労働者」のいずれの範疇にも属さない中間管理者層の増大である。企業組織の大規模化、複雑化、多国籍化に伴い、製造業においても、様々なサービス機能を果たす官僚層は、直接生産に携わるブルーカラー層よりもずっと急速に成長した。これらいわゆる中間管理職層の間では、自らの地位や利害は労働者とは異なるという意識がまだかなり強いが、同時に彼らは経営状況が悪化したり、合併吸収によって不要になったりすれば、直ちに失職する可能性もあることをよく知っている。

「経営者」対「労働者」の二極分化の構図が過去のものになったもう一つの理由は、オートメーション化の進行により、生産労働者の仕事内容、生産過程における役割に大きな変化が起きたということである。生産技術の進歩によりオートメーション化が進むと、経営者と生産労働者の間に設けられた格差は人為的なものに過ぎなくなり、現場の生産労働者により大きな意思決定の権限を与えることなくして、生産を組織することが困難になる。

こうした変化に伴い、組織の本質に関する前提も変わった。組織の上層と下層の間には支配・従属関係が必要であるとする「支配システム」パラダイムが後退し、代わって組織はそれぞれ機能を有するメンバーの貢献によって成立する協働のシステムであるとする「協働システム」パラダイムが、優勢となった。

過去一世紀余りにわたる公式組織に関する議論の展開の中で、組織の概念定義に関して二つの潮流が形成されてきた。二つの潮流は、組織の本質に関する基本的な前提において、きわめて対照的な観点を有するもので、それぞれが、「支配システム」パラダイム、「協働システム」パラダイム、とも呼ばれるべき理論的系譜を成している。「支配システム」パラダイムとは、組織の権力構造に焦点を置いた見方である。つまり、組織の目的達成のためには、決定を実行する支配システムが不可欠であり、組織の上層と下層の間には支配・従属関係が必要であるとする考え方である。マルクス、ミヘルス、エツィオーニなどの理論がこの系譜に属する。「支配システム」パラダイムは組織の政治的側面に注目し、組織の本質は強制力や拘束性を伴う社会関係であると考える。議論をやや単純化して分かりやすく言うと、「支配システム」パラダイムは、労働者の立場、つまり雇用されて上からの命令に従って働く者の立場、視点から見た組織観である。これは、これまでの労働運動の思想的基盤となった考え方であり、労働組合の指導者はこうした組織観の信奉者であることが多い。

これに対し「協働システム」のパラダイムにおいては、組織はそれぞれが機能を有するメンバーの「貢献」によって成立する協働のシステムであるとされる。「協働システム」の概念は、米国の実業家、チェスター・バーナードによって提唱されたものである。(16) バーナードの提示する合理的システムとしての組織の概念は、マックス・ウェーバーの官僚的組織の概念と同様、非人格的な機能の体系である。しかし、活動体系としての組織が成立するためには、共同目標の達成を目指す、貢献意欲を持った人々の参加が不可欠になる。組織管理の過程は、本質的には共同目標の達成と個々の参加者の動機の満足である。しかしながら、個性を持つ個人と合理的組織は、必ずしも常に適合するわけではなく、対立的契機を含むものである。この事実を認識した上で、組織の目標と個人の動機の双方を共に実現することが可能であり、またそうすることが経営者に課せられた課題であるとバーナードは考える。したがって経営者は、これらの二つの要件を実現するべく、適切に目標を決定し、インセンティブ（誘因）を提供し、意思伝達のためのコミュニケーションを図らなければならない。

これまた単純化して分かりやすく言うと、「協働システム」は経営者あるいは管理者の立場、視点から見た組織観である。実際、バーナードの理論は、二〇世紀になって産業化の進行に伴い、私企業の経営管理の体制や生産活動の編成が大きく変化する中で多くの経営者の共感を得るものであり、彼の理論は、経営組織論において、「バーナード革命」と呼ばれるパラダイム革新を推進することになり、この分野のその後の展開に大きな影響を与えた。

近年では、企業組織のあるべき姿として、「支配システム」よりも「協働システム」の方が広く支持されるようになった。多くの企業では「支配」のイメージを表面化させないで、「協働」の概念を前面に打ち出すようになり、「共同体」のイメージを強調する企業もある。社員の呼称についても「パートナー」とか「メンバー」といった言葉がしばしば使われるようになった。

実際には、自己責任に裏付けられた協働状況は、非営利組織などの自発的集団やあるいは創発状況にあるベンチャー企業など、きわめて限られた場面でしか期待できない。通常はどのような組織の運営においても、上からの命令を実行するための「支配システム」の機能が不可欠であるから、組織が純粋な「協働システム」になり得るということは幻想である。しかし創造性やイノベーションが求められる今後の企業経営においては、個人レベルでの動機づけが重要である。つまり、どのようにしてモティベーションを高めることができるか、どのようにして個人からより大きなコミットメントを引き出すことができるか、が生産性向上の鍵となる。(17)「支配」と「協働」のバランスのあり方を改めて見直し、「協働」の部分を拡大していくというのが今後の方向性と考えられる。

こうした方向性は、「労働者階級」という概念が消滅したことと同時に、次に述べるように社会全般に民主主義と平等の思想が普及したことと深く関わっている。

(2) 民主主義と平等の思想の普及

世界中の多くの国々において、すべての成人は基本的に平等であるという民主主義の思想が浸透してきた。これに伴い、社会のあらゆる階層、あらゆる集団に属する人々が、「機会の均等」を求める権利があると考えるようになった。社会における諸権利の平等が求められると同時に、組織内でも民主主義的側面が重視されるようになった。組織の目的達成のための手段である官僚制度においては、意思決定のシステムと、決定を実行する支配システムが必要であり、上命下服の「権限の階層」(ヒエラルヒー)が不可欠である。しかし同時に官僚制度には、合法的支配を通じて法の下での平等を保障するという民主主義的な側面もある。近年、組織においてもこうした民主主義的側面が重視されるようになり、法や規則の下での「機会の平等」が、公式組織における人事管理の原則として推進されるようになった。これに伴い、人事管理における機会の均等を保障し、地位による形式的な格差を廃止し、意味のない抑圧的雰囲気や階層の細分化はできるだけ避けるという努力が多くの企業においてなされるようになった[18]。たとえば職位による給料支払方式やフリンジ給付における格差を取り除く企業の数は増えている。こうした制度変革の具体例については第3章第3節で詳しく述べる。

さらに、民主主義の浸透に伴って、従業員を「人権」の視点から見るべきであるという考え方が広まった。人はみな、その組織内の役割が何であれ、「物」や「労働力」としてではなく、「人間」として評価されたいと思う。誰もが自らの知性を尊重してもらいたい、また自分の考えを真摯に受け止めてもらいたい、そして、個々の意思決定の背後にある合理性を理解したいと考える[19]。人々の仕事に対する欲求は高度化し続けている。多くの人にとって仕事は、物質的な物であれ、サービスであれ、効用のある物を生み出す行為であり、人間の尊厳と自己実現、自己充足の源泉である。さらに、こうした個人の欲求や可能性を実現するためには、職場において個人に平等な機会と発言の自由が与えられなければならないと多くの人が考えるようになった。

〔2〕 市場主義の優勢と効率の追求

本章の冒頭で述べたように、現在では世界の多くの国々で、自由競争の原理に基づく資本主義が最も現実的で妥当な制度として受け入れられている。もちろん、どのような資本主義であるべきか、つまり利潤の極大化という原則をどの程度徹底的に追求すべきかという点については、多くの議論があるものの、政策決定者の間で支配的になっている一つの規範がある。それは、「経済の効率を達成するための最も確実な方法は市場競争である」という新古典派経済学の原則である。先進国の企業はグローバル化する経済と激化する国際競争に対応するため、さらに市場志向を強化する政策をとるようになっており、その結果類似した戦略が採用されている。これらは戦略的提携、アウトソーシングの利用拡大、雇用形態の多様化、組織ヒエラルヒーのフラット化、人員削減、部門の整理統合によるダウンサイジングとリストラクチャリング、フレキシビリティの増大などである。

さらに前節で述べたように、先進諸国においては、株主の立場に立った価値観である「株主資本利益率の極大化が経営における至上命令である」という考え方が次第に影響力を増している。株主資本主義とアングロ・サクソン型の企業統治がグローバル・スタンダードとして受け入れられる傾向にあり、株式市場は、資本の源泉としてよりはむしろ企業を評価する基準として重要になりつつある。

経済的な効率を達成するための最も確実な方法は市場競争であるという考え方は、組織の運営においても影響力を増している。市場主義的経営の反対の極にあるといわれた日本型経営も、近年では、市場志向の優勢の前に次第に影響力を縮小しつつある。終身雇用、年功序列など日本型経営を支えてきた諸慣行は、今、多くの日本企業において見直しを迫られている。また日本においても、「株主資本利益率の極大化が最重要である」という株主の立場に立った価値観が次第に影響力を増しつつある。このように株主資本主義と市場原理主義が支配的になっていくことについては、不安を抱く人も多く、その行き過ぎに懸念を示す専門家も多い。

人事管理においても自由な競争を促しながら効率を高める政策が求められるようになった。このためには「成果主義」を導入すべきであるという考え方を、多くの人が、少なくとも原則としては、受け入れるようになった[20]。成果主義とは、「仕事の成果を公正に評価し、その評価に基づく処遇をする」ということである。多くの企業は、人件費コストを抑えながら生産性と業績を高めるという効果を期待して、成果主義を導入している。日本企業においては、これまでは昇進・昇格の決定においては年功がかなり重要な要因であった。しかしこうした日本企業においても、このところ成果主義の導入が進んでいる。アンケート調査によれば、二〇〇五年時点で成果主義を導入している日本企業は七八％に達した[21]。

しかしながら、リストラの一環としての画一的な成果主義の導入には問題も多く、本書第3章および終章で述べるように、職階別かつ重層的な政策の検討が求められる。

［3］　持続可能性

高度成長期には、企業活動が環境破壊や公害問題の元凶となったケースも少なくなかった。こうした状況を改善するため、一九七〇年代以降、環境関連の法律や規制が数多く作られ、監視が強化された。こうした法規制により、企業による環境の汚染や破壊はある程度防止されるようになったし、また環境問題に対する一般の人々の意識も高まった。「人間の経済活動は地球との共存を前提としなければならない」という考え方は、現在では多くの先進国において一般的なものになっている。一部には、環境保護に貢献したり社会的責任を追求したりできるのは、恵まれた企業だけだと主張する経営者もいる。利益追求と社会的責任は矛盾するという考え方は依然として根強い。「環境は商品にならない」という声もしばしば聞かれる。また環境に有害な生産活動を行っているグローバル企業も存在する。しかし地球資源の維持と地球環境の保全は、人類が地球上に永続的に生存していくための必要条件であるということが一般的な認識となった以上、企業はこの持続可能性の問題を無視することはできなくなった。

法は決してベスト・プラクティスを想定しているわけではないので、各企業は守りの姿勢に徹するのではなく、社会の維持や環境といった分野で法よりももっと先に進むべきだという考え方もある。さらには、企業は地球環境の持続可能性を損なうのではなく、むしろその実現に欠かせない役割を担うべきであるという主張もある。企業は研究開発と技術革新により、持続的発展を可能にする手段を生み出すことができるというのである。一部の経営者は「地球環境の持続に必要な製品やサービスを提供することは利益に貢献する」とさえ考えている。

当然のことながら、企業は地球環境の持続可能性に配慮しなければならないと同時に人間の持続可能性にも取り組まなければならない。企業は雇用の安定、従業員の健康・安全・福祉、子育て支援に関する法的規制を遵守し、これらについての様々な取り組みをすることを求められる。たとえば従業員の仕事と家庭生活のバランスにも配慮しなければならない。前節で述べたように、こうした社会的な要請に応え、EU諸国では家族に優しい労働立法が進み、フレックス・タイム、出産・育児のために母親および父親に与えられる休暇、など一連の「家族に優しい恩典（family-friendly benefits）」やサービスが提供されている。

本章第2節でも述べたように、企業イメージの向上のために会社のパンフレットや宣伝用のポスターなどにはその会社がどれだけ社会的責任の遂行に貢献しているかが大々的に紹介されている。しかし、こうした外向けのデモンストレーションは「付け足しの自己満足」であったり、単なる「飾り窓政策」であったりすることも少なくない。また従業員の持続可能性のために様々な家族に優しい制度やフリンジ給付を新たに設ける企業は多い。しかし激化する国際競争の中、こうした取り組みによるコスト増をどこかで埋め合わせなければならないことが多く、こうした埋め合わせの方策として拠点の整理統合やレイオフによる人員削減が行われることが多い(22)。

要するにこうした多くの問題を抱えながらも、地球環境と人間の持続可能性への対応は今や企業にとって避けて通ることのできないものとなった。

[4] 効率、公正、持続可能性の両立

以上列挙した三つの方向性は相互に矛盾する要因を含んでいるように見える。またこうした三つの要因を満足するような企業の経営は非常に難しいものと考えられてきた。利潤の追求、そのための経済効率と、民主主義社会の要請をどのようにバランスすべきか、また利潤の追求と地球環境の保全をどのように和解させることができるかという問いに答えることは容易ではない。

市民社会の運営については、「平等という社会正義」と「効率あるいは効率を推進するための経済的自由」はしばしば相対立するものとして捉えられてきたし、また実際にこれまでの政治は、一方を追求するために他方を犠牲にしてきた。英国労働党やドイツ社会民主党に代表される旧い左派は、完全な福祉国家を目指す古典的な社会民主主義を標榜してきた。彼らは、「ゆりかごから墓場までの完全な福祉国家」と「平等」の実現のためには、社会や

市場への国家の介入は必要不可欠であるとする。旧左派は「平等」を優先して「効率」を犠牲にしてきたといわれる。これに対し、一九八〇年代、九〇年代、英国のサッチャー首相や米国のレーガン大統領に代表される保守勢力は、小さな政府と市場原理への回帰を唱えて、一つの潮流を形成した。これら新右派（新自由主義勢力）は「効率」を優先して「平等」を犠牲にしてきたといわれる。[23]

「効率」と「平等」のどちらを優先するかは、欧米の歴史を見るとサイクルを成して移り変わっている。平等重視と効率重視は交互に入れ替わり、一方へ偏り過ぎると、他方へ揺れ戻す。一九九八年に政権をとったトニー・ブレア率いる英国労働党はサッチャリズムがもたらした市場至上主義を批判して「平等」重視の政策をとり、他のヨーロッパ諸国の社会民主党政権においても同様の政策がとられた。一九九八年に出版された『第三の道』において、アンソニー・ギデンズは、新右派と旧左派の二つの流れの間の対立を乗り越え、そこから新しい活力を引き出すための方法論を示そうとした。著書は数十カ国語に翻訳され、世界中で反響を呼んだ。この本の刊行とほぼ時を同じくして、英国のブレア首相は、主要国の有力紙に「『第三の道』とは」と題する論文を寄稿し、社会民主主義の新しいあり方を提示した。それ以降、「第三の道」は、ヨーロッパの政党政治における最も重要な論題となり、ヨーロッパ諸国の社会民主党によってさまざまな形で適用された。英国の「新労働党モデル」、オランダの「低地モデル」、スウェーデンの「修正福祉国家モデル」、フランス社会党の「国家統制主義モデル」などが代表的なものであるが、他のヨーロッパ諸国の中道左派もこれらのいずれかに類似した政策を打ち出している。[24]

しかし「第三の道」の実現は必ずしも容易ではなかった。まず第一に「中道」政策が多数派の支持を得るのは、きわめて難しいということである。第三の道とは、新しい右派（サッチャリズム、レーガノミクスに代表される新自由主義）と旧い左派（完璧な福祉国家を目指す古典的社会民主主義）の二つの流れの中から、両者のいずれとも異なる新しい路線を見出そうとするものである。したがって第三の道を選ぶということは、定義により、いかなる階層、伝統的党派、従来型イデオロギーにも加担しないことを意味する。

現にヨーロッパでは、第三の道を選択した社会民主党が、旧左派や労働者の支持を失うという現象が生じている。英国でも二〇〇一年の選挙で二期目の労働党政権が成立した時には四年前の勝利の時の熱狂と祝賀ムードはなく、一般支持者はもちろん、党幹部の間にも戸惑いと不満と失望が渦巻いていた。つまり英国の左派も「第三の道」を必ずしも支持しているわけではなく、「第三の道」の考え方を真面目に受け止めてはいないのである。以前の支持者から、「十分に『左』に寄っていない」という批判を受けるのはあらゆる政権左派政党の宿命である(25)。

一方、最近になって、大陸ヨーロッパでは効率重視の方向への揺れ戻しの動きが見られる。ドイツでは、一九八九年の東西ドイツの統合以来、四〇〇万人ともいわれる失業者を抱えたまま高い失業率が低下せず、シュレーダー政権が個人の権利を重視し、平等を優先したためとの批判が高まった。二〇〇五年九月の総選挙では、個人の権利を制限しても経済の効率を重視する政策を掲げるアンゲラ・メルケル率いる野党、「キリスト教民主・社会同盟」がゲアハルト・シュレーダー率いる「社会民主党」を破り、第一党となった。一一月にはメルケルが新しい連立政権の首相に就任した。またフランスにおいても、二〇〇七年四―五月の大統領選挙では、労働者保護の行き過ぎを批判し、自由競争原理の導入を掲げる「国民連合」のニコラ・サルコジが、「ヨーロッパ型福祉社会」の継続と充実を主張する「社会党」のセゴレーヌ・ロワイヤルを破り、新大統領に就任した。

このように実際の政治においては、「平等」と「効率」はしばしば相対立するものと捉えられてきたが、実は「効率」と「平等」は密接な相互関係にあり、切り離して考えることのできない問題なのである。国家は、利益を生むような資本蓄積を可能にする条件を創り出し、これを維持していかなければならないと同時に、国家はまた社会的調和のための条件をも創り出し、これを維持していかなければならない。特定の階級の資本蓄積を援助するために強制力を行使してあからさまに他の階級を搾取すれば、国家は正統性を失い、人々の支持を失う。しかし資本蓄積の過程を援助することの必要性を無視する国家は、その権力の源泉である利益と、その利益から引き出される税収入を枯渇させる危険がある。言い換えれば、効率を追求し、競争力ある経済を維持することは、雇用の維持と創出の前提条件であり、高水準の就業率を達成することは、貧困をなくし、公共のサービスを提供するための必要条件である。つまり「効率」と「平等」のバランスを保つことは資本主義を安定的に維持していくためには不可欠な条件なのである。

「効率」と「平等」のバランスを保つことは、市民社会におけると同様に組織においても重要である。先に述べたように民主主義の浸透に伴って、組織内でも「公正」な処遇と「機会の平等」が求められるようになった。こうした「分配の公正」と「経済的効率」をどのようにバランスするかは、組織の運営においても重要な問題である。市民社会における平等の議論は「機会の平等」のみならず、「結果の平等」をも含む。社会的には、累進課税などの仕組みにより、機会の平等のみならず、結果を均等化するための政策も実施される。近年では企業においても、子育て支援、マイノリティや障害者の雇用など、「結果の平等」に配慮した人事管理が政府の政策により求められるようになった。要するに社会的配慮である。ドイツでは従来より、雇用者保護の色彩の強い労務管理が実施されている。たとえば解雇に関しても、雇用の社会的側面を考慮することが求められ、会社が解雇対象者を選択するにあたっては、社員の年齢や扶養家族のことも考慮しなければならない(26)。

しかしこれらの弱者支援の政策は、あくまでもそうした政策の実施が企業に不当な困難をもたらさないことが前提となっており、企業がその存続を可能にする収益を確保することが優先する。したがって組織における平等は、原則として機会の平等であり、評価の公正である。つまり仕事の「成果」や仕事に関わる「能力」に対する公正な評価に基づいて処遇を決めるということである。

社員を公正に処遇すること、つまり個々の社員の業績評価、報酬の分配、および昇進の決定を正しく行うことは、社員の能力を活用し、社員の信頼とコミットメントを得、社員のモティベーションを高めるためには、常にきわめて重要なことである。つまり公正な処遇は、組織全体としての成果の向上に繋がるわけである。現在この「分配の公正」ということが、これまで以上に重要になってきている。ますます苛烈になる国際競争の中で生き残るためには、これまで以上に効率的に経営資源を配分する必要性が生じているからである。したがって組織における「機会均等」と「公正」の実現は、組織の効率や業績の障害になるのではなく、むしろ組織の正統性と成員のモティベーションを維持する上で欠くことのできないものである。

では地球の「持続可能性」は資本主義経済の第一義的目標である「利潤」やその利潤の追求のための「効率」と両立するのであろうか。企業が環境問題に十分配慮すれば、利潤が圧迫されることも多い。また環境を汚染しない製品を開発しても開発や生産のコストが大きかったり、その製品を使う消費者にとって運転コストや維持管理コストが大きかったりするため、市場ベースで採算をとるのが難しいことも多い。しかし最近では、事業計画の一部として地球環境の持続に必要な製品やサービスを提供することを試み、業績の向上を目指す企業も出現している。[27] こうした活動が長期的に持続する「成功例」が増えれば、「持続可能性」の実現に積極的に取り組むことが利益に繋がることが実証されることになり、こうした新しいアプローチに注目する経営者も増えるであろう。

利潤の追求と社会的要請をどのようにバランスすべきか。諸々の社会的、倫理的束縛条件を考慮しつつ、様々なステークホルダーの掲げるしばしば相互に相矛盾する要求にいかにして応えることができるのか。こうした多方面からの要請を考慮するわけであるから、当然企業は「収益の極大化」を目指すのではなく、こうした諸々の要請の和解の上に立った「収益の最適化」を目指さねばならない。「最適収益」は、実際に可能な最大収益よりも低いかもしれない。しかし、それは企業が存続するに必要な最小限の収益よりは大きくなければならない。この最適収益を上げ続けるためには、各企業にきわめて多大な経営努力が求められている。こうした経営努力の中で非常に重要な役割を果たすのが人的資源に関わる政策である。

註

（1）Giddens（2002）.
（2）青木（2003）。
（3）Gerlach（1992）.
（4）Dore（1973）, ドーア（2001）。
（5）エマソン（2006）。
（6）Mitchell（1989）.
（7）たとえばグーグルは株式を公開した時、利益の一％などをグーグル財団に拠出し、ＣＳＲ活動を促進することによって企業活動によるよりも大きな影響を世界に及ぼしたいと発表した。
（8）二〇〇四年九月、渡辺が英国企業で人事担当者に対して実施した面接調査による。
（9）渡辺（2006）。
（10）ＮＨＫ、ＴＶニュース、二〇〇六年五月七日放送。
（11）同右。
（12）Smith（1975）.

(13) Drucker (1993, p. 68).
(14) Rifkin (1995, p. 8).
(15) Beck (2000a, p. 58).
(16) Barnard (1946).
(17) 渡辺 (2003)。
(18) Dore (1973, pp. 339, 419).
(19) Kim and Mauborgne (2003).
(20) Marsden and Belfield (2004).
(21) NHK、TV番組「日本のこれから——どう思いますか格差社会」二〇〇五年四月二日放送。
(22) 二〇〇五年九月、渡辺が英国企業で人事担当者に対して実施した面接調査による。
(23) Giddens (1998, pp. 12–13).
(24) Giddens (2002, p. 4).
(25) Giddens (2002, p. 76).
(26) 渡辺 (1997, pp. 163–168)。
(27) モンロー (2006)。

(渡辺聡子)

1章　モティベーション理論の展開

1　モティベーションに関する四つの考え方

人的資源政策の核心にあるのは、どのようにして社員のモティベーションを維持増進することができるかという問題である。本章においては、モティベーション（動機づけ）のメカニズムとインセンティブ（誘因）を理解する上で有用な基本的概念枠組を提示し、経営組織論が過去一世紀の間にどのような展開を見せてきたのかを辿る。さらにこうした展開の中から生まれてきた様々な人事管理における実験的な試み、特にＱＣサークルやワークチームなどの参加型管理の実例を紹介する。

組織や経営に関する理論は、ある特定の社会的空間や歴史的過程における人間の体験から生まれるものであり、特定の明確な社会関係の存在を前提とする。また経済関係を扱うと同時に資源と権力の分配を扱う経営組織論は、すぐれて政治的性格を有するものでもある。経営組織論はしたがって、一般に広く信じられたり、また自明と考えられてはいるが、必ずしも検証されていない前提の上に構築されている。理論の基礎を成すこうした前提は、イデオロギーや価値観や信仰と同様、社会的諸条件の変遷に伴って変化し得るものである。

今世紀になって米国で展開されてきた経営組織論の系譜を辿ってみると、理論の基礎を成す基本的前提が歴史的に変化してきたことが明らかになる。米国においてこれまでに提唱されてきた経営組織論を、それらの基盤となっている人間の本質に関する基本的前提に焦点を置いて分類してみると、これらの理論を四つのグループに分類することができる。この四つの理論系は、人間の本質的特性に関する前提、特に人間の基本的欲求に関する理解においてその見解を異にする。これら四つの理論系の基礎にある人間の特性に関する見解を要約すると以下のようになる。

(1) 科学的管理論——経済合理的人間像

人間は経済的要因によってのみ動機づけられており、また経済合理的な意思決定をすることができるという前提に立つ。さらに労働者は本来的に怠惰で報酬が与えられなければ働かず、彼らを動機づけるには賃金その他の物質的インセンティブを供与するだけで十分であるとする。人間が金銭によって制御され得るということは、すなわち人間は比較的簡単に相互交換され得るということをも意味する。

(2) 人間関係論——社会的人間像

有名なホーソン工場における実験は、仕事に関する満足度、社会集団のあり方、社会集団への適応などの社会的要因の方が照明などの環境条件よりも生産性に対してずっと大きな影響を与えることを示した。この実験をきっかけに、労働者は「社会的欲求」(仕事そのものによっては充足され得ない帰属や愛情に対する欲求)によって動機づけられるものであるとする「社会的人間像」が受け入れられるようになった。[1] この考え方によれば、労働者は会社そのものに対してよりも、職場の仲間集団に対して反応しやすいということになる。

(3)　人的資源論——自己実現的人間像

仕事への動機は、人間に内在する本質的な特性であり、適正な条件のもとでは、人間は本来、積極的に責任の遂行を求める性向を備え持つとする考え方である。人間はまさにそれが自分の仕事であるがゆえに自分の仕事に対して誇りを持っている。単純な労働においても特にそうであるが、大きな誇りと満足が常に得られるというわけではない。しかし、労働者に個人的な成長と達成の可能性がある場合には、その機会を与えるのがすぐれた指導者の任務である。

(4)　条件適応理論——複雑な人間像

この見解においては、動機、情緒、経験、および能力の内容は個々人によって変動が大きく、またこれらの要因は時間の経過と共にその内容が変容することが前提とされている。したがってすべての個人に対する唯一最良の戦略などというものは存在せず、同一の個人に対してさえ、同じ戦略が長期間にわたって通用するという蓋然性は低い。すなわち、従来の研究が追求してきたあらゆる組織と管理に普遍的にあてはまる原則や方法というものは存在しないとする立場である。労働者の動機や生産技術が変化すれば、労働者の仕事に対する態度や仕事の効率も変化する。したがって条件依存的に妥当する理論の構築が必要である。

以上四つの理論系の歴史的展開は、産業社会の発展に伴って進行した人々の基本的欲求の変化に呼応するものであることがわかる。一般的に人間の行動を動機づける基本的欲求には段階があるといわれるが、アブラハム・マズロウは人間の基本的欲求には、(1)生理的欲求（空腹、性欲、睡眠等）、(2)安全に対する欲求（危険から身を守り、既得の生活様式を保全すること）、⑶社会的欲求（帰属と愛情に対する欲求）、⑷自我の欲求（自尊心および社会的地位や評判に対する欲求）、⑸自己実現の欲求、の五段階があるとし、人は低位の欲求が一応満足された時点で、より高位の欲求の満足を求めて行動すると提唱した(2)。先程挙げた四つの理論系における労働者の動機づけに関する見解の相違は、経営組織論が、現実社会の労働人口の大多数がその時代に抱いていた基本的欲求に対応する形で発展してきたことに起因する。すなわち、米国社会における労働者の基本的欲求がマズロウの五段階に沿って順次次第に高度化してきたことによって、既存の経営組織論における動機づけの概念によっては理解できない部分が多くなり、問題が顕在化してきたので、これに対応すべく新しい理論が出現したということである。たとえば科学的管理が、労働者の動機づけの誘因を主として物質的報酬に求めるのは、労働者の基本的欲求が⑴生理的欲求および⑵安全の欲求であることを前提としているからである。人間関係論においては、社会的要因（すなわちマズロウの⑶社会的欲求および⑷自我の欲求）の重要性が認識され、さらに人的資源論においては、より豊かになった労働者を動機づけるには、⑸自己実現の欲求を満足させることの重要性が強調された。さらに産業社会の先進化に伴う労働者の欲求の多様化、国際化に伴う経営環境の多元化が条件依存要因の重要性を強調する条件適応理論を生み出したといえる。

しかしながら、米国における経営の実態は、このような経営学理論における歴史的展開に対応するわけでは決してない。二〇世紀初頭から米国企業の間に広く普及した科学的管理法は、現在に至るまで影響力を及ぼし続けており、現実の経営は、こうした既成の概念枠組に縛られがちである。驚異的なテクノロジーの進歩により、企業はほとんどすべての産業技術的な問題を解決できるノウハウを手に入れた。しかし、組織の人間的側面に関してはいまだ解決されていない問題が非常に多い。科学的管理論の問題点を指摘し、人的資源論の観点から、その変革のためのアンチテーゼを提示したダグラス・マグレガーは、一九六〇年にその著書の中で「次の半世紀の産業界における主要な進歩は、企業組織の人間的側面において起こるであろう」と述べた[3]。そしてこの言葉は、その後半世紀を経た今日においても、多くの真実を含んでいると思われる。

2　物質的インセンティブの限界

二〇世紀初頭にフレデリック・テイラーによって開発された科学的管理論は、経営学史上最初の体系的な組織管理論であった。二〇世紀前半の米国の経営環境は、科学的管理がまさに驚異的な成功を収めるための経済的、社会的諸条件を備えていたと言える。工業技術の導入と機械化を基礎とする大量生産・大量消費体制の普及は、科学的管理法の適用を非常に効果的なものにした。自動車産業など電気機械的な工程によって規格化された製品を複数の工場で大量生産する製造業の多くにおいて、テイラーの考案した科学的管理法が用いられ、極度の合理化が進められた。

科学的管理は、人間の行動を生理的、心理的客体として観察し、分析、整理、体系化し、人間の精神労働、肉体労働の双方を徹底的に専門化、標準化し、課業労働を統一的に管理しようとするものである。これらの管理法が実施された結果として、各課業が容易に教えられるようになり、労働者は相互に代替可能になったため、労働力はより安価になり、生産物一単位当たりの労働コストが削減され、労働効率は向上した。さらに多くの経営者は、工場労働者の大部分は取り替え可能であるから、生産技術が安定したものでさえあれば、すでに確立された科学的管理の原則に従って作業を計画し、労働者の業績を定量的に測定しながら彼らを注意深く監督することによって生産性を維持することができると考えるようになった。したがって工場労働を組織するにあたっては、こうした堅固な労務管理体制の確立が最上の方法であるという考え方が浸透した。

さらにこうした大量生産体制の世界的な展開の中で、「テイラー主義」は米国においてのみならず、ヨーロッパにおいても広範に適用され、経営組織論における支配的なパラダイムとなった。科学的管理法の普及は、同時にその理論が前提とする人間の本質的特性に関するある一定の概念をも浸透させることになった。すなわち、人間は経済的誘因によってのみ動機づけられており、人間が働く動機は唯一金銭のためであるという概念であり、また物質的報酬とそれを与えることのできる地位に対する個人的欲求が社会システムを動機づけるという考え方である。こうした人間の本質に関する前提は、科学的管理法の普及と共に欧米において広く浸透したが、こうした傾向は、科学的管理法が最も広範に、また最も効果的に適用され、市場経済が最も急速に発達した米国において顕著であった。「物質的欲求―物質的インセンティブ―物質的満足」の欲求充足サイクルは市場経済の要請と合致し、一層の経済成長を促進した。

特定の動機づけのパターンは、特定の歴史的、経済的、社会的背景を前提とする。すなわち物質的報酬に基づく動機づけは、それに適合する社会的経済的諸条件の存在を前提とするわけである。心理学における定義に従えば、動機あるいはモティベーションは、個人に内在する達成に対する内的関心、意欲を意味する。つまりモティベーションあるいは達成意欲は、すぐれて心理的な要因であり、個人の経済行動に心理的な影響を与える。この達成意欲は少年期の体験を通じて形成され、個人の人格の一部をなすもので比較的安定した属性であるといわれる。すなわち家庭における教育、躾、子育ての習慣が達成意欲の形成に大きな影響力を持つ。教育、躾といった社会化の過程は、当然のことながら、規範、価値、宗教などの文化的要因に影響される。さらにモティベーションは経済機会を規定している社会構造によって、抑圧されたり、刺激されたりする。

社会化の過程を通じてモティベーションに影響を与える価値、規範、信仰などは、時代により、また社会により異なる。ウェーバーは、人間を市場志向型の経済行動へと導く動機が時として禁欲、および仕事に対する使命感への宗教的な没頭によって支えられていることを例証した。アメリカの文化人類学者マーガレット・ミードは、革命後のソ連人の禁欲的な生活態度に強く印象づけられ、ソ連人をピューリタン的と称しているが、当時のボルシェヴィキの倫理は、「労働を義務とするひたむきな態度」や、禁欲、合理主義などを醸成したという点で、プロテスタントの倫理に近いものであることが指摘されている(4)。米国においても一八世紀から二〇世紀初頭にかけて、プロテスタントの信者に限らず、一般的に、そして特に中産階級以上の階層においては、勤勉、克己心と節制、労働に対する鍛錬された責任感などが、神と救世主に対する強い信仰によって支えられていたことが指摘されている(5)。このような宗教的な没頭においては、労働そのものが自己目的、すなわち「使命」と認識されていたわけであるから、その意味で労働は自己実現の欲求を満足していたといえる。しかし、この場合、神に対する貢献が労働の究極的な目的であった。この場合のモティベーションのあり方は、職業を通じて自らの可能性を最大限に伸ばしたいという現代人の個人主義的な自己実現の欲求とは異なるものである。一言で言えば資本主義社会も社会主義社会も、工業化の初期段階つまり初期資本蓄積の段階では、経済行動へのモティベーションが禁欲的な倫理によって支えられたケースが多いということである。

やがてこうした宗教的、あるいは疑似宗教的な倫理は、経済の発展と消費文化の到来に伴ってその影響力を失い、物質的な欲求の満足が主要なモティベーションとなる。生活水準は次第に上昇し、労働時間が短縮され、社会生活における重点が、生産や労働から、消費や余暇に移行する。大多数の人々にとって快適な消費生活の享受が基本的な欲求となる。このような状況は、市場経済の最も急速な発達を見た米国で最も早く、最も顕著な形で出現した。米国では一九二〇年代にすでに自家用車が普及していたが、ガスレンジ、電気掃除機、電気冷蔵庫、電気洗濯機などの家庭用電気製品が急速に普及したのもこの頃であった。こうした製品の購入のために、人々はしばしばより一生懸命働いた。つまり彼らのモティベーションは、こうした新しい製品に接触し、その利便性を知り、それら製品の購入を期待することによって喚起された。

しかし彼らのモティベーションを喚起したのは製品の物理的効用だけではなく、製品が具現していると考えられる「社会的な価値」でもあった。すなわち消費は人間の物質的欲求を満たすというよりはむしろ、個人が自らの社会的地位を顕示し、それによって自己評価を高めるための手段として使われる。したがって、個人の共同体における地位と、階級構造における位置は、具体的な仕事の内容によってではなく、消費のパターンによって定義されるようになる。すなわち人々は、自我の欲求（自尊心に対する欲求、および社会的地位や評判に対する欲求）を消費によって満足するようになり、またこうした行動に積極的な価値を見出すようになる。

しかしながら、二〇世紀後半になると、世紀の前半において科学的管理が驚異的成功を収めることを可能にした社会的経済的諸条件にも大きな変化が現れ始めた。経済成長期に一般的な、消費規範に主導された形でのこうした動機づけのメカニズムは、二〇世紀後半の経済成熟期になると、もはや以前のように効率良く機能することはできなくなった。ある程度の物質的豊かさが実現され、多くの人々が手に入れられる消費財はすでに手に入れてしまったため、一般に物質的目標によって人を動機づけることは、それまでよりも難しくなった。同時に人間の物質的欲求に基礎を置く科学的管理は、いわゆる組織の人間的側面において大きな問題をはらむようになってきた。これまで有効であった「物質的欲求―物質的インセンティブ―物質的満足」の欲求充足サイクルが作動しなくなり、科学的管理法が機能不全に陥ったのは，社会環境，経営環境全般にわたって様々な構造的変化が生じたためである。

まず第一に，すでに成熟段階に達した産業分野が多くなり，これらの産業分野における世界市場が飽和状態に達したことにより，これまで多くの人々が抱いていた物質的生活水準の飛躍的上昇に対する期待は減退せざるを得なくなった。特に，生産労働者がこれまで期待していたような恒常的な生活水準の上昇を実現することが不可能になり，その結果，伝統的な科学的管理は，労働者にとって人間的側面を犠牲にする割には見返りの少ない制度となった。さらに労働者の教育水準の上昇に伴い，職務の遂行においてより大きな自律と自己裁量が期待されるようになった。その結果，知性や進取の気性を要求しない退屈なルーチン化された仕事は，たとえ賃金やフリンジ給付の上昇を伴う場合でも，好まれなくなった。

第二に，科学的管理が前提とする官僚的な大組織が新しい経営のニーズに応えられなくなったということである。科学的管理法の効率的な適用は，ピラミッド型の構造を持つ官僚制度，および職務機能分担の細分化とルーチン化に基づく高度の分業体制によって支えられてきた。しかしながら，国際的需給状態の目まぐるしい変化，ならびに製品，生産過程双方における技術革新は，こうした管理体制を時代遅れのものにしてしまった。科学的管理においては静的な概念であった生産性は，今や労働コストのみならず，資本をはじめ生産に投入されるあらゆる要因におけるコスト減を志向する動的な過程を意味するようになった。新製品への転換や新しい生産過程への転換が定常状態における静的な効率と少なくとも同程度に重要なことになった。またニーズの多様化に応えて，製品やサービスを注文生産するケースも増えた。こうした対応にあたっては急速に組織を変革する必要があるわけであるが，細分化された，ピラミッド型の官僚構造は，組織再編成の障害となることが判明した。加えて新しい技術は，新しい能力，特により高度のチームワークと相互依存を必要とし，その結果，現場での上下のコミュニケーションと同時に横のコミュニケーションが重要になった。そうなると科学的管理体制下での細分化された縦割りの分業体制では対応できなくなり、それまでの「計画」、「展開」、「生産」という機能間の境界線は崩れ去った。

科学的管理がこれまで前提としてきた「一枚岩的な経営者層」対「一枚岩的な労働者層」という二極化された利害対立の構図は、もはや現代の企業組織には適用され得ない。なぜなら、企業内階層における様々なグループ相互間の利害関係は、ますます多面的かつ複雑なものになっているからである。特に伝統的な「経営者」、「労働者」のいずれの範疇にも属さない中間管理者層の増大により、組織内の階層の構図は大きく変わった。

さらに、労働者における教育水準の向上は、彼らの意識と欲求を変え、生産技術の進歩は生産現場における仕事内容を変え、労働者の仕事への関わり方に変化をもたらした。さらに経済環境の悪化により恒常的な賃金の上昇に対する期待は減退する。加えて、企業にとってのストライキの脅威が減少したことにより、ストライキを背景にした賃上げが困難になる。オートメーション化が進むと組合に加入していない現場監督や中間管理職だけで生産やサービスを長期間維持することができる。このためストライキによる脅威の効果は低下し、組合の交渉力は減退した。会社が仕事を下請けに出したり、期間工を雇ったり、コスト削減のために海外で操業を始めたりすれば、組合はさらに無力化する。

経営者にとっても物質的誘因によって労働者を動機づけることが困難になり、また物質的誘因を与え続けることが財政的に不可能になれば、別の誘因、すなわち労働者自身が求めている誘因を与えることによって積極的に彼らを動機づけることができるかどうかが、製品の質と生産性を決定する最も重要な要因になるわけである。

3　高度化する欲求とモティベーション理論の展開

動機づけ、あるいはモティベーションの理論は、経営管理理論および経営組織論に強い影響を及ぼしている行動科学の一系譜で、行動科学という言葉は最も狭義には、もっぱらこの理論を指して用いられる。また動機づけ理論の提唱者は、労働者を物質的報酬と懲罰によって管理されるべき対象として見るのではなく、労働者は本来的に創造的で自己発展の機会を求めているとするところから、彼らの理論を総括して「人的資源論」（Human Resource Management Theory）という名称で呼ぶこともある。彼らは企業経営にあたって、労働者の欲求の現状を十分理解し、適切なモティベーション政策をとることの重要性を強調し、社会心理学的枠組と分析方法を取り入れた。

科学的管理理論に対する根底的な反論として出発した人的資源論もまた、科学的管理論がそうであったのと同様に、変化する経営環境の要請によって生まれたものであった。二〇世紀の初頭以降、米国およびヨーロッパにおける組織論パラダイムの主流であった科学的管理論は、二〇世紀後半になって前節で述べたような社会環境の変化により、これまでのような効率を期待できなくなった。第二次大戦後の米国の繁栄は、これまでの歴史上に例を見なかったほど長期間にわたって続き、その結果、失業率は概して低く、人々は失職による生活の困窮という不安から解放され、生存以外のことについて考える余裕を持つようになった。労働者の教育水準は上昇し、教育を受けた労働者は、知性を要求しないルーチン化された退屈な仕事は好まず、より大きな自律と自由裁量を期待するようになった。女性、少数民族などのマイノリティ集団がより良い職への機会均等を含む市民権を要求し始めた。一九六〇年代の反体制文化は、個人の尊重、個性、創造性などの価値を強調し、産業社会に内在する「疎外」からの「解放」を共通の標語とした。米国のマスコミはしばしば労働者の職場での不満を取り上げ、無断欠勤、離職率の上昇、労働の質の低下、麻薬、サボタージュなど不満の徴候と考えられる現象を指摘し、「ブルーカラー・ブルース」といった表現も頻繁に使われるようになった。

こうした傾向は、一方では一九六〇年代後半の人間主義的な風潮とよく適合し、さらに個人の可能性を最大限に発展させる必要性を提唱したルネッサンス期の人間解放の思想に通ずるものであった。その意味で人的資源論における自己実現的人間像は、科学的管理論の経済合理的な経済人（homo economics）の概念とも、あるいは人間関係論における非合理性をも包括する社会的人間像とも異なるものであり、カール・マルクスの「作る人間」（homo faber）の概念に最も近いものであった。

モティベーションの研究における主要な貢献は、主として一九五〇年代に、マズロウ、マグレガー、ハーズバーグ等、米国の産業心理学者によってなされた。こうした人的資源論の提唱者達は、彼らの問題意識の中心にある疎外現象に関して、各々多少異なった語彙こそ用いたが、みな大要においてマルクスの、あるいはもっと正確に言えば「若きマルクス」の哲学的立場を踏襲していた。すなわち、マルクス主義が組織的な政治勢力になると同時に失われてしまったマルクス本来の人間性に関する哲学的関心を共有していた。もちろん、モティベーションに関する研究は、マルクスの思想体系と明白な形で結びつく必要はない。たとえばマズロウの理論においては、マルクスの政治哲学的思考は捨象され、「自己実現」の概念だけが技術的に適用されている。しかしながらそれまで顧みられることのなかった組織の人間的側面に注目するということは、とりもなおさず人間と労働のあるべき姿について根本から考え直してみるということであり、こうしたアプローチは、マルクスの疎外論の根底にある問題意識にきわめて近いものである。人的資源論を特徴づけているこうしたアプローチは、一九六〇年代後半以降のポストモダン的状況——次章で述べるように自己実現至上主義、脱物質主義、反権威主義などの台頭によって特徴づけられる——の中で、社会的要請に応えるものであったことから、新たな評価を得ることになった。

マルクスは、資本主義経済が発達する以前の労働の形態においてそうであったように、本来なら労働は人に精神的充足をもたらすべきものであると言う。マズロウ、マグレガー、ハーズバーグ、アーギリス、ドゥビン、リッカートなど人的資源論の中心的な理論家達は皆、「これまでの経営組織論は、労働者を従属的で未熟な子供と見なしてきたために、彼らはいつまでたっても責任と創造力を持った成人に成長しなかった。彼らが自己実現という仕事そのものに内在する報酬を得るためには、仕事の内容が改善されなければならない」という見解を共有していた。彼らの研究は、こうした労働者像を創り出したこれまでの経営組織論の前提となっている人間の本質的特性に関する分析から始まった。彼らの研究結果の総合として得られた概念は、科学的管理論における人間の本質に関する前提が限られた意味において正しいものであることを説明すると同時に、さらに全く異なった経営学理論構築の基礎を提供するものでもあった。

[1]　人間の基本的欲求とモティベーション

人間は常に欲求を抱く。一つの欲求が満足されるや否や、その代わりに別の欲求が現れる。この過程は死ぬまで果てしなく続き、人は欲求を満足させるために絶えず努力し、そして働く。すなわち、欲求は人間個人に内在するものであり、人間行動の原動力である動機の発生の前提をなすものである。欲求充足の可能性に関する認識が動機を、したがって行動を生起させ、さらに行動の結果として個人は、インセンティブ（誘因——特定の欲求を充足させうる性質を有する事物）を現実に獲得することにより満足を得る。ただし満足された欲求は、もはや行動に対する動機とはなり得ない。一つの欲求が満足されるや否や、次の欲求が人の行動を動機づけ始める。しかし人間は全く無秩序に様々な欲求を抱くわけではなく、人間が一つの欲求を満足し、次の欲求を抱くその過程には一定の法則性があると言われる。

第1節で述べたように、米国の心理学者マズロウは、こうした前提に基づき、有名な「欲求（needs）の五段階論」を提示した。マズロウによれば、人間の基本的欲求には五段階があり、人は低位の欲求が一応満足された時点で、より高位の欲求の満足を求めて奮闘するという。人間の欲求のうち最も重要なものを下位に置き、重要性の高い順に下位から上位へと積み重ねていくと一定の階層構造（ヒエラルヒー）が成立する。マズロウの欲求の五段階構造は以下のように要約される。(6)

(1)　生理的欲求（空腹、性欲、睡眠等に対する欲求）

最も低位に位置するが、それが満たされなければ満たされるまで、人間にとって第一義的な重要性を持つのが生理的欲求である。たとえば愛情や地位や名声などに対する欲求は、彼が空腹であれば通常作動しない。彼が規則的にかつ十分に食べている時には、空腹を満たすことはもはや重要な欲求とはならない。なぜなら満足された欲求は次の行為を動機づける機能を持たないからである。

(2)　安全に対する欲求

生理的欲求が一応満足された時には、その一段階上の欲求が人間の行動を支配し始める。つまり行動を動機づけ始める。これは危険、脅威、剝奪から身を守り、既得の生活を保全するための安全の欲求である。

(3)　社会的欲求（帰属と愛情に対する欲求）

生理的欲求が満足され、物理的な安全に関して恐怖を抱く必要が無くなった時、人間の行動を動機づけるものは社会的欲求である。すなわち、集団や組織へ帰属すること、伴侶を持ったり同僚や仲間に受容されることにより集団の一部となること、そして友情や愛情を与えたり、受け取ったりすることに対する欲求である。

(4)　自我の欲求（自尊心に対する欲求および社会的地位や評判に対する欲求）

社会的欲求の上位に位置する、すなわち社会的欲求以下にある欲求が一応満足された時に人間の行動の動機となるのが自我の欲求である。この欲求は、経営者にとって、そして個々の人間にとってきわめて重要な意味を持つ。自我の欲求はさらに二種類に分類される。

(a)　自尊心に対する欲求――自らの業績、能力、知識に関して自分自身を承認し、自信および自律を得ること。

(b)　社会的地位や評判に対する欲求――他の人々から承認され、地位、名声、信望を得ること。

(5)　自己実現の欲求

最後に、いわば欲求の階層構造の頂点に位置するのが自己充足に対する欲求である。これは自分の可能性を実現し、自己発展を継続し、広い意味で創造的であることに対する欲求である。

現実社会においては、個人的な性格や社会文化的背景あるいは政治的な要因により、必ずしも人間の欲求が厳密にまた予測通りに(1)から(5)へという順序で上昇していくとは限らない。異なった段階の欲求を同時に追求することもあれば、低位の欲求を追求することなくして高位の欲求を追求することもあり得る。たとえば一般的には、生理的欲求、安全の欲求および社会的欲求が一応満足されるまでは、自我の欲求の重要性は認識されない。ところが政治革命の発生状況を分析すると、この一般化に関する例外がしばしば見受けられる。すなわち、生理的欲求が踏みにじられた上に、基本的人権や自由が剝奪されて人間としての尊厳が極度に傷つけられた時に、人は生理的欲求の満足という段階を経ることなくして社会的欲求および自我の欲求の満足を求めて闘い始めることがしばしばある。すなわちマズロウの欲求の五段階論は、かなり単純化されたものである。しかしながら、工業社会から脱工業社会へと移行していった先進国においては、大多数の人々の欲求は概ねこのような順序で動いていくことを理解しておくことは、実際に人的資源を管理する上できわめて有益である。

マズロウ以降、欲求の五段階論に対する修正案もいくつか提示されているが、彼の理論の基本的前提は、多くの産業心理学者や組織行動論の専門家によって支持されている。たとえばC・P・アルデファーは、労働者の欲求について実証的な調査を行った結果、マズロウの欲求の段階論は実際に観察される現象によって裏付けられると述べている。[7] しかしながら彼はマズロウの五段階を三段階、すなわち(1)生存の欲求（生理的欲求および安全の欲求）、(2)関わりの欲求（愛情および帰属の欲求）、および(3)成長の欲求（尊敬されたいという欲求および自己実現の欲求）、に単純化することを提案している。

経済発展途上期のまだ生活水準が低かった時代には、多くの人々にとっての労働の目的は、生理的および安全の欲求を日々何とか満足していくための物質的報酬を得ることであった。しかし今日の先進国においては、これら低位の欲求はかなりの水準まで満足されており、職場における動機づけの焦点は高位の欲求へと移行した。マズロウの推定によれば、当時の平均的な米国人は、生理的欲求の八五％、安全の欲求の七〇％、帰属の欲求の五〇％、尊敬の欲求の四〇％、そして自己実現の欲求の一〇％をそれぞれ満足しているという。[8] こうした数値は、より豊かになった労働者を動機づけるためには、経営者は自己実現の欲求や自我の欲求などより高位の欲求に注目しなければならないことを示している。

また一九九〇年から九六年にかけて渡辺が実施した在米、在英、在独日本企業で働く米国人、英国人、およびドイツ人を対象とした意識調査の結果からも、職場における自己実現の重要性が浮き彫りになった。この調査において回答者に「仕事に何を求めるか」という質問をしたところ、「チャレンジ・達成感」が「非常に重要である」と答えた人は、米国で七〇・一％（英国で七二・二％、ドイツで六一・二％）、「重要である」と答えた人は、米国で二一・八％（英国で二四・七％、ドイツで三三・八％）、この二つのグループを合わせると、米国で九一・九％（英国で九七・〇％、ドイツで九五・〇％）となる(9)。すなわち米国においても英国においても、またドイツにおいても、ほとんどの人がチャレンジ、達成感といった自己実現に関わりのある要因を重要と考えている。

脱工業化に伴って起きる価値観のポストモダン化現象については第2章で詳しく述べるが、ポストモダン期になると自己実現の欲求が強くなることに関しては議論の余地はほとんどない。しかし欧米の学者の多くは、社会的欲求の高まりもまたポストモダン化現象の一つの特徴であるとする。たとえばイングルハートは、マズロウの五つの欲求のうちの最初の二つ（生理的欲求と安全に対する欲求）をひとまとめにして「生理的欲求」すなわち「物質的欲求」とし、後の三つの欲求（社会的欲求、自我の欲求、自己実現の欲求）をひとまとめにして「社会的および自己実現の欲求」すなわち「脱物質的欲求」と呼ぶ(10)。当然、後者がポストモダン期の特性であり、前者はそれ以前の特徴的価値観である。第3章において述べるように、社会的欲求の充足状況において日本と欧米では大きな違いが見られる。欧米の企業組織においては、これまで物質的報酬を重視する傾向が強く、社員――特にブルーカラー、およびホワイトカラー下級職――の社会的欲求はなおざりにされがちであった。これに対し、伝統的な日本型経営システムのもとでは、どの階層においても社会的欲求がある程度満足されてきた。欧米においても、ポストモダン期になって脱物質志向が強くなると、社会的欲求に対する注目度が高まり、こうした傾向がポストモダニズムの一環として位置づけられるようになった。欧米の経営者や専門家が日本型システムへの関心を示す理由の一つである。

［2］ 人間の能力と自発性を生かす経営

マズロウの欲求構造の理論を踏襲した上でマグレガーは、米国の企業経営において、特に伝統的な大量生産体制下の労務管理においては、人間の動機のこれらの局面に関してほとんど注意が払われておらず、労働者の要求に対して効果的な対応がなされていないと指摘した[11]。

たとえば、マグレガーは米国のブルーカラー労働者の問題点を以下のように説明する[12]。

経営者は今日、人間における社会的欲求の存在を認識してはいるが、これは組織にとって脅威になるという誤った認識を持っている。適切な状況のもとでは、結束力の強い仕事集団は、同数のばらばらな個人よりも、組織の目標を達成する上で効果的であると多くの研究結果が示している。経営者は組織に対する集団的敵意を恐れ、しばしば人間にとって自然な集団性を否定するようなやり方で労働者を管理しようとする。人間にとって自然な社会的欲求が蹂躪された時（恐らく安全の欲求も同じく蹂躪されていると考えられるが）、人は組織の目標に非協力的となり、やがて敵意を抱き、抵抗するようになる。しかしこうした行動は結果であって原因ではないとマグレガーは言う。経営に関するあらゆる決定と行動の背後には、人間行動の動機づけに関する概念と、そうした概念の前提となる人間の本質に関する基本的な考え方が存在する。マグレガーは先に述べたような米国企業における一般的な労務管理の政策と慣行の背後には、人間の本質に関するある特定の概念と前提が存在するとの結論に達し、これをX理論と名付けた。そしてさらにX理論と対照をなすべき動機づけの概念と前提を一つの理念型として提示し、これをY理論と名付けた。

X理論とは、従来米国の企業において広範に信奉されてきた理論であり、多くの米国企業において経営の政策と慣行を実質的に支配してきた理論である(13)。X理論においては、労働者は生得的に怠慢で働くことを好まず、したがって物質的報酬と懲罰によってのみ彼らを制御することが可能であるということが前提となっている。また労働者はできる限り責任を回避しようとし、安定を求めて野心を抱かず、したがって経営者が決定し、労働者は強制されて命令に従うという分業の構造によってのみ組織の目標を達成することができるという考え方である。

これに対しY理論は以下のように要約される(14)。仕事は条件次第で自己実現と自我の満足の源泉にもなり得るし、また苦痛にもなり得る。外的な支配や懲罰によらなくても、人間は自制心をもって自発的に仕事にあたることができる。さらに人は働くことによって、自我の欲求、自己実現の欲求など自らの欲求を満足させ、かつ同時に組織の目標をも増進することができる。また適正な条件のもとでは、人間は単に責任を受容するだけでなく、自ら積極的に求めることを学ぶものである。責任の回避、野心の欠如、過剰な安定志向といった傾向は、一般的に人間の生得的な特質ではなく、むしろ現実社会での体験の結果生じたものである。

労働条件の向上により経営者は生理的欲求と安全の欲求とを満足してきたので、今日の職場における動機づけの焦点は、社会的欲求および自我の欲求へと移行した。もし職場においてこれらのより高度な欲求を満足させる機会が与えられず、経営者が生理的欲求に焦点を置き続ければ、やがて報酬を与えるだけでは効果がなくなり、懲罰の脅威に頼らなければ彼らを制御することができなくなる。この意味でX理論の前提は確認されたことになる。しかし、こうした現象はあくまで経営者側の政策の結果として生ずるものであり、こうした現象を理由に労働者の生得的特質を論ずることは、原因と結果をとり違えることになる。

組織の目標と個人の目標の合致がY理論の基本的前提である。しかし現実には組織の要請と個人の目標が完全に一致することはきわめて稀である。しかしながら「個人が組織の成功のために努力することによって自らの目標を最も良く（最も良くというのは、無関心、無責任、不従順、敵意、サボタージュなど彼が代わりに取ることのできる他の方法と比較してという意味）達成できる程度にまで両者を一致させることが重要である」とマグレガーは主張する。[15] つまり、組織の成功に寄与するような方向で、個人は自分の能力、知識、技術、創造力を常に自発的に発展させ、またそれらを常に自発的に使うように奨励されるべきであるということである。

こうした組織における個人の自己発展と仕事に対する満足度の関係について、具体的な実証研究も行われている。フレデリック・ハーズバーグは、職場における満足および不満足の原因を調査した結果、不満の原因になっている事項と満足の原因になっている事項は全く別のグループに属することを発見した。[16] 満足の原因となっている事項、つまり積極的な動機づけの源泉となっている事項は仕事の内容に関するもので、作業内容、達成度、達成に対する評価、自律、昇進、新しい技術の習得などである。これら第一のグループに属する事項は、個人的成長の源泉であるべき職業における自己実現の可能性に関わるものである。これに対し、不満の原因となっている事項は、労働環境に関連するもので、報酬、安定、労働条件、上司・同僚・部下との関係、その他労務管理の慣行における不公平な処遇に関するものである。これらは第一グループの事項の基礎として作用するもので、ハーズバーグはこれら第二グループに属する事項を総合して「衛生要因」と呼ぶ。衛生要因の充足は、個人を特にすぐれた出来ばえや成果に導くような動機づけの源泉とはなり得ず、また個人に高度の満足をもたらすことはない。衛生要因を充足することによって期待できるのは、不完全な仕事と不満を防ぐということだけである。

その後の研究によりハーズバーグは、退屈でルーチン的な仕事に就いている人々は満足を得ようとして、あるいはもっと正確に言えば不満を軽減しようとして、賃金やその他の衛生要因の充足を求めることが判明したとしている。[17]これに対し、仕事そのものが何らかの価値を与えるような、そして意欲をそそるような仕事に就いている人々は、職種の如何にかかわらず仕事の内容により大きな満足を見出すという。意欲をそそるような仕事があれば、それは個人の生活上、中心的な関心事項となり、仕事は重要な生きがいとなる。しかしながら、意欲をそそるような仕事に就いたことのない人が、自分が経験したことのないものについて不満を持つということは起こりにくい。その代わり彼らは賃金と労働条件について不満を抱く。ブルーカラーとホワイトカラーの間には、動機づけのパターンにおいて質的な相違があると一般に信じられており、またハーズバーグ自身も調査結果としてそうした結論を出している。しかしこれは経営者による労働者の扱い方に起因するものであり、仕事に対する本質的な態度においては、ブルーカラーも女性も、科学者、技術者、経営者などの専門職・管理職と比べて違いは見られなかったと報告している。[18]こうした調査の結果に基づき、ハーズバーグは、仕事をより豊かにし、精神的成長の機会を与えるようにするため「仕事の充実化（job enrichment）」を提唱した。[19]

4　従業員参加の実践

前述のように、二〇世紀後半になると、社会・経済的な環境の変化により、科学的管理法にもはや以前のような効率を期待することができなくなった。経営者にとっての共通の悩みは、いかにして労働者を動機づけ、彼らの心理的満足度を高めることができるかということであった。第二次大戦後の米国においては、折しも社会科学者の間では人的資源論が提唱されていた時期でもあり、経営者と労組は、組織と労使関係を変革しようと、様々な実験に着手した。たとえば、個々の労働者が遂行すべき仕事の範囲を拡大する、あるいはどのようにして職務を遂行するかを決定する権限を与える、自律的な仕事集団を形成して責任を分担する、一人の労働者が一つの仕事に貼り付いたままにならないように工場内でローテーションを行う、すべての労働者にとって監督者から技師の地位までの昇進を可能にする、生産性が上がれば直ちに報奨を与える、時間給の代わりに週給制度を採用する、規定の労働時間さえ満たせば、いつ働くかというスケジュールは労働者の自由に任せる、現在従事している仕事の種類とは無関係に、習得した技術の数によって給与を支払う、などといった試みである。

こうした様々な実験の根底にあるのは、現場における労働者参加という概念である。米国企業において試みられている労働者参加の代表的なものは「QCサークル」と「ワークチーム」である。この数十年間に様々な労働者参加の方式が試みられ、様々な名称が使われてきたが、その多くはこの二つの様式の変形である。以下QCサークルとワークチームの現場における実施例を通じてそれぞれの様式の特徴および問題点を明らかにする。

[1] QCサークル

QCサークルは、通常、職場生活の質向上運動、労働者による経営参加運動といったより広範なプログラムの一環として実施されるものである。QCサークルとは、生産現場で共働している七、八人から二〇人位の労働者を一つのグループとし、生産に関わる諸問題、労働過程や製品の質の向上などについて定期的に討議し、それらに関する提案を経営者側に提出して承認を求める制度である。

一九五〇年代に米国でQCサークルがウィリアム・エドワード・デミングによって考案された当時は、この制度は米国では全く受け入れられなかった。しかしながら一九八〇年代になって米国企業の間でサークルを採用する企業の数が次第に増加し、今日ではQCサークルは米国における職場参加の形態としては最も一般的なものとなった。

このような広範な普及の理由は、ＱＣサークルがワークチームのように現場人員の大規模な再編成や労働者による株の保有を伴わないし、また管理職の職階体制を脅かすこともない、要するに経営者にとっては自らの特権を放棄することなくして、労働者の努力のみによって利益の増大を期待することができるからである。

しかし一方、ＱＣサークルの長期にわたっての成功は難しいと言われており、米国におけるＱＣサークルの約七五％は、開始後二―三年以内に消滅していると報告されている[20]。これらＱＣサークルの多くにおいては、労働者はある程度の自律を与えられ、サークルによる提案の八〇％が経営者に承認され、活動を通じてある程度の指導力の養成と意思決定の訓練が行われ、時としてボーナスの支給や利益の分配も行われ、結果として一時的に労働者の士気は向上する。しかしながらＱＣサークルによる提案の内容は、全会社レベルの問題には関与しないのが通例で、サークルが二―三年以上は続かない原因はこうしたところにあると考えられる。しかも制度の実施のされ方に問題があって労働者側の目標が十分に達成されない場合が多く、労働者が、制度そのものを経営者による巧妙な「操作」であると受け取ってしまうことも失敗の原因である。ＱＣサークルの成否は、制度の実施にあたって以下のような条件が整っているかどうかによると言われる[21]。

(1)　経営者と労働者の代表が平等な立場で協力して構成すべきものであり、生産性と利潤の増進という経営者側の目標が、より大きな満足の得られる職場を創るという労働者側の目標を圧倒してはならない。

(2)　職の安定と自発的な任意参加という労働者の権利が保障されなければならず、このことは、経営者と労働者の間の契約に明記されなければならない。

(3)　もし労組が関与しているなら、ＱＣサークルが労組つぶしの手段とならないように、労働参加と集団交渉は明確に分離されるべきである。

つまりQCサークルが成功するためには、サークルが会社全体に関わるより大きな問題について討議し、政策提案を行い、それを実行していくことができるということが必要であり、そのためには相互の信頼に基づいた自律と情報の共有が不可欠であるということである。

QCサークル制度の日本における導入は、一九五〇年代、デミングによる紹介を機に始められた。当時の米国では受け入れる企業がほとんど無かったにもかかわらず、日本においては品質管理の一環として多くの経営者の関心を引き、多くの企業において積極的に導入された。モティベーションと生産性の向上に貢献したケースは多いといわれるが、どちらかというと成果が過大評価される傾向がある。失敗に終わった例はあまり注目されていないが、その数は少なくないといわれる(22)。

T社は、英国で操業する日系の自動車会社であるが、EU域内での重要な生産拠点と位置付けられ、業績も好調である。この会社の日本の本社および国内外の多くの生産拠点においては、従来より改善運動のためのQCサークルが実施されている。たとえばT社では、現在次のような仕組みでQCサークルが実施されている(23)。

生産現場で働く約四〇〇〇人のブルーカラー雇用者は、ショップメンバーと呼ばれ、一六〇のグループ（組）に分けられている。一グループはさらに四つのチーム（班）に分けられる。一つのチームは五人のチーム・メンバーと一人のチーム・リーダー（班長）の計六人より成る。チーム・リーダーの仕事は、欠陥を管理し、急に欠勤や怪我人が出た時にカバーしたり、また一度に二人が休暇を取った時に一人分をカバーすることであり、定常的にラインに就くことはしない。メンバーにオン・ザ・ジョブ、およびオフ・ザ・ジョブのトレイニングを与えるのもリーダーの役割である。

一つのグループに一人のグループ・リーダー（組長）が置かれる。グループ・リーダーは、ラインの仕事はせず、人事を扱う。グループ・リーダーの上には、シニア・グループ・リーダー（工長）（工場全体で六〇—七〇人）が置かれる。

毎朝ラインが開始する前にチームで二—三分のミーティング、グループで五—一〇分のミーティングを持ち、品質や安全など、主として日常的作業について話し合いをする。

それ以上の変革を伴う課題は、カイゼン・アクション・ミーティング（ＫＡＭ）と呼ばれるＱＣサークルを通して「改善プロジェクト」として提案される。経営者側（会社）は毎年一月と七月にその年の会社の方針（Hoshins—Objectives）に基づいて六カ月間のテーマ——安全、品質、計画から実現までに要する時間（lead time）、生産など——を設定する。チーム・リーダーがプロジェクト・リーダーとなってチームに促し、これらのテーマの範囲内で課題（subject）を選び、これを「改善プロジェクト」として推進する。たとえばテーマが「顧客のための品質向上」であれば、チームは顧客のための品質向上に効果のあるような仕事のあらゆる局面についてブレインストームを行い、それから一つ、あるいは二つの課題を選び、品質管理のツールを使って問題を分析し、改善すべくチャレンジする。六カ月に一度グループで発表会を行い、続いて全社的な発表会を行う。

活動の目的は、メンバーの問題解決能力とリーダーの仕事のやり方を改善する能力を活用して業績を上げることである。つまり、メンバーの能力開発と会社の長期的な繁栄のためであるという。六カ月に一度の発表会は一般メンバーの意識を高め、理解を得るために有効であるという。一九九一年、英国での操業開始と同時に毎日の小規模な改善活動を開始、一九九四年にＫＡＭの制度が作られ、メンバーに改善活動のための資源（resources）と時間が与えられるようになった。一九九七年に「改善プロジェクト」方式が、正式に策定され、二〇〇四年に渡辺が調査に訪れた時もこの方式により、QCサークル活動が実施されていた。この制度のもとでは、品質管理部（Quality Assurance Division）がプロジェクトの管理を担当し、品質管理担当取締役（Quality Assurance Director—英国人）が委員長を務める改善委員会（Kaizen Committee）と人事部が全社的に活動を組織、促進し、その下でグループ・リーダーが活動を促進する。

会社としては、一つのチームで年間二つの改善プロジェクトを実施することを目標としている。全チームがKAMを開始するが、プロジェクト実施の負担が大きいこと、残業の負担が大きいことにより、完成率は概して低い。ここにQCサークルを継続することの根本的な難しさがある。改善活動を持続させ、完成させるために最も重要な要因は、グループ・リーダーとチーム・リーダーが積極的にイニシアティブをとり、活動を促進することであると従業員は指摘する。また人事担当者は、改善に従業員が協力し、改善が成功するのは、改善の結果、生産性が上がればボーナスが出るからであり、これを明確にすることが重要であると指摘する。

[2] ワークチーム

製造業の現場で試みられた労働参加のもう一つの形態はワークチームである。ワークチームは現場の隣接するいくつかの領域を統合再編成し、労働者を集団に分けて再組織することによって形成される。各集団は生産目標を設定し、目標達成のための方法を決定し、スケジュールを立てるというかなり大幅な自由が与えられ、時にはチームのメンバーの中から持ち回りで監督者を選んだり、退職者の後任の新しい労働者を雇うという人事権まで与えられる。

最もよく知られているワークチームの実施例は、米国トペカ（カンザス州）にあるゼネラル・フードのグレイビー・トレイン工場のケースである。この工場において編成されたワークチームにおいては、仕事の分担を恒常化せずに日ごとのローテーションによって回り持ちし、各労働者は習得した仕事の数によって賃金を支給された。チームは労働者の雇用、解雇、建物の清掃、保守、および品質管理すべてを行い、その結果、通常の工場に比較して、品質は向上し、生産性は上がり、利潤は増大した。しかしこの制度は成功し過ぎたために経営者や本社の事務系社員が労働者の管理能力に関して「神経質」になるという事態が生じ、結局放棄された[24]。その他、ラシュトン・マイニングの鉱山労働者における実験、ゲインズ・ペット・フードの工場での労働者と仕事の再編成の試みなどが知られている。ゲインズにおいては、新しいシステムを導入した結果、生産性の向上と労働者の士気の高揚が見られたと報告されている[25]。しかしながら労働者の中には、新しく与えられた仕事を遂行するために彼らが新しく習得した技術に見合うだけの報酬を得ていないと感じる者もいた。他の多くのケースにおいても見られることであるが、ゲインズにおいても、特別の努力なくして遂行可能であった元の仕事を維持し続けることを希望した労働者も少なくなかった。

労働者の一部は仕事の再編成を望まないということは、労働者参加に懐疑的な経営者や専門家がしばしば持ち出す論点の一つである。労働者は自分達の上司だけが仕事をいかに遂行すべきかについての責任を取ることを期待し、自らの思考と精力を仕事以外の事柄に費やすことを望む。たとえば、職場の仲間とちょっとしたおしゃべりをしながら時間を過ごすのも彼らの楽しみの一つである。仕事の拡大は多くの労働者にとって仕事を意味のあるものにするが、一部の労働者にとっては望まない重荷を意味することになる。

また仕事の再編成に批判的な学者や専門家が指摘するもう一つの問題点は、労働者のために仕事を面白くするという再編成の目的自体には特に問題はないが、労働者が騙されて会社の利益の正当な分け前以下のものを受け入れる可能性があるということである。労働者の利益を考えるならば、労働者に公平な利益の分配が行われるようなシステムの構築を同時に行うべきであると彼らは主張する。

[3] リストラと参加型管理

ここ四半世紀にわたって先進国の多くの企業においてリストラが実施され、拠点の統廃合、コンピューターによる自動化、中間管理者層の縮小、常勤人員の削減とフレックス雇用への依存の増大など、様々な合理化政策が実施されてきた。参加型管理はこうした合理化政策の一環として導入されることが多い。合理化政策は全般的には生産性の向上と企業業績の改善に貢献しているが、一方で厳しい競争原理の導入が組織の内部で不安や緊張や摩擦を生み出し、職場に断絶と分裂状況をもたらすこともしばしばである。こうした断絶と分裂を克服するため、企業は、書かれた規則やマニュアルへの依存度を高め、トップダウンの命令系統を明確化するという「官僚型管理」を強化したり、経営の分権化、現場への権限委譲、従業員参加などを促進する「参加型管理」を導入したりする。

ワークチームあるいはそれに類似した「参加型管理」が導入された場合、やり方によっては有能な個人の活力を引き出し、生きがいをもたらし、社員の間に変化をチャンスと捉える雰囲気を作り出すことができることがいくつかの研究において報告されている。

米国の社会学者ランディ・ホドソンは、コンピューターによる自動化が進み、リストラによる組織の構造改革が進んだ職場が、一九六〇年代以前の職場と比べてどのように異なるかを、二〇〇件近い事例研究から得られた情報を基に分析した(26)。分析の結果、参加型管理の導入により、多くの場合、労働者の満足度や誇りがそれ以前と比べて向上したことが報告されている。しかし逆に、参加型への移行の結果、労働者が分断されて孤立し、職場環境が悪化した例も報告されている。それらの例の中には、経営者が参加型管理の導入にあたって労組を排除しようとした場合、また参加型管理導入によるプラス効果が短期間観察されると、経営者がすぐに生産性のより大きな向上を求めて一層のスピードアップを強要した場合などが含まれている[27]。

その他の研究においても、リストラに伴って導入された参加型管理が職場にプラスの影響を与えた例が報告されている。たとえばヴィッキー・スミスは、米国の大手製造・サービス業（複写機器およびコンピューター機器を製造し、複写などの事務サービスを販売する）の事務サービス部門で働く管理職二六人を面接し、職場を直接観察した結果、リストラの影響は、複雑で多元的であるけれども、部分的には働く人々により大きな自律を与える効果をもたらしていると結論している[28]。

ホドソンやスミスによる研究結果を総合してみると、本当の意味での参加を促進するような組織変革が実施された場合には、従業員の仕事に対する満足や誇りの増進をもたらすような肯定的な変化に繋がるケースも少なくないことがわかる。つまり参加型管理が効果的に実施された場合には、従業員は以前の形態におけるよりも一生懸命働くことになるが、しかし同時に満足と誇りを経験することができる。言い換えれば、経営者が参加型管理を有効に機能させることができれば、従業員から活力とコミットメントを引き出すことができ、ひいては生産性の向上を期待することができるということである。

註

（1） Mayo（1945; 1960）, Roethlisberger and Dickson（1939）.

(2) Maslow (1987, pp. 15–23).
(3) McGregor (1960, pp. 56–57).
(4) 辻村 (1967, p. 330)。
(5) Riesman *et al.* (1953, p. 133).
(6) Maslow (1987, pp. 15–23).
(7) Aldefer (1969).
(8) Bass (1985, p. 15).
(9) 渡辺 (1997, p. 3)。
(10) Inglehart (1977, pp. 41–42).
(11) McGregor (1960, pp. 37–38).
(12) 同右。
(13) X理論に関してはMcGregor (1960, pp. 33–44)、またY理論に関しては同じくMcGregor (1960, pp. 45–57) 参照。
(14) 同右。
(15) McGregor (1960, p. 55).
(16) Herzberg *et al.* (1959).
(17) Herzberg (1966, p. 191).
(18) 同右。
(19) Herzberg (2003).
(20) Watts (1982).
(21) Watts (1982, p. 4), Simmons and Bluestone (1982, pp. 5–7, 16–17, 20), Sachs (1982, p. 8).
(22) たとえば、日産自動車の場合、組み立てライン (アセンブリー) 労働者の参加は自発的なものではなく、半強制的なものであり、労働者の利益を代表すべき労組が実際は経営者の味方になり、会社のやり方に異を唱える労働者を排除するという経営者側の目的に協力したといわれる。さらにサークル実施の方法をめぐってサークル相互間に競争が生じ、各サークルは競って組み立てライン工程の速度を上げたために、労働者は息つく暇もないほど働かなくてはならなくなった。こうした経営側主導の計画の実施は、労働者参加、満足度の向上、労使相互間の信頼を生み出すどころか、それに従わない場合には村八分とか、昇給や昇進の妨害をするとかいった制裁を前提としており、事実上強制的なものであったといわれる。Junkerman（1982, pp. 21–23, 38–40）, Kamata（1982）.

（23）二〇〇四年六月に実施された面接調査およびT社提供の資料による。

（24）Jenkins（1974, pp. 225–231）, Zwerling（1980, pp. 19–29）.

（25）ゲインズ・ペット・フードにおける実験の評価については、Schrank（1974）参照。

（26）Hodson（1996）.

（27）Graham（1995）, Garrahan and Stewart（1992）.

（28）Smith（1996; 1993）.

（渡辺聰子）

2章　ポストモダンの仕事意識

前章で述べたように、モティベーションの研究においては、マズロウ、マグレガー、ハーズバーグ等、米国の産業心理学者によって重要な貢献がなされた。人的資源論の中核を成すこうした研究は、一九六〇年代後半以降、価値観や仕事意識が大きく変化する中、社会的要請に応えるものであったことから、新たな評価を得ることになった。一九六〇年代後半以降、ここ数十年間にわたって先進諸国で進行している価値観や仕事意識の変化は、以下に述べるように、「ポストモダン化」と呼ばれる現象である。本章においては、こうした価値観のポストモダン化とはどのようなものであるのかについて述べる。

人間にとっての仕事の意味、あるいは職業倫理といった仕事に関わる価値観は、社会的経済的変化との深い相互関係の中で、徐々にではあるが確実に変化している。この三〇―四〇年間にわたる脱工業化とそれに伴う職業構造の変化、および物質的生活水準の向上は、人々の仕事や組織に対する考え方に大きな変化をもたらしている。一つの大きな変化は、仕事における自己実現の欲求の拡大である。すなわち仕事を通じて自分の能力を発揮し、自らを発展させたい、自己を表現したい、そして仕事を意義あるものにしたいという欲求が、経済的報酬をできるだけ多くしたいという欲求を陵駕するようになったのである。[1]

こうした仕事に関わる欲求の変化は、人々のより広い生活領域全般を支配する価値観の変化と深く関わっている。たとえば先進国においては、生活水準が向上するにつれて、物質的な豊かさや経済成長を重視する価値観は後退し、経済問題よりも生活の質の方に重点が置かれるようになる。つまり人々は「脱物質主義」の傾向を示すようになる。また同時に「反権威主義」的傾向を示すようになり、権威に対して懐疑的になり、理由や根拠もなく機械的に権威に服従することを拒否するようになる。[2] さらにこうした価値観変化の諸局面に重要な影響を与えている要因が「個人主義」の浸透である。また仕事意識の変化は、程度の差こそあれ、先進国すべてにおいて進行しているグローバルで普遍的な変化である。本章においては、こうした新しい仕事意識について、またこうした仕事意識と密接な相互関係にある価値観の変容について述べる。

1　先進国におけるポストモダン化の進行と価値観の収斂

第2章の本題である仕事意識とそれに関わる価値観の変化に関する議論に入る前に、本章での議論の前提となっている理論的な立場について簡単に述べておきたい。

一九八〇年代に入って、社会科学、特に経済学および経営学において、社会の制度的枠組に注目する傾向が強くなった。経済の国際化が進み、多くの企業がグローバルな活動をするようになったことに関連している。[3] いわゆる伝統的な経済学においては、異なった社会の制度的特徴を「文化的特殊性」として埒外に置くことによって問題を片付けてしまうといったやり方がしばしばとられてきた。しかしこの時期になって、純粋な市場経済を前提とする均衡論モデルの無力さが指摘され、社会文化的要因（つまり経済学でいう経済外的要因）を主要な作用素として取り扱うことの必要性が強調されるようになった。経営科学においても同様に、個別社会に特有な制度的枠組の探求は、企業行動や企業内社会関係の分析において欠くことのできない作業であるとの認識は、一般的なものとなった。制度的枠組の探求を体系的に遂行するためには、多くの異なった社会を支配する多様な制度的枠組の中に何らかの秩序を見出し、比較分析の主軸となる原則と構造を特定化することが必要となる。特定の社会の歴史的背景を基礎に、その社会の豊穣な特異性を個別的に分析することはもちろん可能であるし、またそうした個別社会に関する研究が体系化のための重要なデータともなり得る。

しかしながら、本章においては、むしろ、多様な社会制度に共通な、持続的で一貫した変化のパターンに注目して議論を進めていきたい。なぜこの共通の変化のパターンが重要であるかというと、多様な社会の相違の主要な部分は、今やこの変化のパターンを構成しているいくつかの主要な軸（あるいは変数）の上で、特定の社会がどの地点に位置するかによって表現されることが可能になったからである。異なった社会における組織や経営システムを体系的に比較検討するためには、こうした主軸を明らかにすることが最も重要なステップであると考えられる。本章の目的は、企業あるいは企業内での個人の行動選択の基準を律する制度的枠組に関して、個別社会を超えて進行していると考えられる変化の原則と構造を特定化することである。

マクロなレベルで歴史的変化を説明するために、多くの中心原則が提起されてきた。アレクシス・ド・トックビルは、革命期フランス社会の変化を行政機能が国家権力の手に集中していく過程として説明し、ウェーバーは西欧世界の近代化の過程を「合理性」の波及という中心原則によって説明した。ダニエル・ベルは、一九六〇年代後半以降の先進国の産業および社会構造における変化を、「脱工業化」（post-industrialization）という中心原則によって説明した。[4] 脱工業化理論によれば、工業社会（機械制生産に基礎を置く製造業などの第二次産業を中心とする）から脱工業社会（情報と科学的知識に基礎を置くサービス・情報などの第三次産業を中心とする）への変化は、職業構造、社会階層システムの変容をもたらし、人々の仕事の組織化とライフスタイルに影響を与え、さらには価値観を変えていった。本章で以下に述べる価値観の変化は、脱工業化という経済構造の変化に由来するマクロな社会変動の一環として理解されるべきものである。すなわち、この四〇年間に先進国がほぼ共通して経験した産業構造の変化は、諸々の分野における社会変化をもたらしたのである。本章においては、こうした変化の一局面である仕事や組織に関わる価値観に焦点を置いて議論を進める。一九六〇年代後半以降、脱工業化を中心とする経済構造の変化と相関して進行した社会制度における変化は一般に「ポストモダン」という言葉によって表現されることが多い。本書においても、先進国における仕事や組織に関わる価値観の変化を総合的に表現するためにこの「ポストモダン」という言葉を使用する。

ポストモダンという概念は、これまで多くの社会科学者によって使われてきたにもかかわらず、疑いの余地もないほど明確な定義というものは存在しない。この語が本書においてどのような意味で用いられているかということは、本章において展開される議論によって明らかにされる。ポストモダンという概念はかなり包括的な概念であり、いくつかの方向性を含む複雑な現象を示す言葉である。そうした方向性の中には、後で述べるように、一見相互に矛盾するとも見えるものも含まれている。

多様な社会を分析の対象として扱う場合、異質論と収斂論という二つの対照的な立場が存在することは序章で述べた通りである。前者は、歴史的文化的背景が互いに異なる二つ以上の社会を研究対象として扱う場合、共通の枠組とか尺度を用いることは不可能であり、それぞれ全く別の枠組や尺度を使用しなければならないとする立場である。たとえば中根千枝は『たて社会の人間関係』の中で、日本の組織と西欧の組織を比較するには、鯨尺とメートル尺のような全く異質の尺度が必要であると主張した[5]。後者の収斂論は、すべての社会が共有する重要な要因(たとえば、テクノロジー、企業組織、経済発展、市場経済機構など)に注目し、多くの社会が、重要な局面において、一つの定型へ収斂しつつあるとする立場である。代表的な収斂論者は先程述べた脱工業化の理論家達である。彼らは、工業化を経験した社会は、その体制いかんにかかわらず、やがて脱工業化を経験するであろうと予見する。ただし、脱工業化理論においては、通常、産業構造や職業階層構造における収斂に重点が置かれ、価値観における「収斂性」についてはあまり明確な議論がなされていない。前にも述べたように、ここで提示される価値観のポストモダン化に関する議論は、企業や個人の行動選択を律する価値体系における変化の原則を、個別社会の枠を超えて一般化することが可能であることを前提としている。すなわち、多くの社会は、価値観変化の方向性を共有していることを前提としているわけで、その限りにおいて、本書の議論は収斂論の立場に立っている。

ここでこうした収斂論的立場に立って、仕事や組織に関する議論を進める理由を整理すると以下のようになる。

(1)　企業行動および人間の組織内行動のパターンにおける個別社会間の相違のうちの主要な部分は、ポストモダン化(産業化、富裕化などすべての先進社会に共通な産業構造および社会構造に由来する価値観の変化)の進行の度合いによって説明される。たとえば、現在のロシア、日本、アメリカにおける仕事意識の相違の一部は、マルクス・レーニン主義、儒教、プロテスタンティズムの影響によって説明され得る。しかしそうした宗教やイデオロギーによる相違も、厳密にその内容を分析してみると、その多くは、産業化、富裕化の差異によって生じたものであることが判明する。ロシア、日本、アメリカ、いずれの社会においても産業化の初期段階においては、いわゆる

「プロテスタンティズムの倫理」に類似した禁欲的な労働倫理が必要とされた。革命後のソ連人の禁欲的な生活態度を支えたボルシェヴィキのイデオロギーも、節約と勤勉を奨励して明治維新以降の初期資本蓄積の成就を助けた儒教倫理も、禁欲および仕事への使命感に対する宗教的没頭を醸成したプロテスタンティズムも、その機能においてきわめて類似したものであった。やがてこうした労働倫理は経済の発展と富裕化の進行に伴ってその影響力を失い、物質志向・消費主義の隆盛を経て、やがて脱物質志向を中心とするポストモダン的な仕事意識にとってかわられる。

現在のロシア、日本、アメリカにおける仕事意識の相違の多くは、このポストモダン化がどの程度進行しているかということによって説明され得る。個々の社会に特有な慣習、信仰、伝統、迷信などの歴史的文化的要因が依然として人間行動に有意な影響を与えていることは疑いを入れない。しかし、こうした要因の影響力は、社会の多くの領域において減少しつつある。百年前にこうした歴史的文化的要因が個別社会の中で人間行動に与えていた影響力の大きさを考えると、現代社会においては、この影響力が縮小していることは明白である。組織経営の領域においてもこれは例外ではない。

(2) 企業行動および人間の組織内行動のパターンにおける個別社会相互間の相違は、拡大するのではなく、縮小の方向に向かっている。「先進産業社会」という範疇に包括される多くの異なった国々は、組織経営の基礎となる価値観とモティベーションの形態において、ある一定の理念型（ideal type）に向かって変化しつつある。現時点でこれらの国々の組織を比較すればその差異は明白である。しかし、現在起こっている変化が、今後さらに進行した場合、多様な国々の組織は、長期的な視座から見ると、国際的にかなり普遍的な一つの形態へ次第に近づいていくと考えられる。多様な社会の組織がそこへ向かって収斂していると考えられるこの普遍的形態については、大まかにいって三つの考え方がある。

一つは、ベルやアラン・トゥレーヌに提唱されて一九七〇年代に脚光を浴びたいわゆる脱工業化理論の中心概念である高度情報化社会、すなわち西欧社会を基軸にした進化論的モデルが提示する理念型である。このタイプと反対の極に位置するのが、多様な社会はその組織経営のあり方において、共同体的日本型システムへと収斂しつつあり、日本的制度こそが西欧も含めた先進産業国が志向しつつある普遍的なモデルであるとする考え方である(6)。第三のタイプは前述の二つのタイプの中間に位置するもので、多くの先進産業国の組織がそれへ向かって収斂しつつある普遍的形態は、西欧型産業社会が進化した高度情報化社会型モデルでも、日本型共同体モデルでもなく、両者の折衷に近いポストモダン型の混成モデルであるとするものである(7)。

本書で提示する普遍的形態は、この分類法によれば、第三の折衷タイプに属するものである。すなわち、日本の経営システムが、市場原理の導入、株主利益への貢献、個人主義、能力主義への適応など、いくつかの重要な局面での西欧化を迫られる一方、米国・ヨーロッパの組織においては、地位による格差の縮小、企業福祉の向上と従業員満足度への配慮、内部労働市場の発達など重要な局面において「日本化」が進行している。グローバル化によって多様な組織が相互に接触する機会が増大すれば、日本型システム、西欧型システム双方の折衷型システムへの収斂はさらに促進されることになる。

本書で展開される議論の理論的前提としての収斂論について述べたわけであるが、こうした理論的前提は、本書の第1章および本章において提示される意識変化の性向分析に関する概念枠組の一貫した前提となっている。これらの章において提示される価値観のポストモダン化に関する論議は、繰り返し述べているように、多くの社会が価値観変化の方向性を共有していることを前提としている。しかしながら、現実の社会は、そうした変化の方向性を共有しつつも、それぞれの歴史的背景に由来する特異な部分（つまりポストモダニズムの変数によって表現することのできない差異）を残している。産業化の一層の進行により、ポストモダニズム変数によって説明される部分は今後徐々に拡大していくことが考えられるが、個別社会の歴史的文化的特異性が完全に消滅してしまうことはあり得ない。ポストモダニズムの共通項で括ることのできないこうした文化的特異性については、各章において個別の具体的事象を扱う時に多少触れたい。分析の対象としては先進国、特に日本および欧米の企業組織を念頭に置き、これらの国々における組織のあり方と人々の組織との関わり方を比較しながらその共通点と相違点を整理し、そうした比較を通じて、先進産業社会に共通な仕事意識の変化の性向を浮き彫りにしたい。

2　仕事における自己実現至上主義

人々の仕事や組織に対する考え方は、脱工業化の進行とそれに伴う職業構造の変化、および物質的生活水準の向上により、全世界的規模で変化している。一九五〇年代には、先進資本主義諸国は比較的高い経済成長率と完全雇用をそのまま持続することができるかのように見えた。またこれらの国々における政治的合意は増大し、社会的平穏は維持されるかのように見えた。しかし一九六〇年代後半になると、まず米国において学生運動をきっかけに、政治的、社会的、文化的反乱が全国的に波及した。米国ほど大規模ではないが、これに匹敵する政治的な扇動活動と社会的文化的騒乱が西ヨーロッパで、また日本で、相次いで発生した。制圧が困難な状況は、学生運動の範囲を超えて広がり、若者、知識人、労働者、女性、少数民族、反核平和運動家など多くの集団が反体制運動に参加した。

こうした反乱はいみじくも、結果としてその時までにすでに起こっていた価値観の変化を、明確な形で提起することになったわけである。大衆社会期の社会的静寂の中で正面から問われることの少なかった信念、価値、生活の質などの問題が、より広範な関心の中で問い直されることになった。こうした価値観の変化は、この章の初めにも述べたように、産業構造の変化や、それに伴って起きる職業構造や社会階層システムにおける変容と密接な相関関係にある。工業社会から脱工業社会への移行は、人々の仕事やライフ・スタイルに影響を与え、価値観にも変化をもたらした。本書においては、脱工業化という産業構造の変化に由来する一連の社会的変化の一環としての価値観の変化を、「ポストモダン化」という言葉で表現することは、すでに前節で述べた通りである。

価値観のポストモダン化は、一九五〇年代、六〇年代の経済成長ブームによって最も大きな恩恵を受けた世代の間で最も顕著であったが、ポストモダン化現象を最初に生ぜしめた歴史的諸要因の影響を直接受けていない次の世代にも影響を与え、七〇年代、八〇年代には、強力な社会文化的雰囲気を形成するようになった。人々の仕事意識あるいは労働倫理におけるポストモダン化現象を構成する中心的な要因は、自己実現至上主義の台頭である。

「自己実現」(self-actualization)という概念は、その哲学思想史的源泉を辿れば、マルクスの「疎外論」に由来するものである。つまり、資本主義的生産体制のもとでは、人は生来の能力や自発的創造性を活かすことができず、また人間的感性の享受を多分に妨げられている。したがってこのようなシステムそのものの変革が必要であるとする議論である。しかし、経営学分野においては、マルクス主義の政治哲学的背景を直接踏襲することなく、自己実現の概念を人事管理や能力開発の問題に応用することが多い。自己実現の概念をこうした実際的な経営上の問題へ適用するための基礎を提供したのが、一九五〇年代に米国の心理学者マズロウによって提示された「欲求(needs)の五段階論」である。マズロウの理論については第1章で詳しく述べたが、ここで簡単に要約すると、次のようになる。人間の基本的欲求には五段階があり、それらは⑴生理的欲求、⑵安全に対する欲求、⑶社会的欲求（帰属と愛情に対する欲求）、⑷自我の欲求（自尊心に対する欲求および社会的地位や評判に対する欲求）、⑸自己実現の欲求、である。(8) 人は通常、低位の欲求が一応満足された時点で、より高位の欲求の満足を求めて奮闘するという。自己実現の欲求とは、自分の可能性を実現し、自己発展を継続し、広い意味で創造的であることに対する欲求であり、これら五段階の最高位に位置する欲求である。

自己実現至上主義とは、仕事の第一義的意味は自己実現であるとする仕事観であり、仕事は何よりもまず生きがいを与え、自己発展のプロセスとなるものでなければならないという考え方である。経済発展途上期のまだ生活水準が低かった時代には、多くの人々にとって労働の目的は、生理的欲求および安全の欲求を日々何とか満足していくための物質的報酬を得ることであった。また後の高度成長期の消費主義全盛の頃には、人生の目的は豊かな消費生活の享受であり、労働はそのための手段に過ぎないと考えられる傾向があった。

しかしながら、ここ数十年間にわたる産業構造の変化とそれに伴う就業構造の変化（情報・知識・サービス業を中心とする第三次産業に従事する人口の割合が増加し、第一次および第二次産業に従事する人口の割合が減少している。また製造業の縮小に伴い、ブルーカラー人口の割合が減少している）は、人々の仕事の内容に変化をもたらし、長期的な賃金水準の上昇とそれに伴う物質的生活水準の向上は、人々が仕事に対して抱く期待と欲求に変化をもたらした。労働人口のかなりの部分が、仕事に対して物質的報酬以上のものを期待しており、彼らにとって仕事は自負心を満足し、人生に意義を与える重要なものとなっている。こうした傾向は、職種別に見ると、ホワイトカラー上級職である管理職、専門職において最も顕著である。(9)

人々が仕事を単なる物質的報酬の手段としてではなく、自己実現の場として考えるということは、人々が自分の従事する仕事の種類や内容に対して、またどのような条件のもとで仕事をするかということに対して、より大きな関心を示すということにつながる。すなわち、人々にとって仕事が物質的報酬をもたらすのは当たり前のことである。しかし、その物質的報酬のために払う犠牲は大き過ぎてはならない。しかも同時に仕事は人々に自己実現の場を提供しなければならないのである。仕事に対するこうした意識の出現は、先進国の労働人口のかなりの部分に起きている長期的な価値観の変化の重要な一環として考えられるべきものである。かつてフロイトは、愛と仕事は人間の精神衛生の基礎であると言い、またマルクスも資本主義経済が発達する以前の労働の形態においてそうであったように、本来なら労働は人に精神的充足をもたらすべきものであると言った。先進国における労働人口の多くが、現在に至ってようやく仕事に対するこうした欲求を現実的なものとして抱くようになったということができる。

ある意味においては、大衆社会期に一時衰退したかのように見えた仕事中心主義は、自己実現至上主義の台頭により、新たな文脈の中で復活したと言える。初期産業社会の労働倫理の構成要因の一つであった仕事中心主義は、大衆社会期になって仕事よりも余暇活動に生活の重点が置かれるようになると、人々の行動に以前ほどの影響力を及ぼさなくなった。しかしながらポストモダン期になると、個人的な成功、あるいは人生の目標の意味内容に変化が生じた。成功はそれまでのように、熾烈な競争を戦い抜くことによって勝ち取られた組織内の地位と、家庭で営まれる英雄的スケールの消費生活によって評価されるのではなく、自分の能力にとって適度に挑戦的な仕事を見出し、新しい、もっと「文化的」なライフ・スタイルを採用することを意味するようになった。すなわち、再定義された「成功」は、第一義的には仕事を通じての自己実現を意味するようになった。自己実現至上主義者にとっては、たとえ余暇活動が生活全般における満足の源泉としてかなり大きなウェイトを占めたとしても、仕事がやはり最も大きな満足の源泉である。

価値として自己実現を重視する個人は、自分の内的可能性の発展を最大にするような仕事環境を求め、そのためには収入その他の報酬を犠牲にすることを厭わない。産業構造および就業構造における変化、またそれに伴う仕事内容の変化が、このような職業選択の可能性を拡大しつつあるとすれば、自己実現至上主義というポストモダン的傾向は、今後も安定した強力な傾向として持続することが予測される。

3 ポストモダン的な価値観——五つの性向

工業社会から脱工業社会への移行は、組織のあり方や人々のライフ・スタイルに影響を与え、価値観にも変化をもたらしたこと、こうした価値観の変化を「ポストモダン化」という言葉で表現すること、さらに人々の仕事意識におけるこうした価値観変化の中心的要因は、「自己実現至上主義」であること、は前節で述べた通りである。人々のライフ・スタイル全般に関して言えば、ポストモダン的価値観は、さらに次に述べる五つの要因によって特徴づけられると考えられる。それらは、(1)獲得型個人主義、(2)権利主張主義、(3)反権威主義、(4)脱物質主義、(5)自然共生主義、である。これら五つの要因は、相互に相関連するものであり、またそれぞれ人々の自己実現至上主義と深い関わりを持つものである。

[1] 獲得型個人主義

価値観としての個人主義は、仕事意識のあり方と密接に結びついており、近代社会における労働倫理の変化は、最も根深い部分で個人主義概念の変容と波及に関係している。個人主義の概念はいくつかの異なった思想史的源泉を持ち、その意味内容も歴史的に変化してきた。またその意味内容は、多面的であり、多くの矛盾や逆説を内包している。しかしこれらの異なった個人主義の概念に共通する要因は、個人の神聖さ、個人の尊厳に対する絶対的な信念であり、個人あるいは自己というものが本質的で最も重要な価値を持っているという基本的な前提である。これは一言で言えば、「自分の人生は自分で決める」ということである。すなわち、自分自身で考え、自分自身で判断し、自分自身で決定を下す権利、そして自分に最も適していると自分自身が考える人生を歩む権利は、すべての人に与えられた基本的な権利である。そしてこの権利を侵害するいかなる権威も真の権威ではあり得ず、抵抗されなければならないとする考え方である[10]。

近代の個人主義は、中産階級市民の中のエリート層であるブルジョアジーが、自ら統治する権利を獲得するため、君主制や貴族政治に基盤を置く既存の勢力との間に展開した一連の闘争の中から生まれ出たものである。新興ブルジョアジーの貴族階級に対する闘いの過程を通じて確立した議会制民主主義体制は、個人および利益集団の権利が政治の場で効果的に主張され得るようなメカニズムを制度化するものであり、近代的な個人主義が社会規範として広く波及する基礎を与えた。

しかしここで注目すべき点は、こうした過程を経て次第に社会的承認を得るようになった個人主義の思想は、個人や集団が権利を主張することの正当性を認めると同時に、個人と集団に責任と義務を課したということである。すなわち、こうした個人主義の思想は、市民による公共の福祉への積極的貢献の概念と、市民の自発的参加に基づいた自治的な政府の理念を前提としている。ということは、こうした自由主義的な社会政治思想は、個人の自律と自由を正当化すると同時に、ある意味では、個人に倫理的な足枷をはめることになり、服従を正当化するような道徳的あるいは宗教的義務の文脈の中に個人を置くことになった。

ここに、自由主義思想の伝統における非常に根本的な矛盾である個人主義と集団主義の葛藤が始まる。すなわち、個人が社会や組織に先行するのか、社会や組織が個人に先行するのかという問題である。ブルジョア革命後の近代社会の特性となった個人主義は、個人が自らの思惟と作為によって外界を制御していくというその基本的姿勢において、紛れもなく近代的な思想であり、過去から継承した伝統と秩序が個人の行動を規定するという前近代的な伝統主義とは、もちろん、明確な一線を画するものである。しかしながら、先に述べたような倫理的な足枷を個人に課し、共同体の利益が個人の利益に優先するという考え方を前提として共同体への貢献を要請した点において、伝統的集団主義と相通ずるところがある。

このような倫理的な拘束を受ける個人主義を、「倫理的個人主義」と呼ぶことにする。「倫理的個人主義」は以上述べたように、「個人の自由と自律は正当なものであるが、しかし共同体の利益は個人の利益に優先する」ことを前提としている。より伝統的なタイプの価値観であるこの「倫理的個人主義」に対し、一九世紀になると、「個人の自由と自律は絶対至上のものであり、個人の利益は共同体の利益に優先する」とするより急進的な個人主義が影響力を増していった。この新しい個人主義を先の「倫理的個人主義」と区別して、「獲得型個人主義」と呼ぶことにする。

「獲得型個人主義」は、より新しい政治哲学に基礎を置き、きわめて功利主義的な色彩の強いものである。獲得型個人主義は、源泉的には一七世紀のイギリスに出現した個人の権利に関する急進的な政治哲学に由来する。この哲学は、まず個人を自然の状態にある生物的人間として捉え、個人の行動と自然との関わり、そして個人の行動と他者との関わりの中から社会的秩序を導き出そうとするものであった。こうした思想的流れの中心となる人物がジョン・ロックである。ロックの基本的立場は存在論的個人主義である。つまり社会は、自分自身の個人的利益を極大化しようとする個人間の自発的契約を通じてのみ成立するものであり、個人は社会に優先するという考え方である[11]。個人的利益が全体的利益に優先するとする点が、より伝統的な倫理的個人主義との本質的な相違点である。

獲得型個人主義はしたがって、当時にしてみれば非常に「ラディカル」な思想であり、一七世紀に出現したものの、一般社会に影響を及ぼすようになったのはかなりの時を経てから、実際は一九世紀になってからであるといわれる。倫理的個人主義と獲得型個人主義の間には、個人と社会の関係に関する基本的前提において、明白なコンフリクトが存在するわけである。このコンフリクトは、獲得型個人主義思想における論理的矛盾とも関連する問題である。

ロックにおいては、この個人と社会の関係は、以下のように扱われている[12]。すなわちロックの個人主義の基本は、「個人は自分の人格や能力の本来の所有者であり、これらの資質に関して個人は社会に何ら負うところはない」という考え方にある。このような個人主義は、財産を蓄積することによってのみ実現されるような「個人性」(individuality) に基礎を置く。このような個人性は、当然のことながら、一部の人々(つまり有産階級)によってのみ実現されるものであり、さらに他の人々の個人性を犠牲にすることによってのみ実現される。このような個人主義にとって本質的な意味を持つ私有財産制度は、適切な法的制裁力が背後に存在しなければ、維持されることはできない。私有財産を保護するためには、個人の権利は市民社会における政治的権威へ全面的に移譲されなければならない。個人性を実現できる手段を持った人々(すなわち有産階級)にとっては、市民社会が彼らによって建設され、彼らによって運営される限りにおいて、政治的権威に反対したり、個人的権利の保留を主張したりする必要はなかった。すなわち、社会は自己利益の極大化をめざす個人間の自発的契約によって成立するものであるが、こうした社会を機能させ続けるには、一定の政治的権威による支配が必要であることもロックは十二分に認識していた。しかし、ロックにとっては、こうした政治的権威も、全体的利益のために存在するのではなく、大多数（majority）であるブルジョア市民個々人の利益のために存在するものであった。

さらに、一八世紀になると、アダム・スミスは、この政治的権威による「介入」は最小限に留められるべきであると主張した[13]。すなわち、個々人が精一杯自らの利益を追求すれば、社会的善が自動的に（いわゆる「神の見えざる手」によって）出現するとスミスは論じた。このようにして功利主義的な色彩の強い獲得型個人主義は社会哲学において重要な地位を占めるようになり、社会的価値観としても大きな影響力を持つようになった。一八世紀の末になると、個人主義的社会哲学はさらに一層その急進性を増したが、こうした急進的な思想を支えたのが、ベンサム、ミルなどのいわゆる功利主義者である。ジェレミー・ベンサムの思想がこれまでの思想と異なっている点は、自己利益、あるいは功利（utility）を、人間が生得的に持つ快楽すなわち幸福を求める特性によって定義したところにある[14]。

こうしたベンサムの功利主義は、そのあまりに赤裸々な「利己主義」のために、同時代の功利主義者であるジョン・スチュアート・ミルによって厳しく批判されることになった[15]。こうした急進的な個人主義に対しては当然抵抗も大きく、本質的に社会的な人間を、社会との絆から断ち切るという論理的な矛盾に関しては、当時から批判も強かった。またこうした獲得型個人主義の問題点は、その社会的影響力が増すにつれてより明白なものとなっていった。しかし急進的な社会哲学によって思想的支柱を提供された獲得型個人主義は次第にその影響力を増し、英国においてのみならずヨーロッパ大陸や米国においても、一九世紀になると倫理的個人主義に代わって支配的な価値観となった。

現代の欧米においては、倫理的個人主義の伝統ももちろん残存しており、個人の行動に少なからぬ影響を及ぼしている。二つの個人主義の間の葛藤、すなわち個人優先志向と共同体優先志向の葛藤は現在に至っても終結したわけではなく、特に社会が危機的な状態にあると認識された場合などには、この葛藤は顕在化する。しかし、一般的には個々人の行動選択の基準としては獲得型個人主義がより大きな影響力を持つ。獲得型個人主義の優勢は、ギリシャ・ローマ文化の伝統を共有する欧米諸国において顕著であるが、同じヨーロッパ文化圏内でも近代的個人主義が最も早くから発達したアングロ・サクソン文化圏で特に顕著である。また個人主義の伝統を持たないアジア社会においても、産業化が進んだ地域においてはこうした思考形態が次第に影響力を増しつつある。

この節で述べるポストモダン的価値観を特徴づける五つの傾向、および先に述べた自己実現至上主義を合わせた六つの要因は、相互に関連し合っており、実際の人間行動は、これらの要因の複雑な複合体として理解することができる。またこれらの傾向はすべて、広い意味において、特定の形態の個人主義である「獲得型個人主義」の拡大と、個人の利益の意味内容の変化によって生じたものであると考えることができる。「権利主張主義」、および「反権威主義」は、組織の利益よりも個人の利益が、また社会的権威よりも個人自らの判断の方が優先するという意味で、獲得型個人主義の拡大と密接に結びついている。「脱物質主義」、「自己実現至上主義」、および「自然共生主義」は、これまで主として物質的側面からのみ意味づけられていた個人の利益の内容定義が変化し、精神的、文化的、またより本質的な側面に重点が置かれるようになり、さらに個人の感情や欲望も個人の利益の内容を決定する上で重要な基準となったことと関連している。

獲得型個人主義の浸透は、市場個人主義を前提とする資本主義経済の発達と不可分の関係にある。英国においては自由市場の思想はすでに一八世紀の中頃には市民権を獲得しており、アダム・スミスに代表される経済学者の理論の中だけでなく、労働力を売買している人々の日々の期待や前提の中に、市場原理は深く浸透していたといわ

れる。(16)

このように獲得型個人主義の思想は、長い間にわたって自由市場の発達を支え、また自由市場経済の拡大は獲得型個人主義の波及を促進してきた。しかし最近になって、こうした個人主義の浸透がさらに新たな局面で展開されるようになった。つまり、近年では、こうした市場の力によって個人主義が促進されるだけでなく、市場経済外の諸制度がそれに対応して個人を単位とするようになってきている。たとえば市場経済から落ちこぼれた人々を救済するためのセーフティ・ネットとしての社会福祉制度においてさえも、「個人」の概念が前提とされるようになってきた。つまり社会福祉の諸制度における権利と資格は家族や世帯主ではなく、個人を対象に付与されるようになってきた。個人主義の浸透が家族を単位とした制度から個人を単位とした制度への変革を促し、こうした制度の実施がさらに人々を個人単位で思考し行動するように促すという相互作用によって、個人主義はさらに強力な傾向となりつつある。ドイツの社会学者ウルリッヒ・ベックは次のように述べている。

新しい個人主義は……「制度化された個人主義」と名づけるのがふさわしい。たとえば、福祉国家における権利と資格の多くは、家族でなく個人を対象としている。そうした権利と資格のほとんどが、雇用の存在を前提としている。そして雇用は、教育を前提としている。雇用も教育も、人の流動性を前提として成り立つ。こうした条件がすべて整えられて初めて、人々は自らを個人として自覚する、すなわち、個人として自らの将来を計画し、自らを個人として受け止め、そして自らを個人として改造するのである。(17)

こうした方向への制度変革は今後も進むであろう。さらに日常生活から、伝統と慣習の影響力を取り除いていくグローバリゼーションは、こうした傾向に拍車をかけることになる。そして個人主義は、個人の思想や行動を規定するのみならず、社会の諸制度のあり方を律する社会構造の一部となりつつある。

〔2〕 権利主張主義

民主主義思想が浸透するにつれて、社会のあらゆる階層、あらゆる集団に属する人々が、「機会の均等」を求める権利があると考えるようになった。伝統的な社会においては、個人の家族に対する、あるいは共同体や国家に対する義務が強調されてきた。もちろん個人の権利も認められてはいたが、このような権利を効果的に主張することができるのは、特権階級の人々に限られていた。特権を持たない人々、すなわち貧者、障害者、未成年者などの社会的弱者が権利を要求してもそれが実現する可能性は低かった。そして多くの人々がこの社会的事実を受け入れていたのである。しかし、ここ数十年の間に、「権利の平等」に対する人々の考え方は大きく変化した。現在では、弱者にも平等の権利が与えられるべきだとする立場が一般的な支持を得（あるいは少なくとも建前上は多くの人々がこうした権利の平等を是認し）、その結果、弱者もかなり効果的に権利の実現を要求することができるようになった。社会の成員である個人が、それぞれ「権利の平等」を主張する傾向は、「平等主義というよりもむしろ個人主義である」というロバート・ベラーの指摘は適切である(18)。

一般大衆の権利に関する考え方の変化をよく表している社会現象の一つは、国家レベルでの、あるいは地方自治体レベルでの「財政危機」である。すべての社会階級、社会集団は、政府あるいは地方自治体が、より多くの事業に、より多くの金を費やすことを望む。しかし増税あるいは新規の税の導入を望む者はいない。つまり人々の地方および国家予算に対する要求は限りなく膨れ上がるけれども、人々がこれらの要求を実現するために税金を支払う能力は非常に限られているし、支払いたいという気持ちはほとんど無い。その結果、財政支出が収入よりも上回る傾向が慢性化し、財政危機は悪化する。

企業組織においても類似した現象が見られる。つまり、一九七〇年代以降、組織が個人に対して要求する権利と、個人が組織に対して要求する権利との間の比重が変化した。すなわち、以前は、組織の権利が個人の権利に優先するという考え方が一般的であったが、現在では、組織の権利よりも個人の権利を重視する傾向が強くなっている。社内での服装、髪型の自由といった小さな問題から、会社の機密情報の開示、経営参加といった大きな問題まで、様々な事項がこうした権利の対象として考えられるようになった。転勤を拒否する権利、違法行為を命令された場合に拒否する権利などもこれに含まれる。さらに少数者集団（マイノリティ）、女性、障害者、同性愛者、エイズ患者など、これまで弱者として雇用差別を余儀なくされていた社会集団も、より一層強力に機会の均等を要求するようになった。

ここ数年来ＥＵ域内全体で社会民主主義的政策が進められる中、「仕事と生活のバランス」を重視する家族に優しい労働関係法が制定されている。これに呼応して企業での有給休暇、育児休業、諸手当などのフリンジ給付はこれまで以上に充実する方向にある[19]。企業で働く社員の間では、受ける資格のある権利は積極的に享受すべきとの意識がかなり浸透しており、こうした恩典は積極的に利用される傾向にある。こうした現象は、権利主張主義の増大と密接に関連している。

渡辺が行った面接調査からもこうした傾向は明らかになった。調査対象企業である英国の石油会社Ｂ社の人事担当者によれば、社員は自分が受ける資格のある諸権利についてインターネットなどで調べてよく知っており、より多くを要求する[20]。会社ではフリンジ給付や手当の説明など全社員向けのものと、関わりのある人だけが見るものとを分けているが、インターネットに載せなければならなくなると、情報を選別する手間がなく、文書化されている情報がそのまま全部公開されてしまうことが多い。そうすると全員がそれを見て様々な恩典についての知識を得て、それぞれがいろいろな要求を出してくる。たとえばある社員は、会社が九〇〇ポンドを上限として引越し手当を払うことを知ると、転勤で引越した時、「九〇〇ポンドでは適当な家が見つからない。一一〇〇ポンドの家ならある」と言う。上司も早く人が欲しいので「早く一一〇〇ポンド払ってくれ」と会社に要求する。結局会社は一一〇〇ポンド払うことになる。もちろんこうした要求に対する会社の対応は相手の社員が誰でどのような人であるかによって異なり、会社は「ノー」と言うことはできる。こういう要求は、この人事担当者が赴任した三〇年前には見られなかったが、今ではこうした要求は多くなった。しばしばこうした要求をする「うるさい」人の言うことを、上司は受け入れる傾向があるという。

［3］　反権威主義

権威主義とは一般に、盲目的に権威に服従し、極端で不寛容、偏狭な政治的宗教的行動を志向しやすい心理的性向をいう。権威主義的な価値観や行動は、工業化の進行によって生活水準が向上し、教育が普及するに従って、次第に減少する傾向にあるといわれる[21]。権威主義的態度の減少傾向に関しては、すでに一九五〇年代に指摘されているが、特に一九六〇年代後半以降、この傾向は顕著であるといわれる。米国の政治学者ロナルド・イングルハートらは、一九六〇年代後半以降、社会化の過程を規定する基本的な諸条件が変化した結果、先進国における一定の世代の基本的価値体系に明らかな変革が起きており、権威主義の衰退は、この価値観変革の重要な一次元であると指摘した[22]。すなわち、権威主義の衰退をポストモダン化現象の一局面として位置づけたわけである。

権威主義の衰退をポストモダン化現象の一局面として位置づける場合、一九六〇年代後半を境に、人々の権威と秩序に対する基本的な姿勢に大きな転換があったことに注目しなければならない。一九六〇年代半ば以前の中産階級の間で一般的であったブルジョア的価値体系においては、すでに正統であると社会的に認められた権威に関しては、個人的には必ずしも賛成できないような場合においてさえも、原則としてはその権威に従うべきであるという考え方が支配的であった。

しかし正統な権威と秩序に対するこうした恭順の態度は一九六〇年代後半以降、大きく変化した。つまり、正統性を持つ権威に対しても無条件には服従しないというのがポストモダン的態度である。すなわち、権力がすでに公的な正統性を持つ場合でも、人々はあくまでも慎重に、また常にある程度の疑念をもってのみ権威に従うべきであるとする考え方である。このような価値観が支配的になると、他人に命令を下す立場にある者、あるいは専門的知識に基づいて他人に指示や忠告を与える立場にある者は誰でも、どのような理由と根拠によって彼らが他の人の服従を要請するのかを問われる覚悟をしていなければならない。

権威に対するこのような考え方は、ブルジョア革命以来、一九六〇年代半ばまで欧米の中産階級の間で支配的であったブルジョア的価値観とは対照的なものである。権威に対するブルジョア的概念は、近代ヨーロッパにおけるブルジョア革命を通じて確立した立憲民主主義の伝統に由来する。近代資本主義勃興期のヨーロッパにおいて、新興ブルジョア勢力が、すでに衰退しつつあり彼らに対して怨恨を抱く貴族勢力との間に展開した熾烈な闘争の産物として出現した政治体制が議会制民主主義である。議会制民主主義制度は、堅固な伝統的権力に対抗して、新しい利益集団が権利を主張することができる場を与えるものであり、単独の勢力（特に独裁的勢力）が市民の服従を強要することのないように憲法による保障を制度化するものであった。

こうした革命の過程を経て確立した自由主義的な社会思想においては、したがって、権力の多元制を維持することはきわめて重要なことであると考えられた。こうした伝統の中で、人々は無統制に権力を行使しようとする個人や組織に対して強い不信感を抱くことを常とした。正統な根拠を持たない過大な権力が私的決定によって悪政を繰り返した場合、適切な制度を設置することによってこのような無統制の権力を制限し、矯正すべきであるというのが多くの中産階級市民の考え方であった。つまり、正統でない権威、あるいは無統制の権威に対しては、彼らは一般に反権威主義的であった。しかしながら一方、権力がすでに制御機構によるチェックを受けており、根拠のあるものであれば、たとえ究極的には不服従が正当なものであったにせよ、原則としてはその権威に従うべきであるというのが、本質的には立憲主義者である彼らの考え方であった。なぜなら、法的に正統な権威に対する不服従の行為は、権威一般に対する反抗を助長し、法規遵守の良俗を破壊し、あらゆる正統な権威の効力を弱めてしまう危険があると彼らは考えるからである。自由主義社会においてある程度の秩序が保たれてきたのは、大多数の市民がこうした立憲主義に則った行動をとってきたためである。

しかしながら、先程も述べたように、こうしたブルジョア的立憲主義は、一九六〇年後半になると、徐々にポストモダン的反権威主義にとってかわられるようになった。こうした権威に対する態度の変化が、組織の規律のあり方に大きな影響を与えていることは言うまでもない。組織の中で一九七〇年代以降に成人した人の占める割合が高くなるにつれ、上司の権威は以前よりもずっと問題になりやすくなった。こうした新しい世代は、機械的に権威に服従することに慣れておらず、権威の正統性に関して疑問を抱きやすく、また組織の指導者に対して異議を唱えることにもあまり抵抗を感じない。その結果、能力を持たない指導者が上に立つことの正統性を維持することは以前よりずっと難しくなった。そして上に立つことの正統性は、形式的な地位や権威によって与えられるのではなく、個人に所属する能力と資質によって付与されるようになった。経営者が効果的に指導力を発揮するためには、経営者が指導者にふさわしい個人的な資質を身につけていることが前提となるわけである。

［4］ 脱物質主義

先進資本主義国においては、ある程度の物質的な豊かさが実現され、多くの人々が手に入れることのできる消費財はすでに手に入れてしまった。すなわち、当面の物質的欲求はすべて満足したと人々に感じさせることのできる経済的社会的状況が持続した。その結果、それまで慣習的に受け入れられてきた伝統的中産階級のいわゆるプチ・ブルジョア的価値観や消費主義志向が見直されるようになった。大量生産・大量消費体制に支えられ、またこれを支えてきた中産階級の消費行動、およびその他の行動パターン、さらにはそれらと関連のある思考形態に対する批判的な風潮が高まった。「生活の質」が問われるようになり、物質的な局面以外の人間的な諸局面が注目されるようになり、本質的な価値のある商品が嗜好されるようになった。つまり豊かさが一定の水準を超えると、人々は、収入や経済的成果よりも生活の質の方を重視するようになるということである。こうした脱物質志向は、前述のイングルハートが一九七〇年代初めに西欧諸国で行った調査により示されており、特に「近代的」中産階級（大企業で働くホワイトカラーおよび第三次サービス産業分野で働く専門職）を中心とする比較的富裕な階層でこの傾向が顕著であることが指摘されている(23)。

日本についても同様の傾向が見られる。内閣府（旧総理府）が定期的に実施する「国民生活に関する世論調査」において、過去三十数年間にわたって「今後どのような生活をしたいか」という質問がなされている。この質問に対する回答を見ると、一九七二年には「物の豊かさ」を求める人の割合は四〇・〇％、「心の豊かさ」を求める人の割合は三七・三％で、「物の豊かさ」を求める人の方が多かった。その後この割合は逆転し、二〇〇五年には「物の豊かさ」を求める人の割合は二八・四％、「心の豊かさ」を求める人の割合は五七・八％となり、「心の豊かさ」を求める人の割合は「物の豊かさ」を求める人の割合の二倍を超えた(24)。

個人のレベルでの脱物質主義の浸透は、言い換えれば、「物質的欲求―物質的インセンティブ―物質的満足」という欲求充足サイクルが機能しなくなるということであり、人は物質的目標のためには働かなくなるということである。したがって脱物質志向は、モティベーションのあり方に大きく関わってくるわけであり、職場における「自己実現至上主義」と密接な関連を持つものである。また個人レベルでの脱物質主義は、政治社会的な態度としての反生産主義と表裏一体を成すものである。すなわち、政府の生産志向と経済発展重視の姿勢や企業の利潤第一主義が批判されるようになり、環境問題が重視され、企業の社会的責任が問われるようになった。

［5］ 自然共生主義

フェルディナンド・テンニースは、人間は自らの思惟と作為によって積極的に外界を制御していくべきであるという考え方こそ近代的な思考の特性であり、過去から継承した伝統と秩序が個人の行動を規定するという前近代的な伝統主義とは明確な対比をなすものであると述べた(25)。人間は不明瞭な環境要因によって支配されているのではなく、思惟によって行動することによって環境要因を制御することができるという「外界制御志向」が、近代資本主義経済の根底にある成長主義、生産主義を支えてきた。さらにこの「外界制御志向」は、資本主義社会のみならず社会主義社会においても、というよりはむしろ社会主義社会においてより徹底的に、生産活動を推進する思想的支柱となった。マルクスによれば、あらゆる労働は、労働によって創造される物体へ労働力を転換するという契機を含み、したがって必然的に「客体化」（Vergegenständlichung, objectification）という特性を持つ。人間は自らの労働を通じて自然に働きかけ、自然を変える。人間と外部世界とのこのような相互作用の結果として生産物が生ずるのである。[26]

さらに社会主義理論では、自然は単に人間にとって働きかける対象としての物体となり、純粋な利用の対象となる。つまり、自然はそれ自体独立した力を持つものとしては認識されなくなる。自然に関する法則を知るのは、消費の対象としてであれ、生産の手段としてであれ、自然を人間の要求に従属させるためにはこうした知識に基づいて戦略を立てる必要があるからである。[27]

一九六〇年代の終わりまでは、大量生産・大量消費主義に対して真っ向からの反論はなかった。しかしこの頃になって、いくつかの方面からこうした考え方に対する批判や攻撃が出始めた。高度経済成長は実際にどれほどの満足を人々にもたらしたのか。高度成長のコストは何であったか。こうした問いかけにより、それまで高度成長の陰に隠れて見えなかった問題に目が向けられるようになった。天然資源の枯渇、有害な廃棄物や大気汚染による環境破壊、砂漠化、地球の温暖化といった問題である。そしてそれまでの資本主義経済の発展を支えてきた「自然は制御されるべき対象である」という考え方に疑問が投げかけられるようになった。

環境リスクは人間が自然に介入することによって生じた新しいタイプの不確実性であり、従来の治療法では対処することができない。また自然についてより多くの知識を得、より大きなコントロールを行使するという啓蒙主義の処方箋によっても対処することはできない。もっと正確に言うなら、問題に対処するためにさらに征服を拡大していくというプロセスを果てしなく継続することによってではなく、自然破壊を制御し、破壊されたところを修復することによってのみ、人間が健康で安全な生活をするのに必要な環境を維持することができる。地球上の天然資源は有限であるから、自然を元に戻すことができないくらい破壊することを避け、自然を保全し、回復できる範囲内で自然と共生しながら生産活動を行うという「持続可能な成長」（sustainable development）の概念が支配的となった。

高度成長期には、企業活動が公害問題の元凶となったケースも少なくない。しかし現在では、多くの企業が環境問題に対する関心を示している。環境に優しい製品の開発に努力するだけでなく、企業は「持続可能な成長」の実現に積極的に貢献すべきであり、このために技術革新を進めるのは企業の社会的責任であると言う経営者もいる(28)。

大衆社会的価値観からポストモダン的価値観への変化は、経済成長によって多くの若い人々が比較的高い収入を提供する職へと移行したことによって彼らの物質的生活水準が確保され、低位の欲求がすべて満足されたということが前提となる。したがって経済状況が悪化し、経済的安定の確保が問題となるような事態が生ずれば、ポストモダン的欲求は経済が好調な時のように強く主張されなくなると考えられがちである。しかし、現実には、ポストモダン的価値観への変化の傾向は、後退していない。それは具体的には以下のような理由による。つまり、ポストモダン的価値観は、一九七〇年代以降、すでにかなり広範に浸透し、企業組織などの社会集団における社会化の過程を通じて伝播されている。たとえ経済成長が鈍り、失業率が高まり、経済成長の絶頂期において同等の社会的地位を占めていた人々よりも実質収入が減少しても、彼らがすでに内面化したポストモダン的価値観は伝播効果を持つ。たとえば企業において、相対的に富裕な社会環境の中で成長し、すでにポストモダン的価値観をもって入社してきた人はそうした価値観を維持するであろう。そしてこうした人々が多く存在すれば、新しく入社してきた社員も、たとえ最初にポストモダン的価値観を生ぜしめた歴史的要因の影響を直接受けていないとしても、同化されて同様の価値観を持つようになる。したがってこうした価値観変化の方向は今後も持続されると予想される。

このようにポストモダン的価値観は、社会全般にわたって影響力を増しているが、ポストモダン的価値観のどの局面が、どの程度個人の行動に影響を与えているかという点に関しては、それぞれの個人の社会的背景、特にその個人がどの職業階層に属するかによってかなり異なってくる。それぞれの職業階層におけるポストモダン的価値観の影響力については第3章で詳しく述べることとしたい。

註

（1）Inglehart（1977, p. 55）.
（2）Lipset（1959; 1960, pp. 97–130），渡辺（1990）。
（3）Hofstede（1980）, Moran and Harris（1982）.
（4）Bell（1973）.
（5）中根（1967）、Nakane（1970）, 濱口・公文（1982）、濱口（1998）。
（6）Lodge（1984, pp. 13–19）, 国際交流教育財団「日本型システム」研究会（1992）。
（7）Robertson（1985）.
（8）Maslow（1987, pp. 15–23）.
（9）Watanabe（1998; 1995）.
（10）Bellah *et al.*（1985, p. 142）.
（11）Locke（1980）.
（12）Macpherson（1962, pp. 255–256）.
（13）Smith（1975）.
（14）Bentham（1961）. ベンサムにおいては、快楽と苦痛という感覚的現象があらゆる判断の根拠とされ、行為の規範力とされた。つまり、人間の行為が正しいかどうかは、その行為が当事者の幸福を増進するかどうかによって判断されるべきであり、幸福すなわち快楽は、その強度、持続性、確実性、時間的近接度などによって定量的に測定され得るとベンサムは考えた。ミルはベンサムの幸福の測定法を批判し、生活の質、あるいは個人の尊厳、人格の発展といった人間的側面における満足が重要であると強調し、功利主義原則の適用範囲を拡大した。この点に関しては、Brown（1991, p. 89）参照。

（15）Macpherson（1962, p. 2）.

（16）Dore（1973, p. 408）.

（17）Giddens（1998, p. 36）.

（18）Bellah *et al.*（1985, p. vii）.

（19）渡辺（2006）。

（20）二〇〇四年九月、面接調査による。

（21）Lipset（1959; 1960, pp. 97–130）および渡辺（1990）。さらに、Nunn *et al.*（1978, pp. 165–166）において、社会における少数意見や非主流的信仰に対するアメリカ人の寛容度が過去二〇年間にわたって著しい向上を示していることが報告されている。

（22）Inglehart（1971）, Flanagan（1982）.

（23）Inglehart（1977, p. 287）.

（24）内閣府「国民生活に関する世論調査」一九七二年、二〇〇五年。

（25）Tönnies（1887）.

（26）Marx（1844）.

（27）Giddens（1994, p. 198）.

（28）英国の石油ガス会社ＢＰアモコのＣＥＯ、ジョン・ブラウンの話。Handy（2002）.

（渡辺聰子）

3章　多層的モティベーション政策

本章においては、先進国、主として欧米と日本における仕事意識を職務階層別に吟味し、それぞれの職務階層に適合するモティベーションのあり方を考える。ここ十数年間にわたって渡辺が実施した質問紙調査および面接調査の結果、欧米においても日本においても、人々の仕事や組織に対する考え方は、職務階層によりかなり異なっていることが判明した[1]。第2章で述べた仕事意識や価値観の変化は先進国に共通したものであるが、こうした価値観のどの局面が、どの程度個人の行動に影響を与えているかという点に関しては、その個人がどの職務階層に属するかによって異なってくる。一方、本章で述べるように、それぞれの職務階層について見ると「国」による差異はここ数十年間にわたって減少する傾向にある。つまり個人のモティベーションのあり方を規定する変数としては、「国」よりも「職階」の方が大きく関係するということである。したがって経営者が社員のモティベーションを高めるための人的資源政策について考える場合、それぞれの職階について仕事意識や欲求の分析を行い、こうした分析に基づいて、職階ごとに異なった政策を打ち出していく必要がある。

職階ごとにモティベーション政策を考える場合、全雇用者を四つの大きなグループに分けて考えることが有益である。なぜなら、この四つのグループは、それぞれ異なった仕事意識や欲求を持っているからである。この四つのグループは、(1)幹部経営者、(2)ゴールドカラー（管理職・専門職、起業家、コンサルタントなど）、(3)ブルーカラー雇用者およびホワイトカラー下級職・サービス業雇用者、(4)フレックス雇用者（フレキシブル雇用者の略。非正規社員、つまり期間雇用者およびパートタイム雇用者）である。

これらのグループそれぞれには多様な職種が含まれており、それぞれのグループの間の境界線は明確なものではない。また雇用者の間での仕事意識や働く動機はますます多様化しており、同じ職種に就いている人々の間でも個人がこれまで体験してきた家庭環境や社会環境によってかなりの個人差が生ずる。また同じような職種であってもその仕事の内容にかなりの相違がある。たとえば一口に専門職といっても、創造性の要求される仕事もあれば、専門的知識や技術を用いてルーチン的な作業を行う仕事もある。こうした個人差や仕事内容の違いによって適切なモティベーション政策は異なってくる。したがって理想的には、人的資源政策を実施するにあたっては非常にきめ細かく、厳密には個々人別の対応を考えていく必要がある。しかし、経営の現実的要請に応えるという目的のためには、こうした複雑性を認識しつつも、ある程度のグループ分けが必要となる。モティベーションのパターンに最も大きな影響を与える要因は組織の中での地位であることがこれまでの調査からも明らかになっているので、ここでは職階によって全雇用者を四つのグループに分けてそれぞれのグループに有効なモティベーション政策を検討する。

1　幹部経営者

［1］　幹部経営者のインセンティブ

企業の幹部経営者の多くは、企業社会においては最高と考えられている地位と権力と高額の報酬を手にしている人々であり、自他共に許す「成功者」である。幹部経営者としての仕事は、報酬、権力、社会的評価、チャレンジなど人間の主要な欲求に応え得るもので、インセンティブは大きい。これらのインセンティブは、マズロウのいう五段階の欲求（(1)生理的欲求、(2)安全に対する欲求、(3)社会的欲求、(4)自我の欲求（自尊心に対する欲求および社会的地位や評判に対する欲求）、(5)自己実現の欲求）のほとんどすべてを満足し得るものである。以下これらのインセンティブについて見ていく。

(1)　報　酬

幹部経営者に対する経済的な報酬は、給料、ボーナス、ストック・オプションなどの長期インセンティブ、フリンジ給付、役職特権などを含む。会社の業績を上げるように幹部経営者を動機づけるためには、報酬は会社の業績を直接反映し、また彼らが担っている責任の大きさと密接に連動するように設定されなければならない。基本給あるいは基本年俸は、その経営者の仕事が組織にとってどれ位の価値があるかということによって決められるべきものであり、彼が責任をきちんと全うしているかどうかを反映すべきである。さらに彼らが会社の長期的な成長と繁栄に貢献するように動機づけるために、ストック・オプションなどの長期インセンティブが供与される。

次の項で述べるように幹部経営者に対する報酬のあり方については多くの疑問が提起されている。彼らの報酬が実際に会社の業績や彼らの担う責任の大きさを反映しているかどうかに関しても一致した見解はない。幹部経営者に支払われる報酬は、彼らを動機づけるに十分な額、すなわち彼らの仕事と責任に見合った額でなければならないと同時に、社会的な承認を得られる水準を過度に上回らないように配慮されるべきである。またトップ経営者への報酬は会社の基金の乱用や無駄遣いであってはならないし、個人的な好意による贈り物であってはならないことは言うまでもない。さらに一般の人々の信頼を損なうような経営者報酬のあり方は改められなければならない。さもなければ、企業が利潤を上げ資本蓄積を行うことを可能にしている資本主義経済の土台そのものが浸食されることになる。

フリンジ給付の種類に関しては、一般社員に与えられるものとそれ程変わらない。有給休暇、健康保険、年金、退職金、社会保障、カウンセリング、医療サービスなどを含む社員支援プログラムなどである。役職特権というのは、フリンジ給付に含まれない様々な給付であり、選ばれた少数の幹部社員に与えられるものである。交際費、運転手付き自動車、会社所有の飛行機や保養施設の使用権、役員食堂、クラブ会員権、投資相談サービス、税務相談サービスなど様々な特権が含まれる。

(2) 権　力

経済的報酬以外にも彼らは仕事から様々な報奨（reward）を得る。幹部経営者の仕事に内在する重要な報奨の一つは「権力」である。幹部経営者は自らのビジョンを実現すべくリーダーシップを行使し、他者に命令を下し、人々や経営資源を自由に動かすことができる。権力の行使は常に快感をもたらすものであり、権力は多くの人にとって重要なインセンティブである。米国の心理学者デイビッド・C・マクレランドの研究によれば、幹部になる人は、一般に権力志向（マクレランドはこれを組織志向と呼ぶ）が強く、また権力に対する欲求の強い人が経営者として業績を上げる傾向がある。(2)

(3) チャレンジ

さらに幹部経営者の仕事は、より大きな責任を引き受けたい、仕事を成功させたいという達成意欲を満足するものである。不確実な状況の中でリスクを引き受けながら計画を成功裏に遂行していくというチャレンジに満ちた仕事であり、成功すれば得るものは大きいが失敗すれば失うものも大きいという「賭け」の要因を含んでいる。この過程におけるエキサイトメントと成功した時の達成感は大きなインセンティブである。これは自分の可能性を最大限に実現し、自己発展を継続するという「自己実現」の欲求を大いに満足するものである。

(4) 社会的評価

幹部経営者にとっては社会的評価も大きなインセンティブとなり得る。社会的地位や評判に対する欲求、つまり他の人々から承認され、地位、名声、信望を得たいという欲求は、マズロウのいう「自我の欲求」に属する。メディアに登場する機会を与えるなど、社会的評価に対する欲求を満足することも彼らを動機づける上で非常に効果的である。

このように幹部経営者の仕事には大きなインセンティブがあるが、彼らの仕事意識や行動パターンは歴史的文化的背景によってかなり異なる。特に人事管理制度と企業統治の仕組みの異なる欧米と日本では、その違いは大きい。幹部経営者のモティベーションを論ずるにあたっては、この違いを理解する必要がある。

[2] 欧米企業の場合

欧米企業における幹部経営者の多くは、貴族的な生活様式を可能にする高額の報酬を受け取り、一般社員とは隔離された豪華なオフィスを与えられ、最高の地位と権力を持つ者として処遇される。米国では、幹部経営者（CEO）と最も給料の低い社員との報酬の格差は、四〇〇倍を超えるという[3]。ちなみに地位による給与格差が小さいことで知られている日本企業では、この数値は五倍から二〇倍程度であると言われる[4]。幹部経営者に対する報酬は、通常、基本年俸、短期インセンティブ（功績奨励給あるいはボーナスとも呼ばれる）、長期インセンティブ、フリンジ給付、および役職特権の五つの要因から成る。[5] 日本企業と比べた場合、欧米企業の幹部経営者の報酬の特性は、一つはボーナスとも呼ばれる功績奨励給の割合が高いこと、もう一つは全収入に占める長期インセンティブの比率が高いことである。

欧米企業の幹部に対する報酬の体系においては、他の社員に対する報酬の場合と比べて、奨励給（ボーナス）の占める割合が高い。通常幹部経営者に対しては、基本年俸の五〇％とか八〇％、あるいは九〇％といった高額のボーナスが支払われる。さらに欧米企業の多くが、報酬の一環として幹部にストック・オプションを中心とする長期インセンティブを供与している。特に米国企業においては、こうした長期インセンティブ型の報酬が経営者の全報酬に占める割合は年々増加し、全報酬の九割に達するケースもある。米国においては、経営者の報酬に占めるストック・オプションの割合は、一九八〇年には二％であったが、現在では六〇％を超えると推定される。[6] ヨーロッパでも日本でもストック・オプション制度を導入する企業は増えている。

ストック・オプションをはじめとする長期インセンティブ制度の目的は、企業の長期的な成長と繁栄に貢献するように経営者を動機づけ、士気を高め、そしてこうした貢献をした経営者に報いることである。つまり経営者に長期的なインセンティブを与えることにより、彼らが長期的な視座に立って経営戦略上の決定を行うように促すことができるはずである。もし短期的な評価基準だけが用いられたならば、たとえば経営者は工場の設備保守のための経費を削減するといった選択をするかもしれない。コストを計上するのを先送りする、あるいは既存事業を地道に伸ばしていくのではなく、事業を買収したり売却したりすることにより、短期間にバランスシートの見栄えを良くするといった戦略をとるかもしれない。こうした戦略は二―三年の単位で収益を上げるには効果があるかもしれないが、長期的にはマイナスの影響を与えることが多い。どのような長期インセンティブが好まれるかということは、景気動向や経済的な条件、企業内部の財政状況、税法の変化など様々な要因によって変動する。ストック・オプションのような長期インセンティブの基本的な目的の一つは節税であるから、税法における変化は経営者の長期インセンティブに対する態度に大きな影響を与える。

理論的には、ストック・オプション制度のもとでは、経営者の努力によって会社の利益が上がり、株価が上昇した時にだけ、経営者はその恩恵をこうむるようになっており、効果的なインセンティブとして機能するはずである。しかし実際には、企業の成績が伴わないにもかかわらず、ストック・オプションにより経営幹部が巨額の収入を得るということが起きている。それは、ストック・オプションがきわめて有利な条件で経営者に支給されていること、さらにはストック・オプションを行使するタイミングが保有者の自由裁量に任されているため、幹部は往々にして、将来の株価に関する内部情報を利用してオプションの行使に最良のタイミングを選ぶことができるからである。

また役員報酬が実際に会社の業績と彼らの担う責任の大きさを反映しているかどうかという点に関しても一致した見解はない。米国の製造業一二九社のＣＥＯの現金報酬の総額を調査し、統計的に分析した結果、報酬額における差異の八三％が四つの評価要因――会社の規模、収益性、従業員数および経験――によって説明されるという(7)。つまりトップ経営者の報酬決定の根拠は合理的なものであることを示している。

しかし一方、米国で最高水準の報酬を得ている経営者一四八人について調査したところ、総資産、総売上高、社内で保有されている株券の数、株式の価値の総額、および総利益によって測定された彼らの責任は、彼らの報酬を決める上で重要な役割を果たしていないという結果が出ている(8)。つまり経営者の得ている報酬は、彼らの担う責任の大きさとはあまり関係がないということである。こうした見方を支持する論者によれば、経営者の報酬は、主としてその企業が操業している産業分野、および企業組織の権力構造によって決まるという。

企業組織の権力構造は、企業の支配体制、もっと具体的には幹部の報酬を決定するメカニズムを規定する。米国においては企業の経営陣は取締役とオフィサー（経営の実務者）によって構成される。取締役の中で直接の利害関係を持つ人を除いたメンバーが報酬委員会を作り、オフィサーや他の取締役の報酬を決定する。取締役の中には社外取締役が相当数含まれており、この社外取締役は、通常、他社の幹部でもある。したがって彼らは、一般に幹部に支払われる高額の報酬に対して同情的である。役員兼任制度を含むこうした企業の支配体制が、幹部の高額の報酬を制度化することを可能にし、その結果、こうした報酬が彼らを経営努力へと動機づけるインセンティブとして効果的に機能しなくなっているといわれる。すなわちこうした体制そのものが彼らのモティベーションを低下させる原因を作り出すことがある。

幹部経営者に対する報酬のあり方に関して、また彼らが報酬に値する仕事をしているかどうかということに関しては、かなりの見解の相違がある。株主や一般大衆の間では、幹部経営者は報酬をもらい過ぎているとの批判の声も強い。下位の管理職においては、通常、彼らの給与は彼らの下で働く部下の中で最も給与の高い者よりも一〇－二五％程度高くなるように設定されている。こうした下位の管理職の給与が妥当なものであるかどうかについてはあまり議論の余地はない。しかし一方、トップ経営者は、会社の業績いかんにかかわらず高額の年俸や贅沢な特権を与えられ、さらにボーナスや長期インセンティブを享受しており、現代産業社会における特権階級になりつつある。前にも述べたように米国では、CEOと最も給料の低い社員との報酬の格差は、四〇〇倍を超えるといわれる。経営者だけが桁外れの報酬を受け取ることに対して世論は一般に批判的である。二〇〇二年にギャラップ社が実施した世論調査によれば、米国人の九〇％が「今の経営者に社員の利益を守ることはできない」と感じており、四三％が「経営者は自分たちの利益しか考えていない」と答えている。(9) 英国で実施された別の調査によれば、同様の回答が九五％に達している(10)。

経営者報酬のあり方を是正しようとする動きは、いくつかの具体的な法規制の制定となって実を結んでいる。米国では、証券取引委員会の幹部報酬に関する情報開示規定により、報酬（基本年俸およびボーナス）が一〇万ドルを越える場合には、他の管理職と同様にＣＥＯの報酬も公表されなければならない。また連邦銀行預金保険法(Federal Deposit Insurance Act）の中に含まれる過剰な報酬を禁止する条項は、銀行家の報酬をチェックする機能を持つ。さらに株主集団も、企業が幹部経営者に対して支払うことのできる報酬額の制限を強化することを求めている。

こうした規制ができたことにより、取締役会は役員の報酬を審議し、金額を決定するにあたって、以前に比べると責任ある行動をとらなければならなくなった。責任ある行動の中には、トップ経営者に対する業績評価の基準となる要因とはどういったものであるのかを決定すること、現在支払われている報酬が、企業が現在採用している戦略に照らして妥当なものかどうかを評価すること、取締役会が提示する報酬計画を株主が承認するかどうかを確認すること、などが含まれる。

また英国の経営学者チャールズ・ハンディは、アングロ・サクソン型の企業統治システムのもとでは、経営者が自己利益の追求にばかり走るという弊害がしばしば生ずるという。これを防ぐ一つの方法として彼はプロフィット・シェアリングを提案する。大陸ヨーロッパでは、すでに一部の小企業が、税引後利益の一定割合を社員に配分し、メンバーの権利を明確にする試みを始めている。このような制度のもとでは、メンバーの代表者が報酬決定の議論に参加することになり、各人が利益に対する責任を負うことになる。つまり報酬の仕組みを通してある種の民主主義が導入され、それによって社員のより大きな理解、コミットメント、貢献などを得ることができ、その結果、企業の業績が向上することが期待できるという[11]。

このような制度の導入により、幹部経営者に対する報酬が彼らの業績や彼らの担う責任の大きさに照らして妥当だと思われる水準を過度に上回ることのないように監視することが可能になり、また幹部経営者が自己利益のためだけでなく、組織全体の利益のために努力するように動機づけることが可能になる。

［3］ 日本企業の場合

（1） 日本型内部昇進制度による経営幹部ポストへの就任

欧米と異なり、日本の伝統的な大企業では経営者の多くは従業員出身で内部から昇進してきた人達である。ポール・シェアードの調査によれば、日本の上場企業の役員のうち約四分の三が内部昇進者である。残り約四分の一は外部から入ってきた人で、そのうち六四％が親会社からの派遣、二〇％弱が銀行からの派遣、残り十数パーセントが政府部門からの天下りであるという。社長に限ってみると、上場企業の社長の三分の二が内部昇進者である[12]。つまり日本企業の経営者の多くは平社員から組織の中の階段を徐々に登ってトップにまで到達した人達である。

近年では、日本の経営者の中には、内部昇進、つまり既存の大企業に従業員として入社し、組織の中の階段を徐々に登ってトップに到達するというルートを通らずに、若くして起業に成功する新興の企業家も増えている。IT、インターネット、人材派遣などの成長分野で、こうした起業の例が増えている。彼らは、達成意欲が強く、自己実現至上主義者である。創発状況にあるベンチャー企業では、特にこの傾向が強い。このような新しい傾向も見られるとはいえ、多くの大企業では、幹部経営者のほとんどは、依然として先に述べたようなルートで平社員から出発して組織の中の階段を昇進してきた人達である。

バブル崩壊期までは、日本の大企業は、新卒を大量に一括採用し、そのうちのかなりの割合の人間（たとえば六―七割）をかなりの年齢（たとえば四〇代）まで、エリート予備軍として年功序列によって平等に昇進させるというやり方をとってきた。入社式での新入社員に対する社長の挨拶で「新入社員は全員、社長候補」という言葉も聞かれた。エリート選抜の時期は個別企業によって違いはあるものの、一般的には欧米企業に比べるとずっと遅いと言われる。この制度のメリットは大多数の社員が会社人生の大部分を、エリートとして選抜されるという希望を持ちながら過ごすことができるため、その間のモティベーションや帰属意識を高水準に維持できるということである。しかし、このような制度のもとでは、経営幹部のモティベーションに大きな問題が生ずる。

多くの日本企業における役員ポストは、今後の経営戦略との適合性や能力や適性の評価に基づいて決められるのではなく、論功行賞の結果として与えられることが多い。さらに誰が社長になるかは、前任者の「禅譲」によって決まることが多い。また終身雇用が前提となってきたので、トップレベルの企業間移動はきわめて少ない。経営幹部の多くは従業員出身で、役員ポストは終身雇用体制における昇進の褒賞として使われるため、役員ポストの数が必要以上に増える傾向がある。取締役会が必要以上に膨らめば、幹部の利益が優先して保身が自己目的化し、株主はおろか、従業員の利益すら軽視されるようになり、自己浄化能力もなくなる。

このような制度は、経営者の間に甘えを生じさせてきた。かつての高度成長期の日本では市場規模そのものが毎年膨らんでいく好条件の中、技術水準と勤労意欲の比較的高い均質な労働力に支えられて、特に経営者の創造的な戦略や強力なリーダーシップがなくても、企業全体として業績を上げることができた。日本経済は「アメリカに追いつけ追い越せ」を目標に、また個別企業はそれぞれ業界一位を目指して邁進していれば、大量生産体制のもと、労働者を効果的に動員して生産目標を達成することができた。このような環境下では、「現状踏襲型」の経営でやっていくことが十分可能であったし、またすでに出来上がった枠組の中で現状を維持するということが保身にも繋がると信じられていた。

このような傾向は、終身雇用体制によってさらに助長される。つまり終身雇用が保証されているために、年齢が高い人々は定年までの年数を数えてしまう。年功序列体制のもとでは、上位の管理職ほど年齢が高いので、こうした傾向が強く、視野が短期的になる。彼らが考えているのは、役職定年のことであったり、どこの子会社に行かされるのかということであったりする。また幹部経営者の中には、自分の役員任期の期間中のことしか頭にない人もいる。これらの人々の関心は、いきおい長期的な視座からの変革を支持することよりも、「安穏」、つまり定年までの残り時間を大過なく過ごすということになる。つまり経営者は、積極的改革を試みる必要もなかったし、また将来のあり方の選択に関わるような高邁なビジョンを提示する必要もなかったわけである。

しかし、こうした経営環境はもう過去のものとなった。今、経営環境は急速に変化している。国際競争の激化、テクノロジーの急速な進歩、市場の規制緩和等々、様々な要因が先行きの不透明感を大きくしている。こうした変化に対応するような新製品の開発、新規事業の企画、新たな高付加価値産業の創出などを実現するためには、経営資源の大規模な再配置とシステムの根底からの転換が必要となる。今求められているのはしたがって、こうした変革に向かってイニシアティブをとることのできる強力なリーダーシップであり、現状を打破し、新しい価値を創造することのできる経営者である。

(2) 株主の影響力の増大

しかしこうした改革がそれぞれの企業において内部からのイニシアティブによって実施されるためには、幹部経営者の自己改革が必要であるため、現実にはきわめて難しい。経営トップのイニシアティブによる改革が難しい場合、株主による監視機構が強化されるとか、あるいは規制緩和が進んで国内市場における競争が激化し、組織の短期的な存続さえ危ぶまれるようになる、といった外的要因の力によってのみ変化は起こり得る。つまり、そうなれば存亡の危機を認識したトップが自らのイニシアティブにより変革を実施するという可能性も出てくるわけである。

では、このような外的要因の影響力は大きくなっているのであろうか。ここ十数年の状況を見る限り、その答えは「イエス」である。つまり外資の参画、外国人株主の増加、持ち合いの解消などの諸要因により、企業の所有構造が変化し、株主の発言力が増大している。その結果、経営者がこれまでの体制の見直しを迫られつつあるということである。つまり日本企業にもグローバル化の波は押し寄せており、日本ではこれまで経営に介入することの少なかった「株主」の行動が経営者の意思決定に影響を与えるようになったのである。

米国では、一九三〇年代から一九七〇年代にかけて、株主が実質的支配権を放棄していたこと、さらに取締役会による監視機能が低下していったことにより、経営者の支配権が拡大していった。しかし一九八〇年代になって多くの米国企業が業績の低迷に悩むようになると、大株主である機関投資家は、経営者支配の現状に批判的になり、支配権の奪回を求めて株主活動を活発化させた。これがいわゆる「株主革命」とか「株主の反乱」とかいわれる現象である。これにより、それまで半世紀にわたって進行してきた「経営者革命」の流れにストップがかけられた。日本においても、これほど顕著ではないが、一九九〇年代以降いくつかの要因により株主の経営に対する影響力は大きくなっている。①持ち合いの解消、②外国人株主の増加、および③資金調達方法の変化、という三つの要因は相互に関連しており、全体として株主の影響力を大きくする方向に働いている。以下これら三つの要因について見ていく。

①　**株式持ち合い制度の解消**　日本の伝統的企業間関係は、日本企業の所有構造の特徴である株式の持ち合いとい

うシステムによって支えられてきた。多くの日本企業は系列企業や関連企業、また取引金融機関とお互いの株式を持ち合う関係にある。このような企業株主は他社の株式を純粋な投資目的で保有しているのではなく、彼らの株式所有の目的はむしろ企業間関係を強化し、外部からの干渉を排除するというところにある。このようにして企業同士が相互に安定株主として機能するということが、系列企業間の長期継続的な取引を可能にしていたわけである。

しかし一九九〇年代に入ってから、業績の低迷が続く国内の企業や金融機関は、リストラのため収益性の低い保有株式を売却し始め、株式持ち合いの度合いは徐々に低下してきた[13]。事業会社が保有する銀行株式の持ち合い比率も、上場株式総数のうちの持ち合い株として保有されている株式の割合も、減少し続け、現在では持ち合いの制度はほぼ解消したと言われる。放出された株式は株式市場で外国人株主などの市場投資家によって吸収されている。企業の主要株主が系列や取引関係を軸とする安定株主から、経営内容に応じて保有するかどうかを判断する内外の市場投資家の手に移れば、経営者の行動パターンも株主の利益を考慮する方向へ動かざるを得ない。

② **外国人株主の増加**　日本企業のグローバル化と資本市場のグローバル化に伴い、顧客として外国人が増えてきただけでなく、株主としても外国人が増えてきた。外国人株主の上場企業の持ち株比率は、二〇〇六年には二五%に迫る勢いとなり、外国人株主の市場での売買シェアは、二〇〇六年には四〇%を上回っている[14]。ソニーでもNECでも株主の三十数%が外国人であり、二〇〇五年時点での外国人株主の株式所有比率は、キヤノン五二%、富士フィルム四九%、ソニー四八%、武田薬品四一%などとなっている[15]。日本のGNPが世界のGNPに占める割合も高くなり、日本企業のグローバル化も進み、日本の経営体制に対する国際的な関心も高まった。そうした中で、海外から日本企業の経営体制に対する批判が噴出し始めた。株主重視のアングロ・サクソン型経営、社会重視のドイツ型経営に対し、日本は従業員重視の経営というが、「どうも経営者の仲間うちでやっているのじゃないか」と

いった批判である[16]。外国人の持ち株比率の上昇は企業行動に影響を与えていることがこれまでのいくつかの研究によって示されている[17]。今後資本のグローバル化が進み、外国人の持ち株比率がさらに上昇すれば、日本企業の経営に対する彼らの影響力はさらに大きくなるであろう。

③　資金の調達方法における変化　また株主構成のみならず、資金調達の全体的構造における変化も企業行動に影響を与えている[18]。今後企業が銀行からの借入れによって資金を調達する度合いが低下し、資本市場から直接に資金を調達する割合が上昇すれば、資本提供者としての銀行による企業の監視機能も低下し、経営に対する影響力も減少し、代わって株主の影響力が増す。結果として、企業は「市場に評価されるように収益を上げること」が企業経営の重要な目的となり、企業は株価の上昇、配当の上昇に繋がる収益（株主資本利益率 ROE）の向上を求める株主の声に応えなければならなくなる。さらに近年では会社乗っ取り専門家による「乗っ取り」や敵対的買収も仕掛けられるようになった。また一九九三年の商法改正で株主代表訴訟の手数料が一律八二〇〇円になり、訴訟が起こしやすくなったことなども、経営者が安穏としていられなくなった理由の一つである。個別企業による程度の差こそあれ、日本企業は今、これまで軽視されてきた株主の利益に目を向けざるを得なくなっている。

現在、先進諸国においては、株主資本主義、つまり株主の立場に立った価値観である「株主資本利益率の極大化が経営への至上命令である」という考え方が大きな影響力を持つようになった。こうした株主資本主義の進行については懸念する声も強い。前項でも述べたように、経営者が株価をつり上げるため、短期的にバランスシートの見栄えを良くする戦略をとることばかりに集中して、長期的な利益にまで考えが及ばなくなるといった危険がある。しかし日本においては、これまであまり発言しなかった株主が経営に対する監視を強化することによって従来型システムからの脱却が進む可能性が高い。

以上述べてきたように、日本の経営者は多くの場合、新しいインセンティブによって動機づけられて積極的に変革しているのではなく、むしろ新しい外的な制裁要因の増大によって行動を変えざるを得なくなっている。しかし今後、日本企業が厳しい経営環境の中で成功を収めていくためには、従来型の日本的インセンティブ制度から脱却し、経営者を積極的に動機づける必要がある。組織内の地位による経済的、社会的格差の小さい従来型のシステムは、下級職の満足度を高めるには有効である。しかし、こうした日本的階層平等主義の根底にある能力平等主義は、能力的にみて本来その組織内で上層に位置すべき人々を動機づけ、活用する上で障害となる。こうした経営体制のもとでは、企業の発展に必要な創造的能力やリーダーシップを持った人々を活用したり、また外部から採用することは難しい。有能な人材を動機づけるためには、成果が処遇により大きく反映されるようなインセンティブ制度への変革が必要である。幹部経営者に関しては、今後は人数を減らし、成果に応じて報酬額により大きな格差をつける方向への変化が必要である。多くの日本企業において今後は、徐々にではあるが、取締役会のリストラが進んで役員の数が減り、経営者の間でも能力主義の要因がより重要になり、業績評価が報酬に反映されるようになるであろう。

欧米企業においても日本企業においても、経営幹部に対するインセンティブ制度の改革が経営幹部自身のイニシアティブによって推進される可能性はきわめて低い。このグループに関しては、企業外の力、すなわち株主による監視機構の強化、株主の権利を強化するような法律の制定（国家による）、企業の情報開示責任の強化、社員の代表者が幹部の報酬決定過程に参画すること、あるいは批判的な世論の形成などにより、インセンティブ制度を是正していく必要がある。

2　ゴールドカラー

［1］　ゴールドカラーの仕事意識

ゴールドカラーのグループには、専門職・管理職などのホワイトカラー上級職、起業家、および情報・知識産業など新しく成長しつつある分野において創出される職種（コンサルタントやコンピューター・プログラマーなどの専門家や技術者）が含まれる。第2章で述べたような仕事意識のポストモダン化現象が最も顕著に見られるのがこのゴールドカラーの階層である。すなわち、この階層は、一九六〇年代以降進行した「ポストモダニズム」という言葉で表現される価値観の変化の影響を最も強く受けている。自己実現至上主義の浸透は、他のどの階層におけるよりもこの階層において顕著である。

つまり彼らにとって仕事の第一義的意味は自己実現であり、したがって仕事は何よりもまず生きがいを与え、自己発展のプロセスとなるものでなければならない。彼らは、仕事によって技術や知識を身につけて自己の能力を伸ばすことを期待し、可能性を最大限に追求する。仕事の内容そのものに意義を見出し、精神的充足を求める。また達成した成果に対して正当な評価を受けることに意義を感じる。彼らの多くは、市場で需要の高い技能を習得しており、知的関心を満足する仕事に就き、問題解決、自己表現、自我の確認（self-assertion）の機会に恵まれた活動に従事している。

さらに自己実現至上主義以外のポストモダン的な価値観、すなわち反権威主義、権利主張主義、脱物質主義などといった要因もこの階層の考え方や行動に大きな影響を及ぼしている[19]。伝統的な労働倫理の中心に置かれていた個人的な「成功」は、依然としてこの階層にとって最も重要な目標であることには変わりはない。しかし「成功」の意味が変化したのである。すなわち、成功は組織内の地位や物質的な消費生活によって評価されるのではなく、自分の能力にとって適度に挑戦的な仕事を見出し、仕事を通して自己を実現し、私生活においては新しい、より文化的なライフ・スタイルを採用することを意味するようになった。彼らの中には、組織の中で上昇して経営幹部になりたいと考える人も少なくないであろう。しかし経済的報酬、あるいは地位の上昇は、これまでほど求められなくなった。代わって、仕事を通じて、才能、専門的技術、あるいは知識を実践し、発展させる機会が与えられるかどうかということが、これまで以上に重視されるようになった。再定義された「成功」は、依然として、人生の究極的目標であり、これまでと同様に、第一義的には仕事を通じて得られるものである。たとえ余暇活動が生活全般における満足の源泉として、以前よりもより大きなウェイトを占めたとしても、仕事が最も重要な満足の源泉であることには変わりがない。

こうしたゴールドカラーの仕事意識については、渡辺がこれまでに米国、ヨーロッパおよび日本で行った調査からも明らかになっている。一九九〇年代に渡辺が米国、英国およびドイツで行った質問紙調査において、回答者が仕事に何を求めるかを尋ねたところ、管理職・専門職等ホワイトカラー上級職、あるいは高学歴グループ（修士・博士課程卒業およびそれ以上）はチャレンジ・達成感を重視し、自己実現至上主義の傾向が強いことが明らかになった(20)。つまり高学歴の社員、あるいは管理職、専門職社員の間では、ポストモダン的な価値観が支配的であることが明らかになったのである。

二〇〇四―〇六年に渡辺が行った英国企業における面接調査からも、管理職の多くは、働く主要な目的は仕事そのものに関わる達成感、チャレンジ、自己実現であると考えていることが明らかになった。あまり異動を望まない管理職もいる半面、多国籍企業で働く多くの管理職にとってのインセンティブは昇進を伴うグローバルなレベルでの異動である。こうした傾向は日本でも見られる。内閣府が一九七七年より定期的に実施している国民生活に関する世論調査の中に仕事に対する考え方を尋ねる質問（「働く目的は何か」）がある。この結果の三〇年間の推移を見ると、管理職・専門職においては、「自分の才能や能力を発揮するため・生きがいを見つけるために働く」人の割合が増えており、一九七七年には一六・〇％であったが、一九九九年には四九・六％とほぼ半数に達した。二〇〇一年から二〇〇五年にかけてこの割合は僅かずつ減少しているが、自己実現を目的とする人の割合は、ブルーカラーや事務職に比べると、管理職・専門職において一貫して高い[21]。また彼らの多くは、生活全般にわたって意欲的で私生活においてもリベラルな態度を持ち、妻にも職を持ち、仕事を通じて自己実現を追求して欲しいと考える[22]。

ゴールドカラーの仕事意識におけるこうした傾向は、すべての先進国で普遍的に見られる現象である。もちろん、日本と欧米とを比べると、歴史的、文化的な相違の影響力はまだ残っており、日本のゴールドカラーにおいては欧米のゴールドカラーにおけるよりも多少集団主義的な傾向があるものの、地域による差異はますます小さくなっている[23]。

[2]　ゴールドカラーに対するモティベーション政策

今後企業が生産性を上げ、収入を創出していく上で、最も大きな貢献が期待されるのがこのグループである。このグループの自己実現の欲求に効果的に応え、彼らにリーダーシップを発揮させ、彼らから創造的能力を引き出すことができるかどうかは、企業にとっては死活を制する重要な課題となる。新たな製品や新たな市場を開発するための創造性は、人々の自己実現の欲求に働きかけることによって最も効果的に引き出されるのであるから、経営者は一人一人の部下、特にリーダーとしての潜在的能力を持った部下の自己実現の欲求に適合するような発展機会を用意しなければならない。

ゴールドカラーは、チャレンジの場や実力を示したり才能を伸ばしたりできる機会を求めている。したがって彼らには戦略的なプロセスに参加させ、自らの仕事を企画させ、決定したことを実施、実現させることによってモティベーションの増進を図ることができる。渡辺が米国および英国で実施した質問紙調査においても、管理職・専門職においては、決定への参加が、改善要求事項のトップであった。意思決定への参加は、彼らの自己実現の欲求を満足するための必要条件であると考えられる。

また彼らは、達成した成果に対して正当な評価を受けることに意義を感じる。彼らはチャレンジの場を求めているので、彼らに対しては高い評価基準を設定することが適当であることが多い。仕事の成果が上がればそれに見合った報酬を与えるべく、仕事の成果と活動に結びついた報酬のシステム、および公正で透明な評価のシステムを進化させる必要がある。成果に対する報奨としては給与のみならず、今後の発展機会を与えることが重要である。ゴールドカラーにとっては、昇進を伴うグローバルな異動はしばしば大きなインセンティブとなる。

日本企業においては、特にこうした人事制度の変革が必要である。前節で述べたように企業内の階層による格差をできるだけ小さくするという日本的な方式では、能力とモティベーションが高い人の自己実現の欲求に応えるのが難しい。有能なゴールドカラーを動機づけ活用するためには、伝統的な日本型経営の特性である終身雇用と年功序列の制度は適合しない。能力や成果を処遇により大きく反映するようなインセンティブ制度への変革が必要である。能力主義を導入し、成果を正当に評価し、評価に見合った処遇をする必要がある。金銭的報酬のみならず、昇進についても成果を十分に反映させる必要がある。また従来型の終身雇用と年功序列制度のもとでは、昇進の速度が遅かったため、有能な若い人材の能力が生かされないという弊害があった。有能な経営幹部を育てるためにも、有能な人材をタイミングよく昇進させ、リーダーの早期育成、早期選抜を可能にするような制度改革が必要である。

3　ブルーカラー雇用者およびホワイトカラー下級職・サービス業雇用者

本節では、正規社員として雇用されているブルーカラー雇用者、ホワイトカラー下級職およびサービス業雇用者について述べる。

先進国においては、あらゆる産業においてコンピューターによる自動化が進み、二〇年前にはブルーカラー、ホワイトカラーと呼ばれる正規常勤雇用者（permanent, full-time employees　以下「正社員」と呼ぶ）によってなされていた多くの仕事が不要になった。さらに残された仕事の多くが現在では正社員ではなく、フレックス雇用者（期間雇用者およびパートタイム雇用者）によってなされるようになった。しかし自動車製造業など、現在でも生産現場で多数のブルーカラー雇用者を必要とする産業も多い。ホワイトカラー下級職およびサービス業雇用者についてもコアの要員には正社員を雇用している企業は多い。全就業者に占めるサービス業部門での雇用者の割合はほとんどの先進国で増大している。フレックス雇用者については次節で扱うこととし、ここでは正社員であるブルーカラー、およびホワイトカラー下級職・サービス業雇用者に対する人的資源政策について述べる。

［1］　ブルーカラー雇用者

産業構造の変化に伴い、先進国におけるブルーカラー雇用者、つまり製造部門の現場で働く雇用者の数は減少し続けている。今日、ほとんどの先進国で製造業の就業者比率は二〇％以下になった。二〇〇四年において、この比率は米国で一一・八％、英国で一三・五％、フランスで一六・九％、日本では一八・〇％である。[24] しかし現在でも自動車など大規模製造業の生産現場では多数のブルーカラー雇用者を必要とする。こうした生産現場では、期間雇用者やパートタイム雇用者などのフレックス社員も数多く雇用されているが、主たる戦力は正社員のブルーカラー雇用者である。ここでは彼らの仕事意識とモティベーション、さらに彼らに対する人的資源政策について考える。

（１）ブルーカラーの仕事意識

これまでにも指摘されているように、多くのブルーカラーを動機づけているのは経済的報酬である。渡辺が二〇〇四年から二〇〇六年にかけて実施した企業での面接調査の結果からも、そのような結論が導き出された。たとえば英国の製造業で働くブルーカラー従業員の多くは、「仕事は特に面白いとは言えないが生活費を得るためだから仕方がない」と考えている。[25] 面接に応じた人事担当者達は、「ショップ・メンバー（ブルーカラー従業員）は金のためにだけ働く。休暇を楽しみにしている」という。ブルーカラー従業員の中心的な生活関心は家族との余暇活動など職場外での生活領域にあることを窺わせる。

英国で操業する日系の自動車製造会社Ｔ社で二〇〇四年に実施された質問紙調査では、ブルーカラーの約三〇％が現状に満足している一方、約六〇％がチーム・リーダー（班長）、グループ・リーダー（組長）への昇進を求めているという結果が出ている。彼らが昇進を望む大きな理由は昇給を含めたより良い労働条件であると考えられる。

日本でもブルーカラーを動機づけている第一義的誘因は経済的報酬である。内閣府の世論調査では、ここ三〇年間に「働く目的は何か」という質問を何回か行っている。一九七七年には、ブルーカラーのうちの四二・八％が「金のため」と答え、その後この割合は徐々に増加して一九九五年には七〇％が「金のため」と答えた。ブルーカラーの大半が「金のため」と考える傾向はその後も続いているものと考えられる[26]。

ここ三〇―四〇年間に先進国の間では、国別の仕事意識の差は小さくなった。先進国では全般的にポストモダン化現象が起きており、ポストモダン化の影響を最も大きく受けているゴールドカラーほどではないが、ブルーカラー雇用者もその影響を受けている。その結果、先進国のブルーカラーの仕事意識における国別の差異は小さくなっている。前に述べたように、日本においてもブルーカラーを動機づけている第一義的誘因は経済的報酬である。

一九七〇年頃までは、欧米と日本では状況はかなり異なっていた。欧米においては、従来より職業階層別の意識の差が大きいといわれている。これに対し、日本人の仕事に関する意識や価値観は、一九七〇年頃までは比較的同質的で一枚岩的であった。つまり、それまでは、職種や職階の別なく、概して一様に多くの雇用者がそれまでの日本経済の高度成長を支えてきた伝統的行動様式によって支配されてきた。すなわち彼らにおいては一般に、組織の目標を個人の目標よりも重要と考える集団主義志向が強く、組織への依存度が高く（組織内での社会的承認や昇進に第一義的重要性を認める）、会社に対する帰属意識が強かった。消費生活・レジャーも次第に重視されるようになりつつあったが、やはり仕事が第一で、私生活を犠牲にしても仕事を優先するという傾向が強かった。

しかしこの集団主義も一九七〇年代以降、次第に衰退し、それに伴って個人主義的傾向が台頭する。さらに、一九七〇年代以降、それまで一枚岩的であった日本の雇用者の意識も多様化し、職種や職階別の差異がはっきりと現れるようになった。同時に仕事意識における日本と欧米との差異は以前ほど顕著なものではなくなってきた。現在では、日本のブルーカラーの仕事意識も欧米のブルーカラーの仕事意識とかなり似通ったものとなっている。つまり現在では日本においても多くのブルーカラーは、第一義的には経済的な目的のために働いている[27]。また日本人における全般的な価値観の変化は彼らの意識にも影響を与えており、ブルーカラー雇用者においても帰属意識の希薄化、個人主義の台頭といった現象がみられる。

金銭的報酬が第一義的なインセンティブとなっている点では、日本のブルーカラーの仕事意識とかなり似通ったものとなってきた。しかし物質的報酬とならんで職場における社会的欲求の満足も重要な動機づけの要因となっている点は、日本のブルーカラーの特徴である。

(2) これからのモティベーション政策

二〇世紀前半の経済成長期には給与水準の継続的上昇によってブルーカラー雇用者のモティベーションを維持することができた。しかし、現在では多くの企業にとって継続的に賃金を上げることは財政的に不可能になった。ブルーカラーの多くが、依然として物質的誘因によって動機づけられているにもかかわらず、物質的誘因によって彼らを動機づけることが不可能になれば、彼らのモティベーションは低下せざるを得ない。失業率が高く、「この仕事か、さもなければ失業か」という状況であれば、どんな仕事でも喜んで受け入れられ、仕事に対する満足度は一時的に上昇する。しかしこうした一時的な満足度の上昇が、ブルーカラー雇用者における継続的かつ本質的モティベーションの上昇に繋がるとは考えられない。そうなれば、金銭以外の別の誘因によって積極的に彼らを動機づけることができるかどうかが、製品の質と生産性を決定する最も重要な要因になるわけである。もちろん、従業員が人間としての尊厳を保ちながら生活するために必要な収入、市場の相場である労働価格に近い給料を支給するということは彼らの働く意志を維持するための前提条件である。しかし経営者は、彼らのモティベーションの増進に貢献する金銭以外の誘因に注目することによって、彼らがチームや組織やより大きな共同体に対してコミットメントを感じることができるように導くことができる。

こうした誘因には、雇用の安定、社会的欲求に関わる人間関係面での満足度、またフレックス化による勤務時間面での自由度の拡大などがある。以下こうした要因に注目した政策について見ていく。

①　**雇用の安定**　現場の従業員にとっては、誠実に仕事をすれば予想される額の給料が安定的に支払われること、さらに自分の選んだ会社に自分が望む限り留まることができることはきわめて重要である。つまり現場の生産労働者のコミットメントを得るためには、安定的雇用を提供することは非常に有効である。しかし、一九八〇年代に始まった「リストラ」以来、多くの企業は恒常的に人員削減を行うようになった。不況時のみならず好況時においてさえも人員削減を行う企業が増えた。

長年にわたって終身雇用を慣行としてきた日本企業の間でさえも、以前に比べると人員削減という選択肢に依存する企業の数は増えている。しかし、欧米企業に比べると、現在でも日本企業は一般に「雇用の安定」を重視する傾向が強く、「人員削減」を行うことに対してより大きな抵抗を感じるし、そうした決定をするまでにはより慎重な検討がなされる。海外拠点においても雇用の安定を重視する日本企業は少なくない。このような政策はブルーカラー雇用者には評価され、現地の求人においても質の高い労働力を確保する上で相対的な優位をもたらしている。

たとえば英国所在の日系企業であるT社では、「長期的な雇用の安定（long-term employment security）が会社のプライオリティである。レイオフについては、可能な限り、最後の手段となるまで行わない」としている。[28]一般的に、英国企業や、英国で操業する米国企業では、レイオフは珍しくない。特にここ数年の間にフォード、GMの英国現地法人が相次いで工場を閉鎖して英国から撤退したので、T社なども業績が悪化すれば簡単に工場を閉鎖して撤退するのではないかと考えられていた。こうした一般の懸念に反して、T社では設立以来一六年間、合理化のための人員削減（redundancy lay-off）は一件もない。八―九年前に一〇％の人員余剰の状態が続いたことがあったが、この時ですら解雇は行っていない。レイオフは絶対にやらないとは言わないが、レイオフは、可能な限り、最後の手段となるまで行わないという姿勢を貫いてきた。

こうした一六年間の実績が従業員の士気に良い影響を与えていることは確かであろう。現場（ショップ・レベル）の従業員からは「仕事はきつい」とか、期限までに仕事を終えなければならない時には「残業をやらなければならない」とか、仕事についての苦情は常に出てくる。しかし経営者側はレイオフを避けるためには、これぐらいやらないとやっていけないことを繰り返し説明する。他社の例などを引き合いに出して、彼らがどんなによく処遇されているかを説明するという。新しいメンバーが加わると彼が他社の話をするのでプラスになるという。[29]

経営者側はレイオフを極力避けるという姿勢を前面に押し出すことによって、従業員の会社に対する評価を高め、従業員との信頼関係を築き、管理のコストを最小化することができると考える。

T社の「雇用の安定」に関する考え方は次のようなものである。[30] 国際競争力は雇用の安定に基礎を置くもので技術革新に基づくものではない。T社では、労働生産性はもうすでに限界まで高められており、また労働集約的な工程（自動車製造には労働集約的な工程がかなり多い）ではこれ以上の機械化による生産性の向上は期待できない。むしろ人の心をつかむことにより、モティベーションを維持することの方が重要であると考える。したがって雇用の安定は生産性よりも重要であると考える。「生産性」（productivity）という言葉を聞くと従業員は「人員合理化」（redundancy）に繋がると考え、嫌がる。生産性が向上した結果、自分達の職が無くなるのであれば、従業員は絶対に生産性の向上に協力しないと人事担当者は言う。雇用の安定、製品の質など、生産性よりも重要な要因があり、生産性最優先ではないと彼は説明する。

② **社会的欲求に応える政策**　従業員の「社会的欲求」に注目することの重要性は早くから指摘されてきた。一九二七年から三二年にかけて米国で行われた有名なホーソン工場での実験は、職場での社会集団のあり方や仲間集団

への適応などの社会的要因が従業員の満足度や生産性に影響を与えることを示した。この実験をきっかけに、従業員の「社会的欲求」――集団や組織に帰属すること、同僚や仲間に受容されることにより集団の一部となること、そして友情や愛情を与えたり、受け取ったりすることに対する欲求――が注目されるようになった。つまり従業員は、仕事そのものによっては充足され得ない場合でも、「社会的欲求」によって動機づけられる「社会的人間」であり、従業員のこうした欲求に応えることによってモティベーションを高めることができるという考え方が生まれた。これがいわゆる「人間関係論」アプローチである(31)。

③ **親睦と連帯**　人間関係的要因には従業員間の連帯、親交、仲間による訓練などが含まれる。「連帯」とは、経営者からの、あるいは他の従業員集団や顧客などからの攻撃に直面した時、すすんで互いを守ろうとする気持ちに基づいている。連帯の目標は、従業員が経営者から分離された集合的な存在証明を形成するきっかけ、あるいは基礎となるような行動であることが多い。連帯の基盤は、「仕事を通じて共有される体験」と、こうした共通の体験から生ずる「関わり合いと愛着」の気持ちである。連帯感は、作業内容そのものに意味を見出しにくい仕事に従事することから生ずる疎外感を緩和する。また長期にわたって存続し、比較的安定していて、規範によって統合された職場環境においては、同僚の間での親交が盛んになる。また従業員の自律が保たれている職場では、しばしば仲間による訓練が実施され、生産が確実に継続されるように、経営者にコントロールされていない重要な知識が積極的に仲間に教え伝えられている(32)。

伝統的な日本型経営では、労使間の人間関係は包括的・家族主義的であり、集団や組織の安定が重視された。雇用主は公私にわたる生活の諸局面について従業員の面倒をみるべきであるという考え方が強かった。日本企業の経営慣行は、現在大きく変化しつつあるが、職場における人間関係的要因の重要性はそれほど変化していない。現在でも日本企業では、どの階層においても、社会的な側面、人間関係面での満足が従業員の職場満足度の重要な要因となっている[33]。欧米に進出している日本企業が、現地人ブルーカラーの人事管理に関しては、概して成功を収めているのも、少なくとも部分的には彼らの社会的欲求を満足させる日本的アプローチによるものと考えられる。また一九八〇年代以来、欧米企業の間ではブルーカラーの管理に日本的アプローチを取り入れる試みもなされている[34]。

④ **平等主義・人間主義**　従業員の社会的欲求に応えるためには、組織をひとつの共同体として捉え、その中のメンバーは基本的に対等であるという姿勢を示すことが有効である。もちろん、組織の経営管理には、意思決定のシステム、さらに決定を実行するための支配システムと権限の階層（ヒエラルヒー）が必要であることは専門家や経営者の間で広く認められている。しかし序章で述べたように、多くの国々において「すべての成人は基本的に平等である」という民主主義の思想が浸透し、社会における諸権利の平等が求められるようになってきた。これに伴い、職位の格差に依拠する権威主義的な経営体制が見直されるようになり、組織内でも民主主義的な雰囲気が尊重されるようになった。多くの企業では「支配」のイメージを表面化させないで、会社はそれぞれが機能を有するメンバーの「貢献」によって成立する協働のシステムであるという「協働」の概念を強調するようになった（本書序章参照）。人事管理の面でも機会の均等を保障し、地位による形式的な格差を廃止し、意味の無い抑圧的雰囲気や階層の細分化はできるだけ避けるという努力がなされるようになった。

たとえば職位による給料支払方式やフリンジ給付における格差を取り除く企業の数は増えている。これまでは典型的な米国や英国の企業では、ブルーカラーとホワイトカラーの区別が明確で、給料支払の方式も異なっていた[35]。ブルーカラーや低位のホワイトカラー（事務職や秘書）は時給に基づいて計算された賃金が毎週あるいは二週間に一度支払われる。これに対し、専門職および管理職などのホワイトカラーは年俸制によって決められた報酬が月給として支払われる。しかし近年、多くの米英企業で雇用制度の改革が実施され、時給雇用者と俸給雇用者との差別は取り除かれ、ブルーカラーにも年俸制度が適用され、月給が支払われるようになっている。渡辺が調査した米英企業においてもこうした傾向が観察された。さらに年金や休暇などのフリンジ給付についての規定においてもブルーカラーとホワイトカラーの区別がなくなり、一律となる傾向にある。ブルーカラーに対する処遇改善政策の一環として、健康管理、安全管理、訓練などの充実を図る企業も多い。

伝統的な日本型経営の特徴の一つは、企業内の階層による格差が小さいことである。こうした平等主義は、上級職や管理職を動機づける上で大きな問題となることは前にも述べた通りである。しかし階層間の給与格差を小さくし、階層を超えた昇進を行うという「日本的平等主義」、さらに経営者自らが現場に入って従業員に接触するという「日本的人間主義」は、従来より、下級職、特にブルーカラーの管理には有効であった。こうした日本的アプローチは、彼らの自尊心を満足し、彼らの帰属意識や職場に対する誇りを高める上で役立ってきた。平等主義的・人間主義的アプローチは、ブルーカラーの社会的欲求を満足する上ではきわめて有効であり、また自我の欲求（自尊心に対する欲求、および社会的地位や評判に対する欲求）の満足にもある程度貢献している。このような方式は、現在でも国内外の現場で活用されており、また今後も有効に適用され得るものである。

現在、日本企業の経営に関する考え方も多様化しており、アメリカ型のシステムを積極的に取り入れようとする企業もあれば、伝統的な日本型経営の基本的な考え方を維持していこうとする企業もある。先述のT社の日本の本社は後者の立場をとっており、ここ数十年来、人事管理や系列関係に関する政策に大きな変化は見られない。こうしたT社の日本本社の基本的姿勢は、海外の生産拠点における組織管理においても生かされている。たとえば渡辺が調査した英国所在のT社の人事政策は次のようなものである。(36)

まず第一にT社では、給料の支払い形式やフリンジ給付の制度は全社員に対して同一である。社員（メンバー）全員に対して年俸制が適用され、支払いは毎月、月末に行われる。また年金、健康保険などのフリンジ給付についても全員に同じ制度が適用される。会社の人事管理の概念の中心には「公正な評価と処遇」（fair evaluation and treatment）、および「地位の同等」（single status）という二つの原則が置かれている。さまざまな会社施設の日常的な使用についても、すべての社員を「平等」に扱うことが原則になっている。オフィスは大部屋方式（general room）で、会長も社長も大部屋で仕事をする。プライバシーが必要な時は、会議室を予約する。全員に同じ制服が支給され、全員が同じ社員食堂を使う。駐車場も誰がどこに止めるかという場所の指定は無く、それぞれがその日に空いているところに止める。

人事担当者によれば、経営者は「我々」対「彼ら」（us vs. them）という対立構図を極力避けるように心掛けなければならず、このような「平等主義」を「ノーブレス・オブリージュ」（noblesse oblige）（高い身分に伴う道徳的義務）の意識を持って受け入れることを期待されているという。当然職位に応じた給与水準が設定されており、管理職の給料はショップ・メンバー（生産労働者、いわゆるブルーカラー従業員）の初任給（entry salary）の約四倍（本社派遣社員の場合は約六倍）である。しかしそうした差異をなるべく意識させないように工夫することによって労働者の士気を維持している。T社における日本的アプローチは、従来きわめて「市場主義的」、「個人主義的」といわれている英国人従業員の間においてさえも、帰属意識とか会社に対する誇りとかを若干なりとも醸成する効果をもたらしているようである。従業員は、社名入りの制服（作業着）を着て夜、会社近くのパブに行くということをしないであろう。会社に対して何らかのアイデンティティや誇りを感じていなければこういう行動をとることはないであろう。

⑤ **ワーク・シェアリングとフレックス・タイム**　本節の初めでも述べたように、新しい技術と生産方式の導入に

より、ブルーカラー労働力に対する社会的ニーズは縮小している。雇用調整による職の喪失を最小限にするためには、このグループの雇用者に対する時短あるいはワーク・シェアリング政策の適用が検討されるべきである。ワーク・シェアリングとは仕事を分かち合うという意味であるが、仕事を分かち合うということは、すなわち生きがいを分かち合うということでもある。

多くの政府が増税して公共投資を拡大するという方法によって経済に介入することをためらうようになってきた現在、労働時間の短縮は生産性を犠牲にすることなくして雇用を維持するための、唯一の実行可能な解決法と見られるようになった。雇用の創出なくして景気回復が起きている現実を目の当たりにして、労組指導者の間でも長期的な雇用確保の手段として時短を受け入れる姿勢が一般的となっている。

時短を進めていく上では、もちろん問題も多い。第一に従業員がどれだけの賃下げを受け入れられるかという問題がある。また経営者の中には、「競争力の強化を最優先課題と考えるなら、時短など問題外だ。むしろ労働時間を延長することを考えるべきだ」と主張する人も多い。しかし、ヨーロッパではすでに多くの企業において時短が実施されており、経営者、労働者共に結果に満足している事例もいくつか報告されている。たとえばヒューレット・パッカード（米国企業）のグルノーブル（フランス）工場、デジタル・イクイプメント（米国企業）のヨーロッパ工場、フォルクス・ワーゲン社などのケースである(37)。渡辺が調査した英国企業においても、「労働時間の短縮」を望む従業員は多い。特に残業に関しては、短縮や廃止を望む者が多い。中には、残業手当が無くなるので好まない者もいる。しかし多くの従業員は労働時間が少ない方がよいと考えており、全体としては労働時間は減る方向にある(38)。

英国で操業するT社でも、現場では残業を減らして労働時間を短縮して欲しいという要望が強い。前述のように、

T社では正規社員の雇用の安定を重視し、彼らをレイオフすることを極力避ける政策をとっている。しかし市場の状況に合わせて雇用調整は行わなければならない。そこでT社では、労働力のフレキシビリティを保つために次の二つの方法を用いる。一つは「期間工」の雇用であり、もう一つは「残業」である。この二つの制度は日本国内の製造業で終身雇用制度を維持するために伝統的に使われてきた方法である。従業員数は二つの工場を合わせて約六〇〇〇人であるが、その九割がショップ・メンバーと呼ばれるブルーカラーで、その一割が人材派遣会社から派遣される期間工である。さらに会社はショップ・メンバーに一人当たり平均週三時間の残業を課している。ショップ・メンバーの間では残業は「きつい」ので減らして欲しいという声が強く、二〇〇四年に新規に一〇〇〇人のショップ・メンバーを雇用したのは、一つには増産のためにラインを拡大したからであるが、もう一つには残業を減らしてくれという従業員の要望に応えるためであった。

さまざまな調査においても、「労働時間の短縮」を望む従業員の方が、望まない従業員よりも多いという結果が出ている。労働時間の短縮は、EU、オーストラリア、日本で労組の要求として継続的に団体交渉の項目になっている。[39]労働時間の短縮と収入の削減がセットで提示された場合の反応は一般に次のようなものである。つまり、ある一定の生活水準を維持するための収入は必要であるから、その収入レベルは維持したい。しかし、それ以上の労働時間に関しては、収入の減り方によって反応が変わってくる。米国での調査によれば、五％くらいまでの収入減なら許容できるという。また残業等による労働時間が長くて疲労に繋がる場合には、収入は減っても労働時間の削減を望む。たとえばオーストラリアにおいて父親である常勤雇用者を調査したところ、労働時間が長いほど労働時間に関する不満は大きく、たとえ収入がどうなろうとも労働時間の短縮を望むという結果が出ている。[40]時短の支持者によれば、時短は生産性を向上させるし、企業の国際競争力を強化する。労働時間を短くすれば疲労が少なくなって効率が上がることはこれまでにも指摘されているが、フレックス・タイムを同時に導入する新しい時短プランは、資本と設備の最適な稼働を可能にし、生産性を高めることができるといわれる。また多少収入は少なくなっても、労働時間が減ることを歓迎する人は少なくない。特に若い人々の多くは、生活時間をこれまでと違ったように配分し、もっと多くの自由時間を持ちたいと考えている。

勤務する時間帯をフレキシブルにするフレックス・タイム制度（flex time system）の導入も、雇用者に歓迎されている。フレックス・タイム制度は、程度の差はあれ、すでに多くの企業において実施されており、経営者、従業員双方にとって満足すべき結果がもたらされている事例は少なくない。たとえば渡辺が調査した英国の牛乳・乳製品製造業のA社では、最近になって年間労働時間システム（annualized hours of work system）を採用した。それ以前の制度の下では、週四〇時間、残業も含めて四〇―四八時間働いていた。新しい制度の下では、多く働く時もあれば、少なく働く時もあってよいが、年間で合計二〇〇〇時間働くというものである。年間の合計労働時間が定められているので、もし休めばどこかで埋め合わせなければならないし、休まないで働いたり、あるいは余分に働いた人は後で休める。病欠や欠勤が少ない場合、休暇が増えるというインセンティブもある。この制度の根底にある考え方は、「仕事がなされることが重要であり、仕事がなされればよい」という成果主義である。管理はワークチーム単位で行われる。この制度を採用する企業は増えている[41]。

これまで時短に対して懐疑的であった経営者達も、時短の成功例が増えてくるにつれて、経営にとっても利益をもたらす可能性のある新しいアプローチとして時短を見直すようになった。ワーク・シェアリング、すなわち仕事の再配分は、より多くの人々が仕事と生きがいを分かち合うという社会的な目的にも合致している。従業員、経営者双方の利益のために、そして社会全体のために、より多くの職場でワーク・シェアリング政策の導入が検討されるべきである。

以上述べたようにブルーカラーに対しては、雇用の安定、社会的欲求に関わる人間関係面での満足、仕事の編成や勤務体制における自由度の拡大などが有効なインセンティブとなる。さらに本当の意味での従業員の参加を促進するような労働過程の再編成が可能であれば、自律や自己実現などより高次元の欲求に応えることも不可能ではない。第1章で述べたように、経営者が参加型管理を有効に機能させることができれば、従業員から活力とコミットメントを引き出すことができ、ひいては生産性の向上を期待することがいくつかの研究結果によって示されている。

[2] ホワイトカラー下級職およびサービス業雇用者

ホワイトカラー下級職、およびサービス業雇用者は、現在、実に多様な人々によって構成されている。すなわち彼らの従事する仕事の内容はきわめて多岐にわたり、報酬の制度も多様、職場環境もまちまちで、彼らの社会的背景、教育水準、家庭の状況もさまざまである。したがって、彼らを一つの集団としてひっくるめて一般的傾向を論ずることは難しい。

しかし一般的にこうした仕事においては、自分の労働力のみならず、人格をも含めた自分自身を商品化しなければならず、ブルーカラーとは異なった自己疎外がその特性を成していると言われる。今では古典となった『ホワイトカラー』においてC・ライト・ミルズが述べているように、ホワイトカラーの仕事においては、礼儀正しさ、丁重さ、親切、他人の役に立つことなどが生活の糧を得るための手段となる。つまり彼らは時間と精力を売るだけでなく、自分の人格をも売らなければならない(42)。常に他人との協調を強要される状況は、緊張やストレスや葛藤を生み出す。にもかかわらず良い組織人は、敵意を抑え、他人と協調し、表面上は友好的態度を維持しなければならない。つまり従業員は、職場が要求する適切な感情状態や感情表現を作り出すために感情までも管理することを求められる[43]。

こうした職業においては、多くの場合、仕事内容そのものに特に人の意欲をそそるような要因が含まれているとは考えられない。しかし一般には、ブルーカラーに比べてホワイトカラー下級職やサービス職の方が好まれる傾向がある。それは以下のような理由によるものと考えられる。まず第一にブルーカラーに比べて一般に自律的活動の機会が大きい。ブルーカラーが物を扱うのに対し、人や記号を扱い、より知的であり、社会的威信も高いとされている。たとえばホワイトカラー下級職の仕事は、事務職、技術職、製図担当者、会計担当者、販売担当者、下級行政職とさまざまであるが、いずれにしても、働いているという事実ではなく、仕事の中身が、個人の自己評価や誇りを高めるような要因を多少なりとも含んでいるということが重要なのであろう。第二にホワイトカラーは、日常的にしばしば管理職と接触し、彼らの言動を間近に観察する機会も多い。より高い権限と威信を持つ管理職の仕事や組織に対する態度は、下級職の人々にも、準拠すべき規範として学習される。こうして学びとられた態度は、しばしば表面的なものであり、時として誇張されたものであったり修正されたものであったりする。しかし、このような影響のため、ホワイトカラー下級職は、ブルーカラーに比べて自分の所属する組織に対する帰属意識も高く、仕事そのものに積極的な意味を見出す傾向が強い。働く動機についても、ブルーカラーよりは仕事における自己実現を重視する傾向がある。

しかし自己実現の欲求の具体的内容は、個々人の才能、技術、知識によって多様であり、物質的欲求のように機械的に処理することが不可能である。彼らの一人一人がそれぞれに技能や才能を持っていることを認識すると同時に、彼ら一人一人が個別のニーズを持っていることに目を向ける必要がある。彼らの自己実現の欲求を満足し、モティベーションを高めるためには、個々の社員の欲求内容を正確に分析把握し、仕事内容とキャリア展望において、個人と仕事がマッチするように仕事の配分を行うことが重要である。それぞれの個人の能力にとって適度に挑戦的な仕事を与えることによって、自我の欲求や自己実現の欲求など、より高次元の欲求に働きかけることができる。しかし、現実の組織環境の中では、自己実現の欲求を満足させる機会は非常に限られており、この機会をいかに多く創出していくかということが今後の経営の課題である。

現実には、ホワイトカラー下級職およびサービス職の仕事に自発的創造性を生かしたり、自己実現の欲求を満足させる要因が含まれていることは少なく、ブルーカラー職同様、雇用者の社会的欲求に注目することによって内容そのものに意味を見出しにくい仕事に従事することから生ずる疎外感を緩和することができる。また勤務する時間帯をフレキシブルにするフレックス・タイム制度の導入も、このグループの雇用者に歓迎されている。

4 フレックス雇用者

[1] フレックス雇用の増大

この二〇年間に多くの先進国においてフレックス雇用者（期間雇用者およびパートタイム雇用者）の数は増加し続けている。経営の効率化と人件費コスト削減のため、多くの企業では正社員の割合を低くし、代わりにフレックス社員の割合を高くしている。表1は一九八五年から二〇〇三年にかけての日本、アメリカ、カナダ、イギリス、ドイツ、イタリアにおける総就業者に占めるパートタイム雇用者の比率を示すものであるが、アメリカを除くすべ

表1　就業者に占めるパートタイム雇用者の割合

(%)

国　名	1985年			1990年			1995年			2000年			2001年			2002年			2003年		
	総計	男	女	総計	男	女	総計	男	女	総計	男	女	総計	男	女	総計	男	女	総計	男	女
日　本	16.6	7.8	30.0	19.2	9.5	33.4	20.1	10.0	34.9	22.6	11.6	38.6	24.9	13.7	41.0	25.1	14.0	41.2	26.0	14.7	42.2
アメリカ	14.4	8.4	21.5	13.8	8.3	20.0	14.1	8.4	20.3	12.9	8.0	18.2	13.1	8.1	18.3	13.4	8.3	18.8	13.2	8.0	18.8
カナダ	17.2	8.8	28.5	17.1	9.2	26.9	18.9	10.8	28.7	18.1	10.3	27.3	18.1	10.4	27.1	18.7	10.9	27.8	18.9	11.1	27.9
イギリス	19.7	4.3	41.1	20.1	5.3	39.5	22.3	7.4	40.8	23.0	8.6	40.8	22.7	8.3	40.3	23.0	8.9	40.1	23.3	9.6	40.1
ドイツ	11.0	1.7	25.4	13.4	2.3	29.8	14.2	3.4	29.1	17.6	4.8	33.9	18.3	5.1	35.0	18.8	5.5	35.3	19.6	5.9	36.3
イタリア	7.9	3.8	16.6	8.9	4.0	18.4	10.5	4.8	21.1	12.2	5.7	23.4	12.2	5.4	23.7	11.9	4.9	23.5	12.0	4.9	23.6

出典：リクルートワークス研究所「雇用の現状2007年版」，OECD "Employment Outlook".

ての国でその割合は増加していることがわかる。雇用のフレックス化が進む背景には以下のような企業のニーズや労働市場の現実がある。

まず第一に、企業は、雇用のフレックス化により人件費コストを削減することができるし、また労働力の調整を容易にすることができる。非正社員に対しては正社員に支払われる社会保障の費用を支払う必要がないし、また短期間に限定して労働力を補充することができ、法的リスクや財政的負担もなく必要に応じていつでも彼らを解雇することができる。脱工業化に伴う産業構造の変化により、大規模製造業での雇用は減少、代わってサービス、情報、医療、外食産業、大型小売業、人材派遣などの分野での雇用が増えている。こうした産業では、競争の激化に伴い、需要の変動と技術の進歩に対してより迅速に対応しなければならなくなっており、そのためには常に雇用調整を行う必要がある。こうした産業では、ここ二〇年間で雇用のフレキシブル化は急速に進み、必要な仕事の大部分がフレックス社員によってなされるようになった職場も多い。たとえば大型小売業では、必要な仕事の八割がフレックス社員によってなされ、雇用者の九割がフレックス社員といったケースは典型的である。たとえば日本の大規模小売業Ｉ社では、パートタイム雇用者による労働時間の総労働時間に対する比率は一九八八年には四九％であったが、一九九三年には五六％、一九九八年には六七％、二〇〇三年には七七％と増加し、非常に大きな割合を占めるようになった(44)。

第二にフレキシブル化が進む背景には、労働市場の構成が変化していることがあげられる。少子化により若年労働力が減少する一方、働くことを望む高齢者が増え、労働市場に参加する女性も増えた。少子化によって生ずる若年労働力の不足分を高齢者や女性で埋める必要が生ずる。彼らにとって働きやすい雇用の形態を考え、制度を整備する必要が生じた。

第三に人々の価値観やライフ・スタイルが多様化し、人々が望む雇用の形態も多様化しており、雇用のフレキシブル化はこうした人々の仕事に対する意識の多様化に適合する面もある。フレックス雇用者の中身も多様化している。現在その数が急速に増えているフレックス社員の多くは、正社員より賃金の低い時給雇用者であるが、一方では、期間を限定して高度に専門的な知識や技能を提供する高収入の有期契約雇用も増えている。経営環境や技術の変化のスピードが速くなるにつれ、企業では、持ち運びできる（portable）専門技術、知識などを持ったプロフェッショナルやスペシャリストを即時に、また必要な期間だけ雇いたいというニーズが高まっている。企業はこうした人材を、しばしば正社員に比べるとかなり高額の報酬を支払って、期間を限定した契約雇用によって確保する。特に情報、知識産業ではこうした雇用が増えている。有期契約雇用者やパートタイム雇用者を紹介斡旋する人材派遣業者も増え、企業にとってこうした人材の採用が比較的容易になってきた。またこうした人材派遣業者の斡旋を通じた外部へのアウトソーシングも拡大している。

たとえば渡辺が面接調査に訪れた英国の大手石油会社B社の人事担当者は次のような話をした。この会社は非常に安定した大企業で、これまではここに就職したら定年までここで働く人が圧倒的に多く、離職率も一％以下と非常に低かった。しかし最近若い人の間では、考え方の多様化が見られる。三〇歳前後での離職がこれまでに比べると増えており、離職の理由の一つはキャリア・アップとチャレンジのための転職である。たとえば金融、ＩＴなどの分野では、市場で需要の大きい高度の技能を持った人は、コントラクターと呼ばれるエイジェンシー（紹介料を取って期間雇用の職を紹介する業者）を通じて二―三カ月の短期の職を次々に得る人も少なくない。こうした仕事は、不安定であるが報酬が非常に高く、このパターンを選ぶことによって高収入と自由を得ることができる。長期的に組織に所属することによって得られるものは、雇用の安定と、組織の中の社会的関係への参加であるが、こうしたものを必要としない人もいる。また配偶者やパートナーが安定した職に就いている場合は、収入の安定について心配する必要がないので、リスクを許容することができる。

また一方、三〇歳位まで企業で力一杯頑張って、その後は企業を辞めて別のライフ・スタイルを始める人もいる。個人としての達成や、家族との生活を重視するためである。

勤務の拠点が変わったのを機会に、家族の都合で退職する人もいる。こうした理由により最近退職した人の例として、独立して人事コンサルタントになった人、趣味のゴルフに関する知識と経験を生かしゴルフ・コースに関するウェブサイトを作って新しいビジネスを始めた人、慈善団体で働き始めた人などがいるという(45)。

第四に先進国では、長期的に見ると技術革新により労働に対する需要は減少してきており、収入を伴う雇用の数は今後も減少し続けるであろうといわれる（序章参照）。つまり、開発途上国の人々もグローバルな労働市場に参入するようになり、職を求める人の数は増えているにもかかわらず、必要な仕事の量は減少している。世界中の人々が消費する製品やサービスを生産するのに、全世界の労働人口のごく一部を雇用するだけで十分になりつつある。全般的に雇用が失われていく中で、失業の増加を避け、必要な仕事をより多くの人々が分かち合うための「仕事の再配分」という観点からは、フレックス雇用の拡大は、社会全体の福祉にとって肯定的な意味を持つものである。つまり、雇用のフレキシブル化は人々が仕事と生きがいを分かち合うという広い意味での「ワーク・シェアリング」の一環と考えることができる。こうした「仕事の再配分」のメカニズムがなければ、失業の増加は避けられないであろう。

以上述べたような理由により、雇用のフレキシブル化は今後もさらに進むものと考えられる。

[2]　フレックス雇用者に対するモティベーション政策

フレックス雇用の導入の目的の一つは、人件費コストの節減である。たとえば大型小売業I社のケースを例にとると、パートタイマーの時給は八五〇円、同じ仕事を正社員が行った場合、初任給二〇万円で社会保障も含めた人件費は月額三五万円、一時間当たり二二〇〇円となる。つまりパートタイマーは正社員のほぼ半分のコストで済むことになる。

フレックス雇用の導入のもう一つの目的は、ますます多様化する社員のニーズに応えるために雇用形態における多様な選択肢を提供するということである。そこで大型小売業I社では、これまで数十年間にわたって作られてきた様々な雇用形態を整理し、雇用条件による区分を明確化して社員にわかりやすく示すことにした。また同時に「コミュニティ社員制度」という新しい人事制度を導入し、フレックス社員の一部に対し、正社員と同じ資格登用制度を適用することにした[46]。まず以下のように正社員を二つのステータス、フレックス社員を三つのステータス、つまり全社員を合わせて五つのステータスに分け、それぞれのステータスの雇用条件をきちんと整理して社員にわかりやすく示し、個人がそれぞれのニーズに応じたステータスを選べるようにした。

正社員における二つのステータスは、①ナショナル社員（六〇歳定年までフルタイムで働くことができる。海外および全国レベルでの転勤があり、報酬は日給月給）と、②リージョナル社員（六〇歳定年までフルタイムで働くことができる。全国を四つに分けた範囲での転勤があり、報酬は日給月給）である。

フレックス社員における三つのステータスは、①コミュニティ社員（期間雇用でフルタイムとパートタイムがある。転居を伴う転勤はなく、報酬は日給月給と時間給）、②エキスパート（期間雇用の専門職、フルタイムで、転居を伴う転勤はなく、報酬は日給月給）、および③アルバイト（短期間雇用の学生および六〇歳以上のパートタイム雇用者、転居を伴う転勤はなく、契約更新はない。報酬は時間給）である。

現在成長している大型小売業や外食産業では、既存の拠点での雇用のフレックス化はすでに進んでおり、フレックス社員の割合は高い。さらに新しい拠点を設置する場合も新規雇用の多くはパートタイム雇用者や期間雇用者である。必要労働の大部分をフレックス社員に依存しているこうした職場では、今や大多数を占めるようになったフレックス社員に対する人事管理政策が重要な課題となっている。たとえばＩ社では、数年前からフレックス社員に昇進・昇格のチャンスを与え、報酬、フリンジ給付などの処遇面で正社員との格差を縮小する方向で人事制度の変革を進めている。

Ｉ社では一九八〇年代までは、多くの日本企業と同じく、仕事の大半は正社員によってなされ、パートタイム雇用者によってなされる仕事は労働時間ベースで五割以下であった。この時期までは、正社員が「主」で、そのほとんどが女性であるパートタイム雇用者は「従」という原則に基づいて役割が配分されていた。また社内では概してパートタイム雇用者は正社員よりも能力が低いという先入観があり、パートタイム雇用者は能力的に「限界がある」という認識があった。通常パートタイム雇用者からコア・メンバーへの昇格は難しかった。しかし一九九〇年代になるとパートタイム雇用者の比率が急速に増加し、二〇〇三年には労働時間ベースで八割に達するようになり、パートタイム雇用者のモティベーションを配慮する人事政策を検討せざるを得なくなった。

そこでＩ社では、二〇〇四年に先に述べたようなコミュニティ社員制度という新しい人事制度を導入し、同時にフレックス社員にも正社員と同じ資格登用制度を適用することにした。異なった雇用形態、雇用条件の社員を公平に処遇するためには、終身雇用・年功序列を前提とした従来型の日本型経営では対応できない。雇用形態の区分による役割や期待の違いをなくし、能力、意欲、成果により役割や処遇を決定するという「能力主義」、「成果主義」

の導入が必要となる。I社で新たに作られた制度は、正社員とフレックス社員との間に能力の差はないという認識に基づき、能力のある人が「主」、能力のない人が「従」という役割分担がなされ、フレックス社員にもコア・メンバーへの昇格の道を開くようにするものである。

コミュニティ社員もマネジャー職のランク3（店舗では総括マネジャー、副店長、中小型店店長などのランク）までは昇格可能で、そのためには正社員と同じ登用試験を受ける。こうした資格登用制度と能力基準は、コミュニティ社員であれば、全員が対象となる。コミュニティ社員に対しても人事評価を年二回実施している。また教育は最大の福祉であるとの観点から、コミュニティ社員にも正社員と同じ教育訓練制度と教育プログラムを適用する。

入社後昇格するポストである職務I、職務II、職務IIIは「担当」と呼ばれ、ここまではオン・ザ・ジョブ・トレーニング（OJT）を受ければ昇格できる。それ以上のポストに昇格するには筆記試験と面接が必要になる。コミュニティ社員はJ3（売場長、マネージャーなど）という資格に登用された段階で、正社員（ナショナル社員あるいはリージョナル社員）に転換することができる。

コミュニティ社員制度を導入してから、コミュニティ社員の昇進・昇格が増え、パートタイム雇用者にも意欲、自覚、責任感などが生じ、プラスの効果が見られる。しかしまだ、正社員と非正社員の間にはガラスの壁があり、福利厚生、年金、労組など制度の上でも格差は残っている。こうした格差を少しずつ減らしていくことが今後の課題であると人事担当者はいう。

既存の拠点では新しい制度を導入することは難しいので、新しい店舗を作る時に新しい制度を適用することが多い。I社での例を紹介すると、新規店舗を作るにあたっては、たとえばこれまで一二〇〇人の正社員を採用してきたところを、正社員六〇〇人とコミュニティ社員六〇〇人の採用とする。職務I、職務IIなどの低位の職についてはこれまで通りの時給八七〇円を変えないが、マネージャー、店長のレベルのコミュニティ社員の給料を上げる。しかし、正社員には転勤があるがコミュニティ社員には転勤はないなど、両者の勤務条件には違いがあるので、この差を報酬に反映し、バランスをとる必要がある。コミュニティ社員の待遇の改善は重要であるが、コミュニティ社員と正社員を同じ給料にすると転勤のある正社員から不満が出る。そこでたとえばコミュニティ社員の給料を、パートタイム雇用者の年収二七〇万円と正社員の年収四五〇万円の間の三八〇万円に設定するという。

フレックス雇用には多様な勤務形態や雇用条件があり、またフレックス雇用者には多様なライフ・ステージ、ライフ・スタイルの人々が含まれている。フレックス雇用者の処遇を考えるにあたっては、こうした多様な勤務形態や雇用条件の間のバランスに配慮しながら、彼らのモティベーションを高めるための政策を考えていかなければならない。フレックス雇用者の中には雇用の安定を求めている人々も多いが、一方でフレキシブルな雇用形態に満足しており、正社員に課される時間的拘束を望まない人々もいる。雇用の安定を求めている人々にとっては、より安定した雇用形態への移行が動機づけの大きな誘因となる。したがって正社員への昇進のチャンスを与えることによって彼らのモティベーションを高めることができる。

フレックス雇用者の一部は、フレックス雇用の特性である自由に満足しており、特に安定を求めない。彼らは仕事外の領域に中心的な生活関心を持っていたり、生きがいを見出したりしている。また希望する職を探しながら、生活費を稼ぐために一時的にフレックス雇用に従事していることもある。彼らにとっては、フレキシビリティを保ちながら、受け取る賃金に照らして彼らが正当と感じる労働支出をすることで日々のルーチンをこなすことが働く上での基準となる。フレックス雇用者のモティベーションの増進に役立つと考えられるのが、彼らの社会的欲求に注目することである。ブルーカラー雇用者におけると同様にフレックス雇用者においても社会的な側面、人間関係面での満足が従業員の職場満足度の重要な要因となっている。仕事内容そのものに人の意欲をそそるような要因が含まれていない場合には、特にそうである。

メイヨーらのホーソン実験によると、「能率と費用の論理」に基づいて作られた公式組織の内部に、成員間の個人的な相互作用を通して「感情の論理」に基づくインフォーマルなグループや対人的結合のネットワークが自然発生的に形成されるという。このような非公式組織は、コミュニケーションの促進、社会的凝集性の確保、人格統合の保持などの機能を持つとされる。非公式組織は、公式組織とは異なる規範や行動様式を持つことによって公式組織に対してプラスにもマイナスにも作用する。[47]経営者は組織に対する集団的敵意を恐れるあまり、しばしば人間にとって自然な集団性を否定するようなやり方で雇用者を管理することがある。しかし結束力の強い集団は、同数のばらばらな個人よりも、組織の目標を達成する上で効果的であると多くの研究結果が示している。職場において醸成される自然な集団性や社会性をむしろ支援することがモティベーションの増進に繋がるものと考えられる。

フレックス雇用には多様な範疇があり、専門的知識や技能、あるいは経験などを生かすスペシャリストとしての有期契約雇用もある。こうしたスペシャリストとしての雇用に対しては、しばしば高給が支払われる。こうした人々の場合には、雇用の不安定を補って余りある収入が得られるということが大きなインセンティブとなる。また自己実現的な要因も重視され、仕事によって技術や知識を身につけて自己の能力を伸ばすことを期待し、可能性を最大限に追求することがインセンティブとなる。こうした仕事意識はゴールドカラーに近い。

フレックス雇用の増大が労働市場や社会構造に与える影響は複雑で多面的である。現在懸念されている一つの問題は、キャリア展望も将来性もない不安定・低賃金のフレックス雇用を長期間にわたって転々としながら、こうしたサイクルから抜け出せない人々の増加である。さらにこうしたフレックス雇用に従事する人々が下流階層を形成しつつあり、階層間の格差が拡大しているという議論も出ている。(48) しかしながらこうした格差の拡大はまだ検証されておらず、逆に男女あわせた労働人口全体を長期的に見た場合、雇用のフレックス化は格差を縮小する効果があるという研究結果も出ている。(49) フレックス雇用の増加は、女性の労働市場への参入を容易にするため、女性の平均収入を上昇させる効果があり、したがって女性も含めた労働人口全体を見れば平等化は進んでいる。さらに個人の生涯を見た場合、収入水準はかなりの変動を示す場合が多く、生涯を通じて低所得者であり続ける人々が固定化されて階層を形成しつつあるという「格差拡大説」については、現時点では、はっきりとした統計的根拠が見当たらない。第5章で詳しく述べるが、最近の研究によって、予想以上に多くの人々が貧困状態からの脱出に成功していることが示されている。要するに雇用のフレックス化が労働市場や社会の階層構造に与える長期的影響については、現時点ではまだ誰も明言することはできないのである。

しかしフレックス雇用の多くが不安定、低賃金であり、こうした状況の改善が現在社会的に求められていることは疑いを入れない。フレックス雇用者保護のための労働関係法の整備など政府のイニシアティブが求められる。さらにフレックス雇用者の労働組合への加入も彼らの労働条件の改善に寄与すると考えられる。先進国における労組組織率は一般に低下しているが、パートタイム雇用者の中には労組への加入を求める者は少なくない。表1にリストされている六カ国の中でパートタイム雇用者の比率が最も高い日本では、二〇〇五年には、その比率は三〇%に達したが、労組メンバーの中のパートタイム雇用者の比率は三%と低い。パートタイム雇用者の比率が日本に次いで高い英国でもパートタイム雇用者の労組への加入が議論されているが、彼らの多くはまだ労組に加入していない。彼らが安定的なメンバーになることが難しい理由の一つは、加入してもすぐに移動してしまうことが多いということである。しかし一定時間以上働くパートタイム雇用者に労組加入を許可する企業も増えており、フレックス雇用者の労働条件の改善に関しては労組の今後の取り組みが期待される。

5　日本型とアングロ・サクソン型の相互補完的融合――ハイブリッド型モデルへ

本章では、雇用者を四つのグループ、すなわち、①幹部経営者、②ゴールドカラー（管理職・専門職、起業家、コンサルタントなど）、③ブルーカラー雇用者およびホワイトカラー下級職・サービス業雇用者、④フレックス雇用者（期間雇用者およびパートタイム雇用者）に分けて、それぞれのグループに適合するモティベーション政策について考えてきた。ここ三〇―四〇年間に起きた産業構造の変化と社会全般に見られる価値観の変化は、四つの職業階層の意識と行動に異なった影響を与えている。これらの集団は、異なった仕事意識を持ち、異なった動機づけのレベルで作動しており、組織の中で異なった役割を期待されている。彼らを効果的に動機づけるためには、本章で述べてきたように、それぞれの階層の仕事意識と欲求内容を正確に把握し、それぞれに適合する異なる種類のインセンティブを提供する必要がある。

それぞれの職階に対する有効なモティベーション政策を検討するにあたって、人事管理のシステムとしては異質であり対極的な特性を持つとされる日本型とアングロ・サクソン型の諸慣行を比較検討し、両者から有用な部分を取り入れることによって、グローバルに適用され得るモデルの構築が可能である。つまり日本型とアングロ・サクソン型を相互補完的に融合させることによって形成されるハイブリッド（混成）型の人的資源政策のモデルである。

日本型、アングロ・サクソン型、それぞれのシステムのどの部分が有用であるかは職階によって異なっているので、それぞれのシステムから異なった部分を取り入れた職階別のモデルを作成するということである。つまり、それぞれの職階に対して異なったコンビネーションの混成型が出来上がるわけである。

第2章で述べたように、先進国間で比較すると、人々の仕事意識や組織内行動のパターンにおける個別社会相互間の相違は、拡大するのではなく、縮小の方向に向かっている。同じ職階で国別に比較すると「国」による差異はここ数十年間にわたって減少しており、先進国における意識や価値観は収斂する方向にある。この価値観の変化をポストモダン化という言葉で表現することは第2章で述べた通りであるが、多くの先進国は価値観変化の方向性を共有している。本章では、「ポストモダン」という共通の時代状況に即した「ハイブリッド型」の人的資源政策を四つの職階ごとに提示した。

(1)　幹部経営者に対しては、日本型とアングロ・サクソン型の企業統治、それぞれの優れた点を取り入れた政策を用いることによって、それぞれのインセンティブ制度の問題点を是正していく必要がある。日本企業においては、組織内の地位による経済的、社会的格差の小さい従来型のシステムから脱却し、成果に応じて報酬額により大きな格差をつける欧米型のインセンティブ制度への変革が必要である。

(2)　ゴールドカラーのグループは、組織の活性化と新たな価値の創造に最も重要な役割を果たすことが期待される。仕事意識のポストモダン化が最も顕著であり、「自己実現至上主義者」である彼らに対しては、戦略的プロセスに参加させ、自らの企画を実現する機会を与え、成果に見合った報酬を与え、彼らの自己実現の欲求に働きかけることによって創造的能力を引き出すことができる。ゴールドカラー層を動機づけるためには、企業内の階層による格差をできるだけ小さくするという日本的な能力平等主義は、有効ではない。したがって日本企業においては、能力や成果を処遇により大きく反映するような欧米型のインセンティブ制度を導入する必要がある。

(3) ブルーカラー雇用者および事務・サービス業雇用者に対しては、成長と達成の機会をできるだけ与えるべきではあるが、これが常に可能であるとは限らない。しかし仕事そのものに意味を見出しにくい場合でも、彼らの社会的欲求に応えることによってモティベーションを高めることができる。このグループに対しては、伝統的日本型経営の長所である「人間主義的アプローチ」が有効である。

(4) フレキシブル雇用者のグループは、その仕事内容も個人の社会・経済的背景も多様で、一様に論ずることは難しいが、多くの場合、雇用の安定、正社員との格差の縮小などがインセンティブとなる。またブルーカラー雇用者と同様、このグループにおいても社会的な側面、人間関係面での満足が従業員の職場満足度の重要な要因となっている。彼らの社会的欲求に応え、職場において醸成される自然な集団性や社会性を支援することがモティベーションの増進に繋がる。作業内容そのものに人の意欲をそそるような要因が含まれていない場合には、このような人間関係的アプローチを適用することにより、作業そのものに由来する疎外感を軽減することができる。

註

（１）渡辺（1994, pp. 131–161）。

（２）Mclelland（1975; 1976）.

（３）Handy（2002）.

（４）日本企業における職位別の年収についての報告によれば、アサヒビールでは、一般社員（組合員）五五〇万円、三〇代管理職・担当プロデューサー八〇〇万円、三〇代管理職・リーダー九〇〇万円、四〇代所属長一一〇〇万円、五〇代事業場長・部長一三〇〇万円、取締役二九三七万円である。この場合取締役と一般社員の差は五・三倍である。この差は、近畿日本ツーリストの場合三・八倍、みずほ銀行の場合四・六倍、楽天の場合四・七倍、日本航空インターナショナルの場合五・〇倍、ダイエーの場合五・四倍、シャープの場合八・〇倍、三井物産の場合一四・四倍である。渡邉（2006）。

（5）Ellig（1982, pp. 9–10）.

（6）Handy（2002）.

（7）渡辺（1997, p. 108）。

（8）同右。

（9）Handy（2002）.

（10）同右。

（11）同右。

（12）シェアード（1997, p. 125）。

（13）『日本経済新聞』一九九九年一二月二八日朝刊。

（14）日本インベスター・リレーションズ協議会のホームページ（https://www.jira.or.jp）による。外国人株主の持ち株比率と売買シェアの増加については、渡辺（2002）参照。

（15）渡辺（2000）、新保（2006, p. 169）。

（16）牛尾・小林（1997, pp. 72–73）。

（17）Yoshikawa（1999）.

（18）好川らは、一九九八年に上場企業二六社を対象に行ったアンケート調査の結果、銀行借入れ比率の低下が企業行動に影響を与えるという結論を出している。好川（1999）。

（19）渡辺（1994, pp. 121–122）、Inglehart（1977, p. 287）.

（20）渡辺（1994, pp. 108–109）。

（21）内閣府「国民生活に関する世論調査」（二〇〇五年）による。この調査によれば二〇〇一年から二〇〇五年にかけては自己実現を目的とする人の割合が数パーセントずつ減り、その分「お金のために働く」人の割合が増えている。これはバブル崩壊後、経済の低迷が続き、失業率が上昇したため、脱物質志向に歯止めがかかり、一部の人々において物質的欲求の満足が以前よりも重要になってきたためと思われる。

(22) 渡辺（1994, p. 113）。
(23) Watanabe（2005）.
(24) 『世界の統計２００６』p. 298「産業別就業者数」。
(25) 二〇〇四―〇五年に英国において渡辺が実施した面接調査の対象企業には、自動車製造業Ｔ社、自動車部品製造業Ｄ社、乳製品製造業Ａ社、石油精製業Ｂ社、生活消費財製造業Ｕ社が含まれる。
(26) Watanabe（2005, pp. 39–40）.
(27) 渡辺（1994, pp. 111–112）。
(28) 二〇〇四年六月、Ｔ社での人事担当者および従業員に対する面接調査による。
(29) 同右。
(30) 同右。
(31) Mayo（1945; 1960）, Roethlisberger and Dickson（1939）.
(32) Hodson（1996）.
(33) 渡辺（1994, pp. 107, 120, 141）。
(34) 渡辺（1997, p. 116）。
(35) Dore（1973, pp. 75–77）.
(36) 二〇〇四年六月、Ｔ社での人事担当者に対する面接調査による。
(37) Rifkin（1995, pp. 224–226）.
(38) 二〇〇四年八月、面接調査による。

（39）Berg *et al.*（2003）.
（40）Western（2004）.
（41）二〇〇四年八月、A社での人事担当者に対する面接調査による。
（42）Mills（1951, p. xviii）.
（43）Hochschild（1983, p. 14）.
（44）I社提供の資料による。
（45）二〇〇五年八月、B社での人事担当者に対する面接調査による。
（46）二〇〇五年一一月に実施された面接調査およびI社提供の資料による。
（47）Roethlisberger and Dickson（1939）.
（48）Beck（2000b, pp. 1-3; 2006, p. 38）, 三浦（2005）、Shipler（2005）.
（49）Giddens（2000, p. 93）.

（渡辺聡子）

4章　人と組織のエンパワーメント
ポストモダンの組織活性化とは？

経済のグローバル化により市場主義が世界規模に拡張されると、少なからぬ働き手は厳しい競争圧力にさらされ、不安と精神的ストレスに悩まされるようになる。加えて、自己決定と自己責任の論理を無節操に強いられると、人々の意識は無気力と無関心に支配されるようになる。

無気力と無関心は悲観論《ペシミズム》の温床である。力の浪費や徒労感が長期にわたって続いたり、気晴らしをする方法や安んじる機会がなかったりすると、現実に対する不安定でよりどころのない感覚が支配的になり、悲観論は虚無感《ニヒリズム》に転化する。組織メンバーがこうした状態に陥ると、組織はその活力を低下させて弱体化する。「組織にとって社員が最大の財産」であるとしばしばいわれるが、何かにつけて組織の論理が優先されるようでは、社員の悲観論や虚無感を払拭することはできない。「まず社員ありき」ならば、仕事に生きる力を実感し、ことがらを成し遂げた際の喜びを味わえるような組織作りをすることが重要である。

物質的な豊かさの追求が第一次的な関心事であった時代とは異なり、現在のようなポストモダン状況下では、仕事意識や動機づけの基盤は、「所有」（having・持つこと）から「存在」（being・いかに生きるか）へと移行する。

所有関心が支配的な時代には、職場での地位上昇、収入の増加や財産の獲得など、いわゆる「立身出世」が人生の目標となった。しかし、存在関心が高まった今日では、その重要性は相対的に低下している。地位を求めて、あるいは多くの収入を求めて奮闘努力するだけでは、何のための人生かと疑問に思い、人生の虚しさに襲われるのである。仕事に興味が湧き、それに打ち込むことで、自己実現を得ることが不可欠な状態になっている。

人間がほんらい持っている可能性を引き出して、環境変化に右往左往することなく、内から爆発する《内破の力》で絶えず生成変化を遂げること、これが生きる力への意志であり自己実現へと通じる道である。人がこうした力を発揮して企業が活性化するような組織へ転換するには、管理を超えたエンパワーメントと支援の仕組みを組織に導入する必要がある。

また、そのためには組織は創造的なゆらぎを受け入れ、自己変革する能力を備えている必要がある。ポストモダンの組織変革は、環境適応的な変革ではなく自己適応的で自己言及的な変革を要求される。それは組織を外から観察して問題点を指摘し、計画的に変革を誘導するのではなく、組織成員の価値観の変化（ゆらぎ）がシナジーすることにあわせて、組織がボトムアップ的に変化することにあるという意味で、昆虫の変態《メタモルフォーゼ》に喩えることのできる変革である。私はこうした変化の在り方を自己組織化として研究してきたが、変態による自己組織化こそはポストモダンな組織変革の特徴であると位置づけるにふさわしい。これはいわゆる環境適応とは異なり、外（環境）からの影響を受けて自己を変化させるのではなく、変革の原因を自己の内のゆらぎに持つ変化、内破による変化をあらわす。この意味で、脱物質的価値は人々のあいだに内面化された効率や合理性を優先する仕事意識や働き方にゆらぎを発生させ、それらに囚われない高付加価値創造というアイディア探求型の支援組織——脱管理型組織——を要求することになる。

1　ポストモダン転回

一九八〇年代、ポストモダン論は近代社会の地殻変動をあらわす思想として世界的にもてはやされた。そして、一九九〇年代に入って以降、従来の「近代主義」ないし「近代化」という動態的な表現を正面に掲げた、しかも影響力のある書物が出版されることはなくなった。近代を扱う際には、これらの概念に代わって「近代性」という静態的な表現が用いられる。このことは近代の問い直しが主潮流になったことをあらわす。その証拠に、ポストモダン論に否定的な立場をとっている研究者ですら、こうした状況に対応して、再帰的近代化やハイモダニティの議論を展開し、近代が以前とは質的に異なる位相に到達していることを唱えるようになっている(1)。現状の社会をポストモダンと捉えるか、それともモダンの枠内での変化とみなすかで意見は分かれるが、変化の実質的内容について大差がないのであれば、名称の違いは問題ではない。本章との関連で問題となるのは、ポストモダン状況によって、人々の仕事に対する意識と働き方にどのような変化が発生しているかであり、その受け皿としての組織に何が求められるかである。

[1]　ポストモダンとは？

ポストモダンとは、近代のあとにくる、あるいはそれを乗り越えた状況をあらわす言葉であり、モダニズムが現実を捉える力をなくして以降の現実感を総称する言葉である。これを特徴づける精神状態とは、昔こうだと信じていたことが形骸化して、現実がよく見えず、理解もできず、何だかわけがわからない状態になることである。このような新しい現実がいたるところで発生している状態がポストモダンである。たとえば、近代の特徴である合理的な努力の積み重ねが何となく味気なく思えて、気晴らしや戯れで生活してみたい気分に襲われたら、それはポストモダンを体験していることになる。かつてマックス・ウェーバーは近代の本質が「社会の合理化過程」にあることを喝破してみせたが、機能合理化が経済・政治・文化の諸領域に浸透する過程が近代化であった。この潮流に逆流する運動がポストモダンである。

ポストモダン思想が一般に流布するようになったのは、一九七〇年代後半、イギリスの建築家チャールズ・ジェンクスがこの語を用いて以降のことである(2)。この思想は、華美な装飾や無駄をできるだけ排して効率と合理性を追求したモダニズム(機能主義)建築に対する批判から始まった。ポストモダン建築とは、機能を突きつめようとする近代建築に対し、遊び、象徴的表現、自由発想などを取り入れる動きをさす。こうした様式が、一九八〇年代に、建築の分野を超えて、人文科学や社会科学の領域にまで広がり、現代の思想文化の潮流を代表するキーワードとなった。

そのルーツはどこにあるのか。デイヴィッド・ライアンによれば、西洋思想の主流は、中世における神の「摂理」から始まり、それが近代において「進歩」へと置き換えられ、やがて「ニヒリズム」に変化したという。「ニヒリズムはリアリティ(現実)に対する不安定でよりどころのない感覚」であり、ポストモダンはこの延長線上に位置する(3)。

さて、近代的な現実感に綻《ほころ》びが生じている原因のひとつは、電子メディア社会が登場し、モノとその表象のあいだの直接的な対応関係が失われて、従来想定されていた意味作用の在り方が崩壊し(「意味喪失」が起き)ていることにある。表象が確たる実在に碇《いかり》を下ろすことが保証されなければ、現実は基礎的な実体を欠いた記号の断片と化し、浮遊するバブルとなる。

また、ポストモダンは生産を中心とする社会ではなく、消費社会にほかならないことも、現実感に綻びをもたらす原因である。生産の方法を中心に組み立てられてきた社会関係の重要性が低下し、消費が文化と社会に与える影響力が高まることで、計画・管理・最適性など近代の機能合理主義がその効力を低下させている。

さらに、ポストモダン思想が登場した現実社会の条件として、多国籍企業による国境を越えた経済活動とならんで、社会的な営みのグローバル化が進んだことを指摘できる。高度情報化によって、国境を越えた活動のウエイトがますます高まった。もはや従来のように、一国を念頭において経済を考えたり、生活水準を云々したりするわけにはいかない状態である。また、情報通信網の発達で世界は不夜城と化すようになった。国家という枠組みで考える発想が、電子メディアのネットワークがもたらした情報のボーダレス化によって崩れつつある。物は国境で止められるが、情報は越境して人々のあいだに浸透し、思考のボーダレス化を促進する。人の交流、物の交流、情報の交流が国境を越えてグローバル化する潮流は、もはや押しとどめることができない現象であり、一九世紀来の主権国家の発想で一国を運営していくことは不可能になりつつある。

ポストモダンについてはこれまで数多くの議論がなされてきたが、それらは文学や芸術や建築の分野に集中しており、経済や社会についての議論は十分ではない。とりわけ働き方を含む組織論関連の議論にはみるべきものがほとんどない。ということは、組織論が対象とする労働経済分野では、ポストモダンはまだ絵空事にすぎない状況なのであろうか。しかし、それは近代社会の構造が揺るぎない状態にある限りにおいていえることである。文学や芸術など主として文化領域で発生した変化の兆しは、政治や経済など他の社会領域にも波及し、静かな革命をもたらしつつある。

ポストモダンをどのように定式化するかは、論者によりまちまちで定説がないのが現状である。とくに、組織論にこの視点を導入するには、文学・芸術や建築の分野の議論をそのまま転用しても得るところは少ない。ポストモダンな組織を定式化するうえで重要な概念として、次の二点が考えられる。すなわち、脱物質的価値（postmaterial value）と脱分節化（dedifferentiation）である。では、こうした特徴と組織の問題はどのように関連するのか。

[2] 脱物質的価値と仕事意識の変容

一九七〇年代の後半に提起された脱工業社会論に始まり、ポスト物質社会、消費社会、高度情報社会、ポストモダン社会、電子メディア社会など、さまざまに形容される社会論が提出され、近代産業主義パラダイムでは時代の変化を適切に捉えることができないとする指摘が数多くなされた。なかでも、ロナルド・イングルハートが提起した脱物質主義は、新たな社会潮流の底流に存在するものであり、人々の価値観が物質的な生活満足よりも、自己実現や非拘束感など「生き方」を重視する傾向が強まっていることを示す(4)。これはポストモダンの組織を考察するうえで重要なテーマのひとつである。

また、ポストモダンは生産を中心とする社会ではなく消費社会である。かつて、高度成長期にも消費社会が問題となったが、それは大量生産と大量消費を基礎にした大衆消費社会であり、比重は生産のほうにあった。生産を中心とした職場や商取引における人間関係が重要性を持った。消費社会というのは名ばかりで、生産があってこその消費で、消費サイドから生産にとやかく注文をつける状況ではなかった。ところが、生活に必要なあらかたの消費財が普及することにより、生産の消費に対する優位が崩れ、消費サイドから生産への割り込みが始まって消費社会が到来した。

消費社会は、消費の在り方が文化や社会に与える影響力が、生産のそれよりも大きくなった（なりつつある）社会のことをいう。その特徴は、人がただ物を買うのではなく、物と一体化した象徴的イメージ（意味）を買うことにある。つまり、デザイン、アイディア、装飾など記号によって付加された象徴的価値が消費の対象となり、記号消費といわれる現象が支配的になることである。記号消費では従来の物は記号と化（融合）し、物＝記号＝意味という図式が成立する。消費の対象は人々を差異化する記号の体系に重点が移行する。

じっさい、現状の消費社会では、他社の商品に差をつけるために、細かな、微妙な差異をとめどもなく作り出している。それは単なる「差異化の戯れ」にすぎないといわれたり、象徴的意味としての文化を世俗化する堕落現象だともいわれたりする。こうした批判は一面では的を射ているが、象徴的意味を商品化することが文化の堕落なのではない。それは文化的な意味の消費を大衆化しようとする試みである。それはまた、一部の芸術家や作家に独占されていた文化活動を、一般大衆に開放する動きでもある。

広告やコピーやデザインを低俗な文化とさげすむ貴族趣味の感性は、象徴的意味の独占を願う権威主義を反映したものである。象徴的意味の消費に向かい始めた消費者は、なまじっかな芸術作品では納得しなくなる。専門家と素人の落差も縮まって専門家が安穏としていられない社会、これがポストモダン社会である。こうした消費社会変容は、文化と経済の関係の見直しをせまり、とくにこれまで機能分化を遂げてきた両者が再融合する可能性を高める。

ポストモダンの特徴である脱物質的価値の高まりは、人々の社会的関心が「所有」（having）から「存在」（being）へと移行したことを反映したものである。冒頭で述べたように、所有関心とは、「持つこと」への関心であり、所得や財産や社会的地位・権力など、物質的な報酬あるいは地位達成を中心とする関心である。これに対し、存在関心とは「いかに在るか」への関心であり、物の所有には還元できない生き方やアイデンティティや生の喜びを重視する関心である。

人々が物の豊かさを渇望している時代には、所有関心が存在関心を凌駕するが、豊かさの下支えがなされると、両者のウエイトは相対的に存在関心に移行する。じっさい、現在では、日本を含む先進社会は物質的必要からかなり解放されている。必要なものは選択の対象になり、物質的な欠乏感に制約されることは少ない。物の生産と流通から情報と文化資源の生産と流通が主たる価値源泉に移行しつつある状況下では、アイデンティティの位相が「所有」から「存在」へと移行し、所有関心に基礎を持つ社会の仕組み――効率や合理性の追求――だけでは機能不全に陥らざるをえない。というのも、存在は普遍的で抽象的な認識に依拠した機能性によって支配されるのではなく、生きる「意味」によって問われるべきものだからである。

現在人々が欲しているのは物質的な豊かさではなく、存在の豊かさ、すなわち人生の意味づけである。いま市場で人気を博している商品は、徹底的に有用性を追求した低価格商品か、これとはまったく逆に他人との差別化をはかる個性的商品である。機能性・有用性を満たしてくれることを期待する商品は価格競争が激化する一方で、自己の存在の意味を高めたり、人生の付加価値を高めたりする商品は、価格にあまり左右されずに売られている。これは、人々が所有ではなく、存在の豊かさを欲している証左といえよう。

所有関心から存在関心への重心の移行は、豊かな社会の到来と脱工業化の波が世界的な規模で話題となった一九七〇年代後半より、静かにしかも着実に進んできたものである。先に指摘したように、イングルハートはそれをポスト物質社会の到来と呼び、物質的価値から脱物質的価値への転換という「静かなる革命」が進行していることを強調した[5]。

脱物質的価値の高まりは、端的にいえば、価値観が「物の豊かさ」から「心の豊かさ」へと移行することにある。一九五八年から実施されている内閣府の調査「国民生活に関する世論調査」によれば、「物の豊かさ」よりも「心の豊かさ」を重視したいと考える人の割合は、一九七九年に「物の豊かさ」を抜いて以降、確かな傾向となった。その後、八〇年代に所得格差や賃金格差の高まりがあり、バブル経済が崩壊して九〇年代には長期の不況が人々の生活を襲ったにもかかわらず、「心の豊かさ」重視の基調は維持され、両者の差が拡大し続けている。そして、二一世紀に入って「心」志向は「物」志向のおよそ二倍になった(6)。生活が苦しい、やりくりが大変であるという状況が、「物の豊かさ」重視に向かわない。この事実は、多くを持つことより生きがいを求めたい、所有より存在が大事である、人生の意味や生きる値うちが重要である、といった脱物質的価値の高まりがすでに定着していることの経験的証左である。

近代社会では、長らく所有が存在を規定するという因果関係が想定されてきたが、ポストモダンではこの関係が弱まり、後者が前者に対して恣意的に振る舞うようになる。ダニエル・ベルによれば、脱工業社会への移行の帰結として、機能性を重んじる経済領域と自己実現を原則とする文化領域のあいだの矛盾が顕著になり、「任意の社会行動」が増加する(7)。従来、買い物の習慣、子供の教育、趣味、投票行動などは、社会階級や地位によってかなり異なっていたが、この前提が次第に通用しなくなることである。

ポストモダンの政治経済学の課題について、スコット・ラッシュは文化を経済の部分そのものとして考察すべきであると主張する。それは、生産による蓄積の体制がますます意味作用の体制へと転化しつつあることから要請されるものである。経済と文化は融合し、浸透しあうようになっており、両者を分離して考えることができなくなっているとする。このことは、教育、マスメディア、広告、映画、出版、レジャー・観光、スポーツ、ミュージックといった文化産業の重要性の高まりに見られるが、単に文化が産業の対象とされるだけでなく、生産様式そのものが文化的になることをあらわす。消費社会の特徴は、生産の場や関係に文化が侵入し、それらを変容させることにある。いわく、

……全生産財のなかで、圧倒的な比率を占めて増大しつつあるものが文化的な財なのである。要するに、生産手段が次第に文化的なるものになりつつあり、また生産関係もどんどん文化的なものになっているのだ。こうして、生産関係は、今日では多くの場合、物質的生産手段によって媒介されずに、むしろ近年、経営者側によって大規模に導入されている「QCサークル」や「チーム・ブリーフィング」に例証されるような、労使間のコミュニケーションの問題であり、言説世界《ディスコース》の問題となっている(8)。

生産関係が生産手段によって媒介される状況のもとでは、手段的な価値を優先することが求められるが、それが文化的なものにも媒介されることになれば、手段的価値を主たる基準にするわけにはいかなくなる。というのも文化とは、表象や象徴など意味作用にかかわるものであり、必ずしも目的手段図式にしたがわないからである。社会的な価値づけのウエイトが生産から消費の側面へと移行することは、生産のなかに消費行動に似た構造が導入されねばならないことをあらわす。すなわち生産活動において、消費需要を自明のものとすることはできず、それが何であるのかを探求することに多くの力をさき、これを的確に商品のかたちにしなければならないことである。このような作業には、表象や象徴による意味作用を商品に組み込む試みが重要になる。であるからこそ、ラッシュがいうように、生産の場におけるコミュニケーションや言説世界の問題が重要になる。大量生産を支えたフォーデ

ィズムが、多品種少量生産というフレキシブルな生産体制としてのポストフォーディズムへと転換したことは、意味作用が支配する消費社会の、生産場面への影響を象徴していよう。じっさい、企業は効率よく物を生産する場所であるだけでなく、それ以上にコミュニケーションや文脈性が重要となり、企業は文化の場であり市民との交流の場となりつつある。

脱物質的価値に対応する欲求は《自己実現》の欲求である。自己実現の欲求とは、自己の潜在能力の可能性を実現すること、自己を生成し自己発展と内的成長をめざそうとする欲求のことである。渡辺聡子は、脱工業化という産業構造の変化にともなう価値観の変化をポストモダン化として捉え、その仕事意識あるいは労働倫理の中心的要因として「自己実現至上主義の台頭」を指摘している。彼女によれば、自己実現至上主義のもとでは、仕事は生きがいを与えるものでなければならず、また自己発展のプロセスでなければならない(9)。自己実現の欲求は、アブラハム・マズローのいう欲求の五段階、すなわち生理的欲求、安全の欲求、社交の欲求、尊敬の欲求、自己実現の欲求の最高位に位置する(10)。そして、自己実現欲求のもとでは、名誉、地位、報酬、人気など他人から与えられるものは、それほど重要性を持たない。新たに生成しつつある自己を確認する願望、すなわち存在の意味への願望が支配的である。

渡辺はこのような仕事意識の変化に加えて、(1)権威の正統性に対して無条件に服従せず、(2)組織の権利よりも個人の権利を重視し、(3)組織の指導者に対して異議を唱えることに抵抗を感じないなど、ポストモダンな価値観の変化が一九七〇年代以降、人々のあいだで進行しているとする(11)。そしてこうした仕事意識の変化を、日本だけでなく英国・米国との比較分析を通じて検証し、経済活動のグローバル化が進むなかで、多国籍企業が直面する多文化経営の難しさを指摘している。

マックス・ウェーバーの官僚制やフレデリック・テイラーの科学的管理法が定式化した組織モデルの人間像は、物質的報酬を求める労働者であり、マズローの欲求の五段階説では主として生理的欲求と安全の欲求を求める人間に対応する。また、その後に展開された人間関係学派の議論やチェスター・バーナードとハーバート・サイモンの組織論では、それらより高次の欲求である社交の欲求、尊敬の欲求までが考慮されていると考えられるが、自己実現の段階に対応した組織形態の考察までには至っていない。また、自己実現という仕事意識への変容に対応した組織形態として、これまでQCサークルやワーク・チーム方式による労働者の経営参加が試みられたが、自己実現意識を持った労働者を適切に動機づけ、士気を高めるまでには至っていない。

[3] 脱分節化と柔軟な専門化

近代の特徴は高度に機能分化を遂げることにある。これに対しポストモダンは、近代的な分化の徹底化により、まさにそのことによって《脱分節化 dedifferentiation》が起きることを主張する。たとえば、女性に対する男性の優位、素人に対する専門家の優位など、近代社会が機能的見地から作りあげてきた権威主義的な二項対立が崩壊しつつあるが、こうした暴力的な位階序列の機能分化を融解し、その境界を取っ払うことで、もう一度、分化の在り方を問い直す動きが脱分節化である。

(1) 近代的分化の問い直し

近代的な機能分化は多くの場合、価値づけ、権威づけをともなっており、分化した後、一方を価値的に高いものと位置づけ、他方をそれよりも劣るものと位置づける傾向がある。たとえば、専門家と素人の区別がなされた場合、専門家のほうが偉くて、素人はその指示に黙ってしたがっていればいい、といった価値づけが存在する。また、男女の性役割分業には、男性は外に出て働き、女性は家庭を守っていればよいとする価値づけがともなっている。脱分節化は前近代の未分化な状態に復帰することを意味するのではない。高度に分化を遂げた結果として引き起こされる融合現象として理解すべきものである。近代化の過程で社会は高度な機能分化を遂げたが、これを完全に否定したり廃止したりすることは不可能である。われわれは分業により集合的努力を組織化することで、個人の力だけでは達成不可能な水準の生活を営めるようになったのであり、こうした社会分化を全否定することは、これまでに獲得した生活の質を台無しにすることである。

脱分節化は機能に偏向しすぎた分化について当てはまる議論として限定的に捉えられるべきである。近代社会の分化過程は、主として成果志向的な視点からの機能分化に偏向するかたちでなされてきた。このため、成果に囚われない活動に対しては、それを社会の主要な舞台から隔離ないし排除する結果をもたらした。であるからこそ、職業的地位や所得水準が人々の達成度をあらわす指標とされ、それ以外の人間関係は第二義的なものとして位置づけられがちである。脱分節化はこうした機能分化に対する問い直しとして発生している。

近代社会の分化過程は、成果志向的な機能分化に焦点を当てすぎた結果、生活世界に対しては、生活諸領域の分断化という副作用をもたらした。さらに、近代社会は高度な分化を遂げることにより、どの部分システムもシステム全体を制御できない状況をもたらしている。ということは、現代において、近代社会は頂点もセンターもない社会になっているということである。ゆきすぎた機能分化に対する警告を発することで、文化的自覚を啓蒙するペーター・コスロフスキーは次のように述べる。

社会学において支配的な、機能的システム論が見落としているのは、分業の度合にも極大点があること、そして、それとともに分化の極大点もあることである。この点を超えると、過度の分化は機能喪失につながる。あるいは、外的、内的環境の攪乱に対する、社会組織の極端な脆さにつながるのである。[12]

コスロフスキーは脱分節化という表現を用いるのではなく、分化した諸領域のあいだの有機的な連携と相互浸透の重要性を指摘する。とくに、学問、経済、芸術のあいだの相互浸透がポストモダンの重要な課題である。学問や経済や芸術の各分野における過度の専門分化もさることながら、それ以上に、これら三つの分野が分断されることで、生活世界の一体感覚が失われ、諸機能の成果すらもうまく調整できなくなってしまったという。高度な分化による機能喪失は、分化についての境界条件を定める努力を怠ってきたモダニズムの逆説である。

(2) 労働分野で高まる脱分節化

脱分節化の現象は主として経済と文化のあいだで進んでいる。たとえば、労使協議制によって会社の方針を決めること、産学協同によって研究開発を進めること、労働者の自主管理を高めること、職住分離を止めること、企業経営の倫理やモラルを問うこと、コーポレート・アイデンティティや企業文化の意識が高まっていること、などである。これらは本格的なポストモダンの脱分節化とはいい難いが、その端緒となるものである。さらに、生きてゆくための労働に代わって生きがいとしての仕事の比重の高まり、サービス経済化にともない労働内容が知的・創造的なものに変化することで労働と余暇の区別がはっきりしなくなる現象、働きがいのある職場を求めて転職したり職場環境の改善要求が高まったりする現象も脱分節化とみなしうる。

先に指摘したように、ポストモダンでは、企業は効率よく物を生産する場所であるだけでなく、それ以上に成員のコミュニケーションや人間関係の文脈性を重視する場所である。企業は文化の場であり勤労者の交流の場とならざるをえない。ボランティアやNPOやNGOの活動が高まりをみせているのは、働くことの意味空間の拡張を主張する文化的な視点の、経済領域への侵入であり、伝統的な経済と文化の脱分節化といえるであろう。

以上のような、文化と経済の相互浸透をポストモダン現象であるとする考え方に対しては、産業化論者から次のような反論が予想される。すなわち、これらは文化と経済の相互依存関係を述べているにすぎず、それは産業主義の発想にほんらい含まれているものである。豊かさの水準が高まった高度産業社会では、生活の質が問題になるという意味で、こうした相互依存が重要になるから、あえてそれらをポストモダン現象と呼ぶ必要はない、と。しかし、物質的に豊かな社会が訪れた状況において、生産の視点だけでなく、働くことの意味とコミュニケーションが強調されることを、産業化の論理から導くことは困難である。コスロフスキーのいうように、「場合によっては、実質収入の減少があっても、労働の意味に対する欲求とコミュニケーションの必要とを、よりよく満足させられるような生産形態」を考えざるをえない状況が訪れているのである[13]。

ポストモダンを「脱分節化という特性を有するところのひとつの意味作用の体制」と位置づけるラッシュにとって、ポストモダニズムとは文化パラダイムの問題である[14]。彼は、ポストモダニズムは文化事象間の諸関係、文化と社会の関係、文化の経済、ならびに意味作用の様式という四つの構成要素からなるとし、主として文化領域における脱分節化を中心に論じている。文化産業の発達によって、文化の商品化が進み、文化と経済の境界が崩れるとともに、高級文化と大衆文化の境が明確ではなくなること。芸術や音楽はテレビの広告の対象となり、文脈をはぎ取られ、断片化され、意味の統一性が破壊されてアウラ的性質を失うこと。作者と読者、演技者と観客の区別が崩壊すること。要するに、脱分節化とは近代的な機能分化の反転作用であり、従来の意味作用の体制を崩壊に導くことである。

……モダニズムと近代性《モダニティ》が分化の過程から、あるいはドイツの社会科学者が *Ausdifferenzierung*〔分化・差異化〕と呼ぶものから結果されるのであれば、その時ポスト・モダニズムはもっとずっと近年の脱分節化あるいは *Entdifferenzierung* の過程から結果される、と私は考える。この意味で、芸術作品からアウラを流出させるポスト・モダニズムの企ては、脱分節化である。脱分節化はまた、作者をその作品から分離したり、オーディエンスをパフォーマンスから分離することへのポスト・モダニズムの拒否にあらわれている。つまりポスト・モダニズムは、文学と理論とのあいだの、高級文化と民衆文化とのあいだの、厳密に文化的なものと厳密に社会的なものとのあいだの、境界を侵犯する。(15)

ラッシュにとって、脱分節化はポストモダニズムの基本原理である。しかし、彼の脱分節化は文化領域に偏向しているため、社会領域でのそれがあまり明確ではない。もっと社会経済的な観点からの脱分節化を指摘すべきであろう。

たとえば、男性と女性の位階的な区別にもとづいた性別役割分業の反転が指摘されるべきである。フェミニズム運動の高まりによって、男／女というジェンダー役割の脱分節化が進んでいる。フェミニズムは近代の所産である性別役割分業からの解放を訴え、男女対等な社会進出を要求してきた。男性は仕事、女性は家庭という固定的な機能分化は融解してきている。また、これと平行して、男性が女性化し、女性が男性化して、両性具有《アンドロジナス》の傾向が出てきている。男性が女性以上にきちんと化粧するようになっているのも、脱分節化のひとつの流れである。

政治の分野でも脱分節化が起きている。政治とは、近代的な発想では国家に属する営みといわれてきたが、最近の新しい社会運動の多くは、原発反対、命を守る運動、エコロジー運動、公害反対運動など、労働組合や政党の回路を通して誘導されることがほとんどなく、危機にさらされた生活様式の防衛、意義のある存在をめぐって市民社会で燃え上がっている。政治は国家に帰属するという発想が崩れ、市民社会や生活世界にも帰属する流れが発生している。

さらに、正常と異常の区別もつきにくくなっている。たとえば、近代医学では病気であるとも病気でないともいえない症状が増えており、これらについては「症候群」と命名されている。自然と人工の区別もつきにくくなっている。生活行動の時間帯においては昼夜の区別がなくなり、世界は不夜城と化しつつある。要するに、近代社会が前提としてきたさまざまな区別が融解し、脱分節化が起きている。

こうした事例はいくつでも追加できるが、それだけでは事態はいっこうに明らかにならない。ラッシュの文化的な脱分節化の議論は説得的で興味深いが、問題は何故こうした脱分節化が起きているのか、それをもたらしているメカニズムは何かをきちんと説明することである。彼はそのアイディアとして、「社会の中への表象の浸透」を指摘したうえで、次の四つの側面からの説明が有意義であるとする。すなわち、ブルジョア・アイデンティティの再安定化の問題、労働者階級の断片化、建造物環境とくに都市におけるその問題、文化の政治経済学である[16]。これらはそれぞれ重要なテーマであるが、脱分節化の基本的なメカニズムについての理論化を、意味作用の体制という視点からきちんと整備することが求められる。とくに、電子メディアの役割とコミュニケーション様式、メディア表象とリアリティの関係、アイデンティティ問題、社会編成の在り方など、従来の社会理論で扱われてきた中心テーマと関連づけて論じることが必要である。

（3）　組織経営に見る脱管理の兆候

一方、経営管理の分野でロバート・ウォーターマンは、『エクセレント・マネージャー』において、「指導つき自治システム」と呼ばれる方法を提案している[17]。これは社員をやる気にさせる組織作りとして提出されたものであり、その基本的な考え方は、必要な情報と資源を与え、目標を伝えるだけで、あとは成員に自由にやらせるというものである。その骨子は、リーダーはどのようなゲームを、どのようなルールで、どこの競技場で、どのような境界内でおこなうかを決めるだけで、後は、成員に彼らなりのやり方でゲームをおこなうよう任せることである。そこにあるのは、役割分担や専門分化を、あらかじめ決められた枠に押し込めるのではなく柔軟にすること、および可能な限り管理を緩めるという発想である。

ウォーターマンは、成功する企業の条件として企業文化の重要性を指摘するとともに、優良企業は次のような特徴を持つ傾向があるとしている。(1)良好な企業は組織を小規模の事業部制に分割して顧客と密着した関係を持つことを重視している、(2)短期的な業績評価だけで従業員を評価せず、長期的な指針を持っている、(3)ハイアラーキー組織を採用していない、(4)マネージャーのエンパワーメントに力を注いでいる、などである。要は、資本力や生産プロセスよりも組織の在り方が成功の鍵を握るとしていることである。とくに、従業員や中間管理職の士気を高める仕組みが重要だとする。

マーカス・バッキンガムによれば、エクセレント・マネージャーの資質には共通するものがあるとする。それは、部下の長所を見抜いて、「あるきっかけを与えることでこれを開花させ」ること、および従業員の「個性を尊重する」能力に優れていることである。凡庸なマネージャーは部下を枠にはめて扱う傾向が強く、従業員の個性を殺したり、長所を抑え込んだりしてしまう[18]。

他方、カリスマ的なリーダーシップを発揮する管理者を固定せず、メンバーがそれぞれの個性と能力に応じて相互にリーダーの役割を担い、一丸となって組織使命の遂行に献身できる仕組みで注目を集めている集団がある。それは一体どんなもので、どうすれば可能か。ハーベイ・セイフターとピーター・エコノミーは著書『オルフェウス・プロセス』で、オルフェウス室内管弦楽団の三〇年にわたる経験をもとに、そのツボを指南する。(19)

オルフェウスは、二七人からなる楽団である。結成以来、指揮者のいないオーケストラとして手腕を発揮し、世界で名声を博してきた。個人がそれぞれの能力を十分に発揮しながら高い創造性を生み出している点が評価されている。では、指揮者のいないオーケストラがどうして見事な音楽を奏でられるのか。その秘密が「リーダーシップの合奏」にある。この楽団では、演奏する楽曲ごとに「コア」集団を作って、この集団がリーダーシップを発揮し、演奏後の反省会など、従来の指揮者が全権を握ってきた作業を皆で分担し合うのである。そしてリーダーシップを固定させないために、楽曲が変われば「コア」集団を交代する。こうしたプロセスを経ることで、権力が分散したフラットな組織と相互エンパワーメントの仕組みが実現する。結果、各人の持つ才能が最大限に発揮され、組織への関与・忠誠心や職務への献身度・責任感・満足感が高まって、演奏成果が向上するという。

要は、全員がリーダーであるとする組織経営を採用しており、指揮者と楽団員という役割分業を廃止して、全員が全体のことを考えて行動するプロセスを持った自律的な組織作りをしている点が特徴である。上意下達の経営管理を常態とする企業組織では、なかなか実効性のある変革も進まない。オルフェウス・プロセスが掲げる原則は、脱管理型組織を考えるうえで示唆的である。仕事をしている人に役割の明確化と権限と自己責任を持たせること、リーダーシップを固定せずに平等なチームワークを育成すること、これらを通じて職務への献身を引き出すことである。

今日、経済の知識集約化が進むなか、かつての最高経営責任者（ＣＥＯ）を頂点とした大規模なヒエラルキー組織は、従業員や組織の行動を著しく制約し、従業員の士気を削いで創造的な営みを引き出しがたい状態になりがちである。二〇世紀初頭、科学的管理法を提唱したフレデリック・テイラーは、人間よりもシステムが優先されねばならないと述べて、効率的生産のための仕組みを定式化したが、時代は変わった。これまではシステムが優先されてきたが、これからは人間が優先されねばならない。オルフェウス・プロセスには、人間優先の力強いメッセージがあるといえるだろう。

（４）柔軟な専門化――第二の産業分水嶺

「柔軟な専門化 flexible specialization」は、科学的管理法にもとづくフォーディズムに代わって登場したポストフォーディズムのキーワードである。科学的管理法は、無駄を排除し、工程や生産方法の改良によって生産性を向上させ、主観的・恣意的判断を排除する管理の方法である。この理論は組織の構成員である人間を、命令を受けて作業を遂行する生産用具、すなわち機械とみなす。それは、機械を改善して機械の効率を上げるのと同じように、時間的動作研究や職能的組織の原理をつうじて、人間の作業能率を向上することを意図したものである。作業の効率的方法を規格化することによって合理的な標準時間を設定し、それにもとづいて労働者を管理する。[20]

これに対し、「柔軟な専門化」は、市場の多様化に柔軟に対応した生産を実現する試みから提唱されたものであり、フォーディズム的な画一的大量生産から多様なニーズに対応する多品種少量生産への移行を唱えたものである。[21]こうした移行を、マイケル・ピオーリとチャールズ・セイベルは、一九世紀末の大量生産技術の登場に匹敵する『第二の産業分水嶺』として捉える。「柔軟な専門化」による技術体制とは、規模の経済にもとづいた大量生産システムの超克をめざして、範囲の経済にもとづくクラフト的生産体制への移行をはかることにある。彼らによれば、物の豊かさが一定程度達成されると、人々の嗜好の個性化・多様化が進むため、製品の市場規模の収縮傾向が発生する。こうした状況は、コスト削減を標準化によって達成しようとする大量生産システムを脆弱化させる。これに対し、柔軟な専門化では、独自の技術やノウハウを持った諸種のクラフト集団が専門工程に特化して、多種多様な製品企画にふさわしい工程を柔軟に組み替えることを可能にする。要するに、クラフト的生産体制の特徴は嗜好が劇的に変化する需要に対して、生産方法の柔軟な切り替えによって対応をはかることにある。

同様のことは労働の在り方にもあらわれる。ピオーリとセイベルによれば、大量生産が労働の非熟練化をめざす専用機を導入するのに対して、クラフト的生産では生産工程の迅速な切り替えが必要なために、広い用途に使用できる汎用機の導入が推進される。彼らによれば、この機械化は、専用機の導入とは異なり、労働者の熟練を剝奪するのではなく、むしろ積極的に必要とする機械化である。その代表がコンピュータを用いたＮＣ工作機械であり、彼らはコンピュータを用いた新しいテクノロジーが「多くの場合、人間の技能を代替するのでなく、むしろそれを拡大する」という[22]。

柔軟な専門化が試みられた場所としては、「第三のイタリア」やシリコンバレーが代表的である。第三のイタリアとは、トリノやヴェネツィア、ボローニアなど、中小企業や職人による繊維、皮革、宝飾、家具、陶芸などの地場産業としての伝統工芸が発達しているイタリア北・中西部都市のことをいう。シリコンバレーはアメリカ西海岸にあるハイテク企業集積地である。

柔軟な専門化の特徴は、とくに第三のイタリアのそれは、集積地における中小企業群の活動を最適化させるために、各企業の独自の職能技術を柔軟に編集するオーガナイザー企業が存在することにある。オーガナイザー企業は、ファッションと流行のマーケッティングをおこない、新製品の企画とデザインを立案するクリエーターの役割を果たす。地域に存在する諸種の職能集団の熟練技能をベースにして、さまざまな職人たちに注文を出し生産体制をコーディネートする。また、市場のニーズに対応して工程の柔軟な組み替えをする。かくして、消費者ニーズの変化に対応しつつ多彩な製品を供給する、多品種少量生産の体制が形成されたのである。

ただし、低賃金労働による開発途上国の追い上げにより、一九八〇年代以降、高付加価値のクラフト的生産を高められない企業は淘汰され、集積地内の工程連鎖の弛緩が見られることも事実である。また、ハイテク産業化による技能代替が進む側面もあらわれており、予断は許さない状況ではある。しかし、「柔軟な専門化」は固定したものではない。絶えず新たに変化の芽を見い出していかざるをえない。

今後、柔軟な専門化は新しいＩＴ技術の発展によって新たな展開を遂げることになるであろう。現在では、コンピュータによって制御されたプログラムをちょっと変えるだけで新しいデザインや製品を作ることができるようになっている。このことにより企業は、従来の大規模で中央集権化した官僚組織ではなく、小規模な会社の連合体へと変質する傾向にある。それは小さいことが良いことだからではなく、大きいことがコスト高で柔軟性に欠けるからである。こうした柔軟な専門化は多くの労働者にとって、現場への参加と仕事満足を高める結果をもたらすことになる。また、ポストフォーディズムの拠点となった、第三のイタリアやアメリカ西海岸のシリコンバレーに見られるように、柔軟な専門化による企業の地理的集積は企業と地域社会の統合を可能にする利点をもたらしている。さらに、産業の地理的な集中は、地域内の住民、企業、自治体、教育研究機関などによる協調的な相互作用によって、経済効果も発揮される利点を持っている。

以上のように、ポストフォーディズムの柔軟な専門化は、従来型の専門化による仕事の細分化とその硬直性を見直す作業として重要であり、ポストモダンな脱分節化に相当する。消費社会の登場によって、企業は消費者の多様なニーズに対応することを余儀なくされるが、このために生産現場における柔軟な専門化が必要になったのである。

柔軟な専門化の潮流は、カール・マルクスが労働疎外として位置づけた、労働の無力感、意味の喪失、孤立感をある程度、克服する可能性がある。というのも、この潮流により、労働のリズムを自己管理し、自分の仕事が全体にどう組み込まれているのかを理解する傾向が高まり、仕事に目的や意味といった感覚を取り戻し、自分が作り出した生産物への一体化もかなりできるようになるからである。このように、柔軟な専門化はポストモダンの重要な組織原理であると同時に、仕事に自己実現を求めるための基礎でもある。従来型の企業組織では、メンバーは上司であれ部下であれ、自己の成果を上げることに焦点があり、相手を出し抜いてでも地位達成することが成功の条件であった。しかし、ポストモダンな時代における成功は仕事を通じての自己実現であり、働き方はより文化的な生き方を享受する方向に移行する。自己の可能性を高め創造的な生き方を求めることは、他者を出し抜くことではない。

しかし、柔軟な役割関係だけでは仕事において自己実現欲求を満たすことは困難である。というのも現在の企業活動は、消費者ニーズの高まりにより高付加価値を創造しなければならない状況になっており、これを探究することが重要な課題だからである。そのためには簡単で単純な作業ではなく、専門性の高い「多能工」（multiskilled worker）の作業が要求される。このような活動に管理は馴染みにくいが、だからといって管理を極小化するだけでは成果は期待できない。管理に代わる前向きな原理が必要である。

2 管理から支援へ――人材のエンパワーメント戦略

近代社会は社会の合理化過程としての官僚機構の拡大、生産性向上のための経営管理の導入、市場への行政的介入などの管理装置の充実を進めてきた。これらは、一方で豊かな社会の実現のために多大の貢献をなしたが、他方で機構による管理が肥大化して自己実現を阻害し、社会の活力を低下させる結果をもたらした。現在、求められているのは管理を前提としない組織や社会の運営はいかにして可能かを問うことであり、その戦略的概念として支援の導入が不可欠なことである。

[1] 管理の限界

一九八〇年代、ゆきすぎた管理機構のひずみが集中的にあらわれ、その問い直しが進められた。西側先進諸国では、政府の干渉をできるだけ排除して、自由競争の原則を貫くために、減税、小さな政府、福祉の見直し、規制緩和などが進められた。人間の活動は上から管理しきれるものではない。また、管理の肥大化を進めると、そのための膨大なコストがかかり、これが国の予算を圧迫し、赤字財政となって跳ね返る。さらに、ゆきすぎた管理は、行儀のよい無気力な役割人間を再生産する。そのような人間から、革新のための創造的なアイディアはでにくく、その結果、社会の活力が損なわれる。

こうした反省は、財政危機や官僚制の硬直化、政府への依存体質の高まりなど、いわゆる「政府の失敗」に対する反省から生まれた潮流であり、説得力を持つ考えであった。そして、一九九〇年代には、市場主義の徹底と自己責任をスローガンに掲げる新自由主義が世界を席巻するようになった。しかし、弱肉強食型の競争原理を掲げる市場万能主義は、公共性の問題を競争の公正さと敗者の救済措置（セーフティネット論はしばしばこうした文脈で議論されている）に矮小化する。公正を確保しさえすれば、勝者と敗者を市場競争の淘汰に委ねるのが妥当であるとする新自由主義は、「大きな政府」による管理体質を打破するうえで効果的だが、その先の代替案を提示しないため展望が開けない。管理（規制）が問題でこれを緩めるというのなら、管理に代わる新たな社会の仕組みを提示すべきである。それがないと、粗野な競争主義への先祖返りが起きてしまう。また、野放図な格差の拡大が帰結することになる。

これからの企業は新しい付加価値やアイディアを探求して競争力を強化せざるをえない状況であり、その際には管理を中心に組織運営をしていたのでは効果があがらない。決められた目標を達成したり、既存の秩序を維持したりするには管理は有効であるが、新たな目標を探求したり、制度を変革したりする活動には向いていない。また、現在のような情報産業、知識産業、サービス経済が中心の時代では、新しい付加価値創造が焦点であり、いかにこの創造活動を支援するかが重要である。そして管理は必要最小限にとどめる必要がある。

スローガン風にいえば、企業は脱管理と付加価値創造型の組織へ転換することが重要である。単に効率性を重視するのではなく、付加価値創造を優先したうえでの効率性の重視でなければならない。このためには既存の発想に収まらない思考を促進し、それを構造化するために、どう支援するかが重要となる。付加価値創造はこれを試みる個人にとっては厳しい課題であり、たやすくできることではない。だからこそ、せめて脱管理をはかることが必要である。

［2］ 支援型の組織

脱物質的価値や自己実現欲求の高まり、およびこれらに対応した消費社会への変容は、企業組織が生産性や合理化の目標を掲げて、これを効率よく達成する方式に頼るだけでは不十分である。というのも、消費社会化した経済においては、企業側の一方的な目標設定と効率化では、生産活動が妥当性を持たなくなるからである。山崎正和がいうように、

> 社会が何を喜び、何を必要と感じるかといふことを、現代の産業は時代の気分のなかから探りだし、それを的確に商品のかたちに具体化して、逆に消費者に提示しなければならない。これは、時代の感情を形象化する藝術の仕事にも似てゐるのであるが、かういふ作業にとって、およそ効率の概念が問題にならないことは、説明の必要もあるまい。この場合、生産の目的はその過程に先立って与えられておらず、むしろ、過程そのもののなかから生みだされてくるのであるから、本来の生産の場合のやうに、過程が目的のために手段化されることはありえないのである（傍点は筆者による）[23]。

従来の管理型組織のもとでは、時代の感情を形象化する芸術の仕事にも似た活動をすることは不可能である。生産の目的が過程に先立って与えられていないということは、管理目標もあらかじめ与えられないことである。生産性を上げることや効率を高めるなどの目標が決まれば、それに向けて資金を投入したり、人間関係や努力を調整したりすることが可能である。しかし、目標が決まっていないのに管理せよといわれても、それのしようがない。また、人間の活動は上から管理しようとしても、そうしきれるものではない。加えて、職場での自己実現欲求の高ま

りがあり、管理されることに対する抵抗も強くなっている。これらのことに対応するためには、管理に代わる仕組みが必要である。

（1）支援は合理性を高める？

管理に代わる新しい組織編成の在り方として最も有望なものは支援である。支援型の組織への構造転換をはかることが、これからの組織変革を成し遂げるために不可欠である。しかし、現時点において支援をどのように考え、定式化するかにかんして、われわれはほとんど学問的蓄積を持っていない。支援については初めの一歩から考えなければならない状態である。

熾烈な競争を強いられている企業組織において、支援が重要であるなどというのは「眉唾」ものだと敬遠されかねないが、これまで私が取り組んできた支援に関する研究によれば、管理の行き詰まりを支援に代替することで、かえって効率性や合理性も高まる可能性がある。[24] 組織内で互いに積極的に支援しあうことは、互いに切磋琢磨する競争を排除するものではない。逆に、競争による弊害をカバーして、企業組織の進化を促し、利益向上につながる側面がある。

支援組織に関心を抱き、これを自動車の生産に応用した例として、舘岡康雄の試みがある。彼は自動車会社に勤務する経験を生かして、クルマの設計期間短縮の問題に取り組んだ。そして、設計部門と生産部門の支援関係を構築することにより、それが可能となることを解明した。[25] 彼によると従来の社会は「結果主義」の管理型社会である。この社会では人は重要な情報を秘匿し、自己の有利になるように利用するのを常とする。このため、情報を共有すれば協同効果が高まるにもかかわらず、結果主義の下では自己利益を優先するため、自分の手柄にならない限り情報を提供しようとしなくなる。さまざまな要因間の連関を考察して結果を担保する場合には管理が有効であるが、現代では、それができないほど複雑さが高まっており、管理行動は破綻に近づいている。こうした状況下では、相手の出方や変化を前提にして、自分の行動を変えることが不可欠であり、そうすることで一方的に自己が相手を管理するよりも問題解決能力が向上する。とりわけ、相手の行動を支援することでより迅速に問題解決へ向かうほうが結果的には合理的になる。

舘岡はそのことを、自動車業界の最大の課題である新車開発期間の短縮を例にとって示している。支援という利他的行為が経済合理性を高めることである。ちなみに、ここでいう支援とは、相手の動きに合わせて、相手を利するように自身を変えて行動することである。彼があげる例を考えてみよう(26)。五人の人間が一〇日ずつ仕事をして、全体で五〇日で終わる仕事がある。事故や失敗ややり直しがなく進めば五〇人日で終わる作業である。この作業工程に五回程度の設計変更が必要になる状況設定をおこない、支援関係がなく各自が自己中心的に仕事をする場合には五〇日間が一六〇日程度に延びてしまう仕事を想定して、ゲーム理論による検証がなされている。その結果、支援関係が深まるにしたがって、設計変更回数が増えても(五回まで)、必要な仕事日数は五〇日程度まで短縮可能なことを明らかにしている。支援関係がない場合には、最高で一六〇日程度に延びてしまうのであるから、その導入により新車開発期間の短縮が最大で三倍強になり、経済合理性が大きく高まったことになる。

以上からも理解できるように、支援は単純な意味での利他的行為ではない。後に、議論するように、他人をケアし、その行為を改善することが、めぐりめぐって自己の利益になって返ってくる場合がある。こうした意味での支援がこれからの社会にとって重要である。利他主義でもなく利己主義でもなく、両者が融合した行為としての支援とその組織化が、社会の分水嶺となるだろう。

(2) 支援の考え方

支援を科学の対象にしようとする試みは、これまで主として理工学分野で意思決定に関連して試みられてきた。その代表例として、ＤＳＳ（意思決定支援システム）やエキスパート・システムがある。しかし、これらはともに支援をコンピュータ上のソフトで実現しようとするものであり、組織論に適用できる一般的な枠組みを指向するには至っていない(27)。

支援（support）の類似語に援助（aid）、手助け（help）、補助（assist）といった言葉があり、支援に関連する言葉は日常的に多用されている。行政分野でのＯＤＡ（政府開発援助）、福祉分野でのカウンセリング、学習支援、介護支援、診断支援システムなど、あらゆる分野で「支援」という言葉があふれるようになった。しかし、支援が管理と異なることは理解できるが、どう違うのか定義が今ひとつはっきりしない。

また、支援のタイプについては、物（お金を含む）による支援、人による支援、情報（データ）による支援が区別されるし、資源を用いた支援とは異なり、心の支え、精神的な支援というケースもある。さらに、表立って相手にわかるようにおこなう支援もあれば、それとは関係なく見えないところでおこなう陰の支援もある。支援にはいろんなタイプが考えられるので、支援の類型を整理する必要がある。そこでまず、支援の定義から考えてみることにしよう。すなわち、

支援とは、何らかの意図を持った他者の行為に対する働きかけであり、その意図を理解しつつ、ケアの精神を持って行為の過程に介在し、その行為の質を維持・改善する一連のアクションであると同時に、他者のエンパワーメントを通じて、自他の相互実現をはかることである(28)。

この定義にあるように、支援とは、他者への働きかけが前提であり、支援者と被支援者というセットで意味をなす行為である。そして支援される人（被支援者）の意図を理解すること、行為の質の維持・改善、エンパワーメント（ことがらをなす力をつけること＝能力強化）が支援の要点である。したがって、支援は自分勝手に目標を立てて、効率よくそれを達成するという、従来の目標追求行為からは区別される。被支援者がどういう状況に置かれており、支援行為が相手にどう思われているかを常にフィードバックして、被支援者の意図に沿うよう自分の行為を変えていく必要がある。被支援者の意図をケアする（気づかう）ことが必要である。ケアは他者感覚がなければできない。相手へのケアなき支援は真の支援ではない。

組織が支援型になるには、こうした支援が成員間で相互的になっていること、つまり相互支援システムになっていることが必要である。これからの企業組織は、成員が単に与えられた仕事を効率よくこなすだけでは不十分である。各成員が新たな付加価値創造に意欲的に取り組むことができなければ、競争社会を生き残っていくことが困難だからである。

支援をおこなう当事者は、ボランティア活動やＮＰＯ活動に見られるように、単なる慈善行為や援助を目的としているのではない。あくまで自分の生きがいや自己実現を得るという動機が前提になっている。この意味では、支援は私的なものである。ただし、この私的性格は、被支援者の行為の質が改善され、被支援者がことがらをなす力を高めること、すなわちエンパワーメントすることを前提としており、いわゆる利己的な行為ではない。私的な自己実現が、直接、他者に対する気づかい、配慮へとつながっている。要するに、支援では、他者への「配慮care」と「エンパワーメント」が決定的に重要である。

さて、実際に支援が成立するには、一連の支援行為がばらばらになされるのではなく、まとまりを持ったシステムを形成している必要がある。また、支援は固定したシステムではうまくいかない。被支援者が置かれている状況変化にあわせて自らを変え、被支援者の行為の質を維持・改善できなければならない。そこで支援システムを次のように定義しておくことにしよう。

支援システムとは、支援を可能にする相互に関係づけられた資源とこれらを活用するためのモデル（ノウハウ）の集合からなり、支援状況の変化に応じて自分を変えていく自己組織システムである(29)。

支援がなされるためには人、物そして情報などの資源に加えて、それらを活用するためのモデル（ノウハウ）が必要である。つまり、支援システムは諸資源とモデルからなる。資金を出すだけで人材や知識との連携を欠いたり、ノウハウがともなわなかったりする場合には、真の支援は期待できない。支援システムは人的・物的・情報的資源を関係づけ、それらが支援を効果的に実現できるようにするためのモデルを備えていることが重要である。たとえば、ボランティア活動は支援の事例として第一級のものであるが、どのような手順で、どう役割分担して効果を上げるかというノウハウがなければ、せっかくの活動もその意義が損なわれる。

支援というものは、被支援者のニーズに応じて適切なタイミングとコストのもとでなされるべきものである。支援者があれこれと支援の方法を思案して実行を引き延ばしたり、コストをかけすぎたりしては効果的におこなえない。あくまで、被支援者の置かれた状況に準拠して、支援の費用便益分析をおこない効率的な支援を実施すべきである。すなわち、支援は効率的でなければならない。支援効率は通常の目標達成の効率性とは異なり、行為者（支援者）の利得達成に焦点があるのではなく、あくまで他者（被支援者）が便益を獲得するためのものである。したがって、この効率性はいわゆる管理やコントロールには関係しないので、支援の発想と何ら矛盾しない。

また、支援システムはあくまで被支援者の置かれた状況に応じて、自らを自在に変化できなければ効果を発揮できない。つまり、構造が確定したシステムではなく、柔軟なシステムでなければならない。管理システムのように、状況に対して相対的に固定した、それゆえ規則やおきまりが優先するのではなく、被支援者の意図の理解（意味解釈）に応じて、これに適した働きかけを組織化する必要がある。このためには自己の目標達成のためにおこなうフィードバックではなく、自省的フィードバックが重要となる。管理システムは、規則やおきまりのルーティンが優先するため、他者の置かれた状況や意図についての意味解釈とリフレクション（自省）に欠けがちであるが、支援システムでは、支援状況の変化にかんする意味解釈とリフレクションにもとづいた自己組織化が第一級の重要性を占める。

さらに、支援状況は刻々と変化するのが常であるから、固定した役割行動をおこなうだけでは支援の効果があがらない。新たな創意工夫を絶えず試みていかねばならない。このために、支援システムは定常状態にあるというよりは常に《ゆらぎ》が発生している不均衡状態にある。自己組織化の要点はゆらぎと自省作用にあり、この点で支援システムの性質に一致する。つまり、コントロール（管理）からリフレクション（自省）へ、均衡（定常化）からゆらぎ（差異化）へという点において、支援システムは自己組織性論を必要とする（ゆらぎと自己組織化については次節で議論する）。

要するに、支援が有効になされるためには相手の立場に立って自分を変えることが必要である。支援される人がどういう状況に置かれており、支援行為がどのように受けとめられているかをフィードバック（自省）して、支援される人の意図に沿うように自分の行為を変える必要がある。支援したい、助けたいということを自己目的化してはならず、相手の要求をきちんと汲み取る必要がある。

[3]　成員のエンパワーメント――組織活性化の鍵

支援はその最終的な状態として、組織成員がことがらをなす力を獲得することを前提にしている。支援ばかり受けて、自力でことがらをなす力が低下しては意味がない。支援を無反省におこなうと、依存体質ができあがる。これでは何のための支援なのかと疑問視されることになる。そのためにも支援組織に求められるのは成員の《エンパワーメント》である。さらに、社員が仕事を離れて自己実現を求めるようになってしまっては、企業は成り立たない。あくまで仕事の遂行が自己実現につながることが必要である。さいわい、日本の働き手のほとんどは、仕事は苦痛であるというよりは自己実現のためのものだと考えている。であるならば、仕事の遂行にかんして社員をエンパワーし、これを通じて彼らの自己実現を高める工夫をしてみることは有意義な試みである。

支援に含まれるエンパワーメントの概念は、一九八〇年代後半に、主としてソーシャル・ワークやソーシャル・ケアの分野で、障害者の生活能力向上プログラムの指針として注目されたものである。これは、伝統的な相互扶助や自助の考えと、反人種主義、フェミニズム運動、不平等や抑圧に対する批判とが組み合わされることで生まれた。そして、今日では、単に障害者に対するケアだけでなく、集団やコミュニティを含むより広範囲な領域に適用されるようになった。

ロバート・アダムスによれば、エンパワーメントとは「個人、集団および／あるいはコミュニティが、その環境を制御できるようになること、みずから設定した目標を達成できるようになること、およびこれらによって自分自身および他者が生活の質を最大限に向上させることができるようになること」である。[30]支援の定義に取り入れたエンパワーメントは、こうした広い意味でのそれであり、被支援者として障害者だけでなく、一般の個人、集団、組織、コミュニティ、社会を含む。エンパワーメントの特徴は、行為の質の維持・改善を専門家に委ねるのではなく、知識や技術を獲得することで、本人が自力で問題解決する能力を身につけることにある。つまり、自己の能力を強化することである。そのような能力強化のシステムを形成することにより、人々が社会で力強く生きていくことを可能にするのがエンパワーメントのねらいである。

さて、エンパワーメントという用語が経営学や組織科学で使用されるようになったのは、一九八〇年代中頃からである。そして、一九九〇年代に入って以降、エンパワーメントにかかわる研究が盛んに発表されるようになった。経営組織論において、エンパワーメントは「権限の委譲」とほぼ同義として用いられるのが一般的である。しかし、他方で、人間の内にあるパワーを引き出すこと、人間がことがらをなす力を獲得することであるとする解釈も存在する(31)。

経営組織論において二つのタイプのエンパワーメント概念があることを指摘したのは、ジェイ・コンガーとラビンドラ・カヌンゴである(32)。彼らは社会学的な関係概念としてのエンパワーメントの捉え方と心理学的なモチベーショナルな概念としてのそれの二つがあることを指摘した。そのうえで、彼らはエンパワーメントをモチベーショナルな観点から問題にすべきだとする。社会学的な観点からするとエンパワーは権限付与に近く、これだとあえてエンパワーメントという概念を用いる必要がなくなる。これに対し、心理学的に見たパワーの増強とは、人間の内発的なパワー欲求の増強のことであり、自らの心のエネルギーを高めることを意味する。彼らによるモチベーショナルなエンパワーメントの用い方は、この概念のほんらいの主旨に沿ったものであり、無意味さや無力感を乗り越えて、自身の存在確認や人生の自己コントロール感の獲得につながるものである。また、彼らはエンパワーメントを自己効力感（self-efficacy）、すなわち自分が課題を達成できるという自信が高まる心理的状態でもあると規定し、労働モチベーションの有力な原理として経営組織論への導入を確かなものとした。

また、ケネス・トーマスとベティ・ベルトハウスは、エンパワーメントを内発的なタスクモチベーションとして展開し、タスクを達成することそのものに動機づけられる活動を左右するものとして位置づけている[33]。それは地位や所得や権限といった外的報酬の獲得が目的なのではなく、活動に従事することそのものが目的で、手段的ではなくいわば即自的な（それ自身に意義がある）活動に従事することに動機づけられた活動である。こうしたモチベーションを彼らは「個人がタスクから直接的に引き出す肯定的な価値のある経験」と定義している。彼らの研究の意義は、内発的モチベーションの源泉として四つの要因をあげ、これらをタスク・アセスメントとして定式化したことにある。タスク・アセスメントの諸次元にはコンピテンス（＝自己効力感）、影響感、有意味感、さらには選択（自己決定感）があり、これら四つの次元には加法的なモチベーションの効果があるとする。つまり、これらによってエンパワーされた状態が内発的にモチベートされた状態である。

さらに、クリスト・ノーデン－パワーズの『エンパワーメントの鍵』は、エンパワーメントの考えを企業活力の向上に応用している[34]。諸々の事情で、生きる力、ことがらをなす力を剝奪されている人々が、ほんらいの力を最大限に発揮できるよう支援するのがエンパワーメントの発想である。彼によれば、傑出した企業は働き手をエンパワーするような仕組みを持っているという。働き手の潜在的なパワーを引き出し、これを活用することが、成功の鍵である。また、エンパワーメントは、働き手が仕事を通じてより高い次元で自己を表現できるよう、人々の精神を解き放つことでもあり、これが働き手の自己実現につながる。

ノーデン－パワーズはエンパワーメントの鍵を、企業・リーダー（指導者）・個人の三側面から合計五〇の命題にまとめているが、焦点はあくまで働き手をエンパワーすることにある。ポイントとなる議論を拾ってみよう。エンパワーすることは単に社員に「権限」を与えたり、職務を「委任」したりすることではない。人々の潜在能力を引き出して自由に解き放ち、崇高な目的や自己実現を達成できるような環境を作り出すことである。つまり、エンパワーとは人に能力を与えることであり、管理することではない。管理は働き手の精神を萎縮させる。彼によれば、能力を与え、精神を解放するパワーは、管理したり制限したりするパワーより常に偉大である。権限や職務委任や管理は従来型の組織が慣れ親しんできた言葉であるが、エンパワーメントはこうした既成概念を取っ払うことをあらわす。

高付加価値化が進む経済活動に対応するには、権限委譲や職務委任といった発想で臨むことには限界がある。とくに管理型の組織運営ではそうである。というのも、与えられた課題を効率よく処理するだけでは付加価値の創造は保証されないからである。エンパワーメントの発想こそは、企業が管理型組織から支援型組織へと脱皮するための条件となる。エンパワーメントの鍵のひとつに、リーダーは適切なタイミングで、周りの人々が自分自身で発見したり、何かを成し遂げたりできるように手助けすることがあげられているが、これはまさに支援の発想である。また、エンパワーメントを達成するために企業は、情報や資源を提供し、支援のための研修をすることが必要であるという鍵も同様である。

エンパワーメントを新しいマネジメント哲学へと高める作業が試みられるとともに、とくに、市場のグローバル化や急速に変化する技術の利用に対し、応答性や柔軟性や創造力を高めるためにエンパワーメントが注目されるようになった。固定した職務構造やタスク、責任の厳密な境界設定に囚われることなく、未開発で活かされていない能力や人的資源の発掘と開発のための発想法として用いられている(35)。

先にも述べたが、従来型の企業組織では、成員は上司であれ部下であれ、自己の成果を上げることに焦点が置かれ、相手を出し抜いてでも地位達成することが成功するための条件であった。しかし、ポストモダンな時代における成功基準は、仕事を通じての自己実現であり、より文化的な生き方を享受することである。自己の可能性を高め創造的な生き方を求めることは、他者を出し抜くことではなく、相互支援によって互いにエンパワーすることである。支援についての理論整備をすることで、付加価値創造と自己実現がおこないやすい状況を作り出すことが、これからの企業組織には不可欠であろう。

今後の企業組織において管理がすべて放棄されることはありえない。経営は専門家に依存し、組織成員は職務の確実な遂行を要求され続ける。しかし、管理は支援によって可能な限り抑えられ、両者のバランスがとられるようになるだろう。支援組織は創意と士気を高め、単なる物質的な満足だけでなく、自己実現を満たす方法としてポストモダンの中心的な課題となる。

3　自己組織化能の彫琢——組織エンパワーメントの条件

組織が管理型のそれから支援型のそれへと変化し、成員および組織のエンパワーメントをはかることが可能となるためには、組織が状況に応じて自在に変化できる体質を備えていなければならない。そのためには、自省的フィードバックによる《自己組織化能》が必要となる。ここにいう自己組織化能とは、単に環境変化に素早く適応できるだけでなく、環境変化のあるなしにかかわらず《内破の力》によって自ら変化できる能力のことである。

二一世紀の組織に要求されるのは、自力で自分の構造を変える自己組織性である。つまり、環境に適応したり、他から指摘されて変わったりするのではなく、自らスクラップ・アンド・ビルドをおこなう自己組織化能を備えた組織となることである。自己の内に変化の兆しを読み取り、これを契機に新しい構造や秩序を立ち上げて初めて自己組織的であると呼ぶにふさわしい。つまり、自己組織性とは《内破による変化》をあらわす。この意味で、自己組織化は環境決定的でも環境適応的でもなく、自己決定的かつ自己適応的である。このような組織をデザインするには、組織の在り方を基本から考え直す必要がある。

近代組織論の発想は、組織目標を達成するためにいかに効率よく手段を投入するかという問題に焦点を当ててきた。この発想は突き詰めると、メンバーや組織をいかに管理するかの問題に帰着する。これに対し、自己組織システムの特徴は、管理がメインではなく、「ゆらぎ」を許容し、これらのシナジーによって新たな革新や秩序を組織内に構造化することにある。

新しい付加価値やアイディアを探求する際には、管理に頼っていたのではうまくいかない。現在のように情報産業、知識産業、サービス経済が中心となってきた時代では、新たな付加価値創造が焦点であり、その際にはいかにこの創造活動を支援するかが重要となる。その際、管理は必要最小限にとどめる必要がある。スローガン風にいえば、企業は脱管理と付加価値創造型の組織へ転換することが重要である。単に効率性を重視する時代はもはや終わりを告げるべき時代である(36)。

[1] 環境適応から自己適応へ

経済環境が急速に変化する時代になり、企業は変化を常として受け入れざるをえないという認識は衆目が一致するところであるが、各論になると反対が増え、人も組織も変化に対して抵抗しがちである。そこでまず、組織変化の捉え方を考えてみることにしよう。

(1) 第一級の能動性とは

私は変化を二つのタイプ、すなわち環境適応と自己適応に区別することにしている。その理由は、外部環境に適応するかたちの変化だけではなく、自ら変化する力を適切に位置づけるためである。前者の環境適応は受動的な変化であり、第二級の能動性にすぎない。これに対し、後者の自己適応は第一級の能動性であり、自らの意志で能動的に変化することをあらわす。

かつて、フリードリッヒ・ニーチェは『道徳の系譜』のなかで、近代社会を有機的な機能組織として描いたハーバート・スペンサーの発想を批判し、環境への「順応」ないし「適応」という考えでは、「第一級の能動性」は確保されないとした。順応は力への意志に対する反動と否定の産物である。進歩や発展とは決してひとつの方向（機能）へ直線的に向かう変動ではない。有機体の器官や事物、慣習の歴史というものは、支配し制圧する諸過程であり、諸力がぶつかり合うことによって変形、再解釈をほどこされた帰結としてある。したがって、人間をその適応能力によって定義することは、生命の本質ならびに生きる力への意志を見落としているとする。

それはあの自発的な、攻勢的な、襲撃的な、新解釈を与え、新方向を定める形成的な諸力――それらの諸力が作用してこそ初めて「順応」は起こるのだ――のもつ原理的な優越性を見逭《みのが》している。それは有機体そのものにおいてあの最高の諸器官――それらのうちでこそ生命意志は能動的・形成的な作用を現わすのだが――の演じる支配的な役割を否認している。(37)

要するに、機能による環境への適応では、人間力が表現できないことである。それはニーチェによれば、支配欲としての通俗的な「力への意志」の勝利であり、反動とニヒリズムの温床である。常に世界を分節して差異を創造し、新たな意味を生成し続ける営みこそ、人間ほんらいの能動性であり、「生」なのである。

環境適応と自己適応の違いを理解するには逆向きに考えてみるのがよい。つまり、環境変化がなければ、人や組織は変化しないのかを問うてみることである。人間はだれしも、自分は変わりたい、自分のなかに何らかの変化を起こしたいと考えている。それが生きる力になっている。逆に変わらないことは人生の停滞に陥ることであり、変化するからこそ生きている実感が得られるのである。組織にも同じことが当てはまる。伝統的な企業は一見安定的で、不変の存在に見えるが、自ら有機的に変化している。何らの変化も起きないのは無機物と同じであり、それは生きているのではなく、ただ存在しているにすぎない。

他方、人も組織も変化より安定を好む習性があることも一面の真理である。しかし、人や組織が安定するとは、無機物のそれとは異なり、固定した反復ではありえない。人が生きている、組織が存続するということは、自らに対する差異を生み出しつつ生成変化を遂げることである。アンリ・ベルグソンは差異を「生の躍動《エラン・ヴィタール》」との関連で捉えるべきことを強調したが、その際、生命の持続は物質のそれとは異なり、単なる差異の固定した反復ではないとした。彼にとって差異とは、単に事象間の区別をあらわすものではなく、生の躍動を担う中心概念である(38)。

差異の過程は生命の本質であるが、生命は持続をともなった存在でもある。持続なき生命はありえない。しかし、生命の持続は物質のそれとは異なり、単なる差異の固定した反復ではない。ジル・ドゥルーズのベルグソン解釈によれば、「持続とは差異を生ずるものであり、差異を生ずるものはもはや他の要因との間に差異を生ずるのではなくて、それ自らとの間に差異を生ずるのである(39)」。つまり、持続とは「自己に対して差異を生ずるもの」のことである。チャールズ・ダーウィンやハーバート・スペンサーの進化論が、環境適応というかたちで、自己外の要因との関係において差異の発生を問題にするのに対し、ベルグソンは自己に対する差異を問題にし、その原因として生の躍動を仮定するのである。

自己に対して差異を生じることとは、既成の自己を問い直し自己を分裂させる（非自己化する）ことである。それは新たな自己の意味を生成する営みであると同時に、自己の持続でもある。持続とは反復ではない。自己に対して差異を生じさせる分裂によって初めて自己が持続するのである。自己に対して差異を生じることは、とくに人間社会においては、突然変異のように予測不能なランダム・プロセスに委ねられるものではない。それは内的状況を成熟させる、差異のリフレキシヴ（自省的）な過程である。

（2）　メタモルフォーゼの変化観

変化を周囲の環境変化との関連で捉えていると、つまり環境適応型の変化ばかりを考えていると、変化は強いられるもの余儀なくされるもの、という受け身の発想に陥る。こうした受け身の変化を強いられるのであれば、安定していたほうがよいと考える傾向に陥るのもうなずける。しかし、外圧的変化ではなく、自ら別の存在に生成変化することに対しては、人も組織もそれほど否定的にはならない。というのも生成変化によって、人や組織は自己確認《アイデンティティ》がおこなえるからである。

ここでいう生成変化とは生命体の進化のように、有機体に内包されたメカニズムである。進化の例として動物が引かれることが多いが、自己適応を理解するには、昆虫世界の《メタモルフォーゼ》（変質・変態）が適切である。たとえば蝶を例にとると、卵から孵った青虫は、最初は環境適応しつつ、葉っぱを食べて成長する。そしてある程度成長するとサナギになる。このサナギの状態は、劇的な体質変化が起きているときである。蓑によって可能な限り環境から遮断され、環境との相互作用は極小化される（酸素の出入りはある）。それは外界に対して閉じたシステムである。外から見ると目立った変化はないが、そのなかでは古い体細胞をスクラップし新しい体細胞をビルドする変化、つまり自分で自分を変える自己組織化の作業がおこなわれている。

このサナギの変態によって、青虫は劇的な変化を成し遂げ、構造も機能もまったく異なる蝶に生まれ変わる。つまり、メタモルフォーゼは、環境からの刺激を受けて受動的に展開されるのではなく、能動的に自分自身を破壊し、変質することである。昆虫の場合、あらかじめ変化の方向は決められているが、人間の場合、変化する方向を自ら決めなければならない。この自己決定にもとづく自己適応が、ほんらいの意味での自己変革である。

企業が環境に適応して変化すること自体、困難な課題であることはいうまでもないが、自己適応というのはそれにもまして厳しい課題である。先の昆虫の例でいえば、蝶に変態する試みはしばしば失敗して、脱皮できずに終わることがある。変態する前に、まず自力で自己を解体しなければならないが、それは昆虫でも人間組織でも簡単ではない。従来の体質を壊す際には痛みをともなうから、相当の覚悟が要求される。しかも外圧による決定ではなく、自己決定でそれをおこなわなければならない。スクラップ・アンド・ビルドする変態の試みが挫折して、旧態依然とした状態に留まるケースも少なくない。また、自己適応を経た自己変革をおこなっても、新たな組織形態が環境に適応しない可能性も当然ありえる。しかし、変えなければ組織解体に至る可能性が強い状況下の選択肢として、環境適応か自己適応かを考えた場合、自己適応のほうが重要だといえるだろう。というのも、環境が変わるまで変化しない組織は、後追い型にならざるをえないからである。キャッチアップ型の戦略が功を奏した時代であれば話は別であるが、変化の速い時代には後追い型には限界がある。進化論的に見ると、そのような変化は淘汰の対象になる。環境は絶えず変化する。ある組織が自己適応を試みるだけで、周囲の環境は変化する。その動きがでて初めて環境適応を試みることは消極的であり、能動的な変化と比べて第二級といわざるをえない。自己適応は環境適応に比べると、挑戦的でリスキーな試みであるが、変化が不可欠ならば、能動的な行為で挑むほうが組織ははるかに活性化し、進化力も強くなるはずである。

[2] 内破とゆらぎによる自己変革

環境適応でなく、自己適応による変化のことを、私は単なる変化と区別して《自己組織化》と呼ぶことにしている。もちろん、組織は環境に適応して変化もするが、変化する力の源泉がシステム内に存在することにもっと自覚的になるべきである。

自己組織化とは、システムが環境との相互作用を営みつつ、自らの手で自らの構造を作り変えていく性質を総称する概念である。そのポイントは、自らが自らのメカニズムに依拠して——もちろん環境の変化も受けるが——自らを変化させることである[40]。もし、そのようなメカニズムが働かない企業の場合、自己組織化は不可能となり、外圧による変化しかおこなえない。この場合には、進化論的に淘汰される場合が多い。極端なことをいえば、外圧でなく自己変革できる企業のみが生き残れることである。要は、自力で自らを作り変えるという営みは単純な環境適応ではないことである。真の自己組織化とは、自分のなかに変化の兆しを読み取り、これを契機に新しい構造や秩序を立ち上げることである。変革の原因を自己の内に持つ、《内破による変化》が重要である。

(1) 組織に求められる自己言及性

さて、自己組織化のリアリティは《ゆらぎ》と《自己言及》にある。そして、自己組織化パラダイムとは、これら二つを軸として現実認識の転換をはかろうとする試みである。ゆらぎと自己言及はともに近代科学が排除してきた性質であり、こうした認識的暴挙に対する個別の告発がさまざまなかたちでなされてきた。けれども、ゆらぎと自己言及が互いに関連しあう問題だということが自覚されない段階では、新しい認識運動となるには至らなかった。システムの自己言及メカニズムとの関係を持たないゆらぎは、システムの平衡（均衡）構造からの逸脱ないし攪乱としてしか位置づけられない。それは理論的には、システムの存在を脅かす対象であり、システムに吸収すべき存在でしかない。というのも、ゆらぎの増幅を問題にしたところで、たかだかシステム解体がもたらされるという陳腐なテーゼしか得られないからである。

しかし、自己言及メカニズムと結びついたゆらぎは、大きな認識論的意義を持つようになる。なぜなら、ゆらぎはシステムの構造や生存を脅かす攪乱ではなく、システムそれ自体のゆらぎを反映したものとなるからである。言い換えると、ゆらぎは制御される対象というよりは、内部メカニズムそれ自体のゆらぎである。

さて、自己組織化の基本的な性質である《自己言及性》は先に述べた自己適応、自己決定と密接に関連する。自己言及性とは、ほんらい論理学の概念であり、自らについて自らが言及することであり、自分の発言したことが自分自身に跳ね返ってくることである。したがって、組織の成員が傍観者の視点で、自分が所属する組織批判を繰り返すことは、自己言及性への理解が欠落している証拠である。

自己言及の有名な例はギリシャ時代の「クレタ人の嘘つき」というパラドックスである。あるクレタ人が「すべてのクレタ人は嘘つきである」といった。この人は本当のことをいっているのか、それとも嘘をついているのか、がそれである。もし本当のことをいっているとすれば、すべてのクレタ人は嘘つきとなるはずであり、クレタ人である彼は嘘つきでなくなるから矛盾する。反対に、この人が嘘をついているとすると「すべてのクレタ人は嘘つきでない」ことになるが、それでは、発言者であるクレタ人が嘘をついたことと矛盾する。これは解決不能なパラドックスである。つまり、自己言及性がある状況とは、観察者の立場でものごとに言及できない状況のことである。ある発言内容がそれをいった人物自身にもかかわること、これが自己言及のほんらいの意味である。

自己の発言が自己に適用されることは一見パラドックスだが、自己言及性は人間の文化形成力に欠かせない重要なものである。人間の特徴としてコミュニケーション能力が取り上げられるが、信号を送る程度のことなら、イルカもコミュニケーションしており、特段に人間が優れているわけではない。ただし、人間がより優れているのは自己言及性を備えた言語能力を持つに至ったからである。イルカ同士は、その場の状態を伝えることはできても、その伝えた内容について、改めて言及することはできない。自己言及性があるから人間は知の蓄積や学習ができるのである。発言した内容について言及する。考えたことについて考える。この能力が、サルやイルカと違って、人間が高度な文化を発達させることができた根本なのである。

では、組織内に自己言及性があるとは、どのような状況をいうのか。一般の企業組織には、自己言及のメカニズムを正しく理解しないで振る舞う成員がいるのが常である。たとえば、自己が所属する組織の業績が低下すると、経営者が悪い、管理者が悪いと他者のせいにする成員がいる。こうした成員は、一従業員としての自分の行動が組織全体に影響を及ぼしていることを理解していないのである。組織全体のパフォーマンスが自分に悪い結果をもたらすことがある場合、それはその人の、組織への働きかけが跳ね返ってきたことでもある。組織の一員である以上、程度の差はあっても責任を回避することはできない。自己言及の世界では、傍観者のごとくシステムの外の人間を装うことは不可能である。

(2) ゆらぎは組織活力の源泉

自己組織化のもうひとつの特徴である《ゆらぎ》とは、単純化していえば、意図せざる結果が組織に入り込む余地のようなものである。しかし、誤解を招くことのないよう、立ち入った説明が必要である。

ゆらぎが社会の関心を呼ぶようになったのは一九八〇年代に入って以降である。その背景には、科学思想における大きな転換があった。一九七〇年代後半から八〇年代にかけて、自然科学の領域で《ゆらぎをつうじた秩序形成》というテーマの研究がエネルギッシュに進められた。それまでは、ゆらぎは邪魔なもの、望ましくないもの、制御してシステムを正常な状態に戻すべき対象として扱われたが、ゆらぎが科学の対象になることで、その意義が認められるようになった。

イリヤ・プリゴジーヌらの散逸構造論、ハーマン・ハーケンの協同現象論（シナジェティクス）など、システムの自己組織性に焦点を当てて近代科学の転換をはかろうとする試みは、ゆらぎの現代思想に科学的根拠を与えている。[41] これらの理論は、ゆらぎから新たな秩序が形成される問題を扱う。従来の科学では、均衡（平衡）状態に焦点を当ててシステムの運動を解明することが主眼であった。このため自然科学者は、ゆらぎと非平衡の問題についてまじめに取り組んでこなかったが、プリゴジーヌやハーケンらは、ゆらぎが自己強化されることで、新たな秩序形成がなされる場合があることを解明したのである。

これらの理論で重要な点は、ゆらぎがシステムを危機に導く要因とはみなされていないことである。ゆらぎは構造を脅かしたり、解体させたりする要因ではなく、別様の存在や構造へとシステムを駆り立てる要因である。多くのミクロな要素が、相互に協同しあって一つのパターンを生成することのマクロ的な反映が、ゆらぎの増幅である。そこには、もはや制御中枢が全体を管理する発想はない。

また、生物学とくにバイオホロニクスの分野で、ゆらぎとは生きていることの証であるとする研究が進んでいる。その一番わかりやすい例がゾウリ虫の運動である。単細胞の下等動物であるゾウリ虫は繊毛運動をする。この繊毛は右へ倣える能力しかない。しかしそれでは餌を探す範囲が直線上に限定され、生命の維持が困難になる。ところが実際には、ゾウリ虫はひんぱんに方向転換をして、ブラウン運動と呼ばれる不規則な動きをする。ではどのようにして方向転換をするのか。ゾウリ虫をよく見ると、数多くの繊毛のうち何本かの繊毛打が逆転するのを観察できる。これはゾウリ虫の細胞内電位にゆらぎが含まれ、インパルスが発生するために起きる[42]。こうした繊毛打の逆転に他の繊毛も引き込まれて、方向転換することができる。これが生きているということである。こうした繊毛打の逆転が生命維持に重要な役割を果たしている。この意味で、ゆらぎの取り込みが生命維持に不可欠である。そこにはゆらぎが生命維持に重要な役割を果たしている。近代の発想からすると、ゆらぎは不規則で無秩序で望ましくないものであるが、生命の発想からすると、それは生きていることの証となる。

またゆらぎは快適さの源泉であるとする研究も進んでいる。1／fゆらぎがそれである[43]。人間が快適だと感じるものには例外なくこのゆらぎが含まれる。たとえば、浜のそよ風とビル街を吹く風の違いを周波解析すると、浜のそよ風には1／fゆらぎが多く含まれる。また、一流のバイオリニストが弾く音色には、楽譜のコードから1／fのパワースペクトルで微妙にずれる音が多く含まれる。名画とされる絵画を細かく刻んで周波解析したものにも、やはり1／fゆらぎが含まれる。このように、快適さにとっても、規則どおりではなく、それから微妙にずれるゆらぎが不可欠なことが明らかにされている。

ゆらぎ研究の高まりの背景には、以上のような経緯がある。本章との関連で確認しておくべきことは、ゆらぎはシステムの外（環境）からの影響によってではなく、それ自体の構造に起因して発生していることである。であるからこそ、自己組織化は環境適応的や環境決定的ではなく、自己適応的で自己決定的なのである。

自然科学の世界では、ゆらぎとは、マクロ的に見たシステムにおいて、その平均的な振る舞いからの乖離であると定義されている。これを社会現象に応用するには、平均値からのズレの解釈を拡張し、既存の枠組みや制度には収まり切らない、あるいは既存の発想では処理できない現象として考えてみることが有益である。つまり、ゆらぎとは社会の基盤構造をぐらつかせて危うくする可能性を持った要因のことである。既存の仕組みで処理できないとは、制御不能を意味するが、こうしたゆらぎが発生することで自己組織化が起きる。

ゆらぎを組織に導入することで、組織に混乱が生じ、場合によっては組織崩壊に至る可能性が存在する。確かに、単にゆらぎを強調するだけでは、世のなかをランダムなものに委ねる無政府主義に陥ってしまいかねない。そうならないためには、ゆらぎを新たな秩序へと変換する仕組みが必要である。それを担うのがゆらぎを自己強化する触媒作用、つまり自己言及作用である。これはある人物が引き起こした組織のゆらぎがきっかけとなって他者とのシナジー（協同現象）が呼び起こされ、さらに第三者もこれに巻き込まれて、次つぎとそのゆらぎ行為が組織（社会）に増幅していくことをあらわす。

かつて長髪とジーンズ・スタイルのヒッピー文化が勃興した際、多くの国で人々は違和感を覚えたり、拒絶反応を示したりした。当時、ごく少数の若者が《変則行動》をおこなったにすぎなかった。とくに日本では、それは平均値や「人並み」を重視してきた社会にとってのゆらぎであった。しかし、画一主義からの差異化を求める青年層のニーズにマッチしていたため、これを受容するシナジーが発生して自己増殖メカニズムが形成され、一〇年ほど経過して新たなライフスタイルとなった。このように、安定したシステムがゆらぎを自らのなかに引き込んで、変則現象が支配的になっていくことが、ゆらぎの自己強化である。

（3）リーダーの役割はゆらぎの見極め

ゆらぎとは新しい秩序の可能性を探る情報である。それは創発的に生み出された情報であり、これを基点とすることでしか、新しい秩序や組織形態は生まれてこない。ゆらぎから新たな要素を生み出すのは、トップ・マネジメントからとは限らない。組織のメンバー全員にその可能性が秘められている。ただし、そのなかでどの要素が新しい可能性やアイディアなのかは事前にはわからないし、またそれらがゆらぎとなって新しいものを生み出すとは必ずしもいえない。

したがって、組織のリーダーにとって最も重要なことは、組織内のゆらぎを見極めることである。各自が自由に振る舞えるよう環境を整えたとしても、組織にとって好ましいゆらぎとそうではないゆらぎが発生する。それらから本当に支援すべきゆらぎは何か（これを見抜く基準は一概にはあらわせないが）、それがシナジーにつながるか否かを見極めることである。組織をつぶさに観察することにより、ある動きが組織全体に広がっていくか否かが見えてくる。つまり新しい動きが閾値に達しようとするとき組織内が励起状態になる。このような機を見逃さず、方向性を与えるのがリーダーの役割である。

リーダーがビジョンを掲げ、あらかじめ方向性を示すことは依然として重要である。しかしそれは、従来のように各人の行動範囲を規制しないことが必要である。むしろ「秩序パラメータ」、すなわち秩序を形成するうえでの未知の定数としてのビジョンとなることが必要である。個の営みを優先する組織では、組織の方向性やシステムは二の次になる。しかし、メンバーが自由に振る舞うといっても、自己の行為がビジョンからどの程度乖離しているのか、あるいは接近しているのかを測定する基準が必要である。この基準となるのが秩序パラメータである。これがないと、各人がばらばらに行動し、組織は散逸して、収拾がつかなくなる。各自の差異が自己組織化の素となるが、その差異を確認するのもビジョンが果たす役割のひとつである。つまり、ビジョンを共通言語とし、互いの差異を議論し、新たな付加価値を見い出す営みが重要である。組織の均衡を崩し、新たな構造を生み出すうえでも、リーダーは新たなビジョンを掲げなければならない。

管理を緩める試みを現実に移すには困難がともなう。とくに業績が悪化すると、多くの組織が慣習や伝統を踏襲し、管理を強める傾向がある。それは機能性や効率性を重視するからである。とくに企業の場合、業績が悪化すると組織の機能を高めて、より競争優位を構築しようとする。しかし、機能や効率を追求しても新たな秩序や構造は生じない。業績が悪化した際に、各自の役割を強化し、管理を強化しようとするのは、変革ではなく防御の発想である。というのもそれは自発的な変化の兆しを封じ込めるものだからである。確かに構造は強化されるが、このことによって変化が否定されてしまう。

たとえば、企業では業績が悪化すると、営業マンのノルマを強化したり、経費の細かなチェックがおこなわれたりする。なかには就業時間や服装まで厳しくチェックする会社があらわれたりする。ムダを排除することは企業として当然であるが、管理を強化することが企業の存続を約束するわけではなく、自己組織化という視点で見れば、むしろ変化を妨げることでしかない。企業の存続が危機に瀕したとき、各自の自由な振る舞いを奨励することは現実的ではないであろう。しかし厳しい状況下であっても、組織が自己組織化できるように、部分的には自由な振る舞いを許容することが肝要である。

自己組織化のためには、組織はゆらぎを重視しなければならないが、このことは異質なものを取り込み多様性を維持することでもある。しかし、人や組織は異質なものよりは同質なものに安心感を得る傾向が強く、多様な要因を抱え込むと葛藤を起こす可能性がある。同質なものに安心感を覚えるのはルーティンで思考すれば済むからである。環境が安定していて不確定でなければ、異質なものの取り込みはしばしば組織に葛藤をもたらす。けれども、環境が不安定で不確実性が高まれば事態は逆転する。異質なものを排除して旧態然とすることは組織を崩壊に導きかねないからである。その際には、危機管理策として「新しい血」――つまり異質なゆらぎ――を取り込む機運が高まる。

[3]　ゆらぎ型組織の条件

実際の組織において自己組織化を生み出すには、リーダーはどのように組織を運営すべきか。自己組織化を促すには、従来の組織運営では限界があり、より創発特性が生まれやすい仕組みに組織を変える必要がある。大きくは、次の四つの条件が必要となる。それらは、(1)創造的な「個」の営みを優先させる、(2)ゆらぎを秩序の源泉とみなす、(3)不均衡および混沌を排除しない、(4)コントロール・センターを認めない、である。[44]以下これらについて考察を加えておこう。

(1)　創造的な「個」の営みを優先させる

第一の「創造的な『個』の営みを優先する」とは、個人が社会や組織の要請に従って、割り当てられた役割や地位を演じるのではなく、必ずしもそれらに縛られることなく、それらからはみ出た行為を重視することである。ゆらぎを引き起こしているのは、「個」による差異化のシナジーであり、その意味で組織規範や「平均値」は重要性を持たない。規範や平均値からはみ出す「個」の営み、あるいはシステム全体に対する微視的な「個」の挑戦が重視される。一言でいえば、《システムは最後》ということである。そして、創造的な個のシナジーによって新たなパターンや意味作りをおこない、そこから新たな秩序が立ちあがっていく点を強調することである。言い換えれば、自己組織化が起きる際には、創造的な個の原則が、組織の原則を凌駕する必要がある。

役割とは、だれが何を担当するかを規定することである。役割を重視する場合には、おのずと行動の範囲は限定されるから、組織構造を変えるような新しい芽（試み）は発生しにくい。したがって、自己組織化を引き起こすには一時的に役割や地位による拘束を緩める必要がある。「組織とは役割の束である」という視点からすれば、役割による拘束を緩めることは組織の存立基盤を揺るがすことにつながる可能性がある。組織を静的に捉えた場合には、なるほど組織は役割の束であるが、それは組織をスナップ・ショットで捉えたにすぎない。各成員は何らかの役割を担っているが、その役割を変化させていくことで、組織が流動化するのである。これは役割をあいまいにすることではない。役割はきちんと与え、その解釈を柔軟に問い直すことである。

役割について以上のように捉え直せば、成員が所与の役割を遂行することを監視するのではなく、それぞれの役割に準拠しながらも、その意味の問い直しを試みることを支援するのがリーダーの仕事になる。したがって、役割から外れた行為に制裁を加えるのではなく、そのような行為が組織全体にどのような創発をもたらすのかをじっくり観察し、新しい果実になる可能性があれば、逆にその行為を支援すべきなのである。

(2) ゆらぎを秩序の源泉とみなす

自己組織化にとって重要なことは、ゆらぎは組織の存在や構造を脅かしたり解体させたりする要因ではなく、別様のそれらへと組織を駆り立てる要因であるとみなすことである。先ほども述べたように、新しい秩序を形成するにはゆらぎが欠かせない。従来、ゆらぎはシステムの存続を脅かす存在であり、制御すべき対象と認識されてきた。これは、ゆらぎをランダムで偶然のものとみなすマクロの見方である。つまりゆらぎは全体の平均値から外れたものであり、全体の構造やシステムにとっては、邪魔なもの、切り捨てるべきものとなる。しかし、ミクロの視点から見ると、ゆらぎのなかには、ランダムなもの以外にも系統的な歪み《バイアス》を持ったものも存在する。自己言及性と結びついたゆらぎ――すなわち系統的なバイアス――は、ある方向性を持ち、新たな構造や存在へとシステムを駆り立てる要因やその過程となる。

そのよい例が流行現象である。だれかがポツンと変わったことを試みると、それに同期化《シンクロナイズ》する人々があらわれ始め、これが社会全体に広がっていく。このように平均値に回帰するのではなく、特定の方向へ向うゆらぎがある。逆にいうと、ゆらぎが歪んでいることと、その方向性を見極めることが重要である。新しい秩序はここから生まれるのである。

ゆらぎがランダムなものであるか、系統的なバイアスを有するものであるかを見極めるためには、ゆらぎの意味を自己言及的に考えることが必要である。組織を読み解く際、新しいゆらぎがそれまでの組織文化とどのように異なり、どのように位置づけられるのか、それによって組織における「意味」がどのように変わるのか、といった検討作業が不可欠である。

組織のゆらぎとして、これまで逸脱行動が考えられてきた。そして、多くの場合、逸脱は組織の存続を脅かすものであるから統制することが重要であるとされてきた。しかし、逸脱行動すべてが否定的に捉えられてきたのではない。組織の多様性の源泉としての創造的逸脱があることも指摘されてきた。つまり、逸脱にも二種類存在することである。ランダムな逸脱は統制の対象となるが、創造的逸脱はブーメラン効果を持っており、組織に回帰してそのなかに取り込まれるのである。したがって、こうした逸脱は統制しようにもそれができず、それまでとは異なる方向性つまり秩序を内包したものとなる。

(3)　不均衡および混沌《カオス》を排除しない

自己組織化はカオスを排除するのではなく積極的に受け入れる。従来の組織論では、均衡に焦点を当ててシステムの作動が定式化されてきた。そこでは、均衡は目標達成がなされた状態あるいは秩序の確保ができた状態をあらわすのに対し、不均衡はシステムを混沌ないし解体に導く要因として位置づけられる。組織が不均衡になることは、従来、望ましくない現象と考えられてきたが、最近の研究では、この認識が改められつつあり、なかでもカオスの意義が認識されている。

カオスとは、日常的には、ややもやとして物事の区別がはっきりしないことを意味する。カオス（混沌）は、学術的には、かりに現状が正しく認識できたとしても、その先どうなるかが予測不可能な状態のことをいう。このことは現象の背後にある法則を発見すれば、現象の予測や制御ができるとする近代の発想が必ずしも正当化できないことをあらわす。

カオスの重要性を簡単に述べれば、わずかな誤差を無視すると、大きなしっぺ返しを被ることである。組織や社会というマクロな視点から俯瞰する際、小さな攪乱や不均衡は無視しても大勢に影響はないと考えられがちである。しかし、カオス理論の登場によって、わずかな初期値の違いが大規模な変化を招く場合があることが理解されるようになった。われわれは日頃、割り切れない計算結果をためらいもなく、小数点二―三桁で四捨五入し、それ以下の微少な差異は無視してよいと考えがちである。そのような誤差はいずれ消え去るか、互いに打ち消しあうと思い込んでいる。カオス理論はその偏見を取り除くべきであると主張する。

周知の事実に属するが、天候予測の研究からカオスは発見された。これを最初に見つけたのが理論気象学者のエドワード・ローレンツである。天候を予測するにあたっては、細かなデータを収集し、コンピュータでシミュレーションをおこなう。あるときローレンツは、手っ取り早くコンピュータ計算を終えさせるために、いつも用いている数値よりも大まかな値でシミュレーションを試みた。ところが計算結果は、想像を絶する特異なものであった。そこで、繰り返し計算しなおしたが、結果は変わらなかった。全体の結果に影響しないと思われた小数点以下何桁も先の数値を四捨五入して用いただけで、シミュレーション結果に大きな違いがでることがわかったのである。

カオスの特徴を象徴する表現として、気象学の関係筋で《バタフライ（蝶）効果》と呼ばれるものがある。「北京で今日、蝶が羽ばたいて空気をそよがせたとすると、それが一カ月後にニューヨークで嵐となってあらわれる」というのがそれである。その意味するところは、ふつうなら無視してよいわずかな違いが、めぐりめぐって大異変をもたらすことである。このバタフライ効果は、専門的には《初期値に対する鋭敏な依存性》と命名されている[45]。ほんのわずかの初期値の違いが大きな結果の違いをもたらすことである。カオス理論からいえることは、全体の動向について考える際、小さな誤差も無造作に無視してはならないことである。だからといって、あらゆる些細なことに留意するわけにはいかないし、実際には、全体に何ら影響を及ぼさない誤差やゆらぎがほとんどであることも確かである。しかし、些細なことでもバタフライ効果による大異変の可能性があることを常に心に留めておくことが重要である。

以上との関連で重要になるのが、カオスと秩序の間、いわゆる《カオスの縁》である。カオスの縁とは秩序でもなく、混沌でもなく、ちょうどその境目にあたる。ここで何が起きているかは、まだよくわかっていないが、最低限わかっていることは、カオスの縁では相転移が頻繁に発生することである。相転移とは、システムの構造が大きく変化することである。具体的には、水分子が温度によって氷から水そして水蒸気へと状態変化する例が分かりやすい。温度が零度以上になると水は個体から液体になり、そして百度を超えると気体になる。個体から液体になる境目、そして液体から気体になる境目がカオスの縁で、温度をパラメータにして三つの位相間の転移が起きる。相転移が起きるカオスの縁ではゆらぎが多発していて、新しい情報創発が頻繁になされる。進化論でいうと、突然変異がひっきりなしに発生している状態である。こうした状態のもとでは、システムは高度に不安定になっている。

そこからどのように新しいパターンや秩序が形成されるかは、確定的にはいえず、確率が支配する。しかし、こうした状況があらわれなければ、新しい秩序は創発しない。この領域にある組織は《励起状態》になっており、何が起きても不思議でない状態である。このような状態から新たな秩序が生まれる。

たとえば、「デシジョン二〇〇〇」と騒がれた大統領選挙で、アメリカは国をあげて励起状態になった。ゴアが選ばれるかブッシュかの差が、アメリカだけでなく世界に大きな影響を及ぼすからである。しかし、この重大事がフロリダ州におけるわずか数百票のゆくえに左右されることになった。開票の過程や有効票の基準をめぐって、結果が二転三転する混乱ぶりを露呈し、それも驚くほど些細な原因――投票方法が不明瞭でまとまった票が無効にされたり、誤って泡沫候補に票が流れたりなど――に端を発していることが明らかになった。投票後の開票過程をめぐるわずか数百票の行方の決着がつかず、アメリカだけでなく世界中がかたずを飲む状態になった。ゴアが選ばれていたらその後の世界情勢は大きく変わった可能性がある。

カオスの縁とは自己組織化へ向かう力が活性化している状況である。その意味で、組織にとって混沌や不均衡はカオスの縁に身を置くことであり、これらを単純に否定するのではなく、積極的に組織活力の源泉として認識すべきなのである。

(4) コントロール・センターを認めない

ゆらぎに積極的な意義を与える自己組織性論では、コントロール・センターないしその類似概念、つまり権威当局やシステムの全体性を拒否する。これは「個」の全体に対する従属を転倒させる視点であり、コントロール・センターを欠いた部分のシナジーとしての秩序生成を強調することである。

自己組織化にとって重要なことはトップダウンの管理を強化しないことである。ゆらぎやカオスの縁が組織内に形成されるには、上からの管理を緩める必要がある。従来の管理とは、ある一定の範囲内で組織が安定するように、全体をコントロールすることであった。しかしそれでは有意義なゆらぎが生まれる余地はなく、組織構造は変わっていかない。このようにいうからといって、組織を野放しにすることを推奨しているのではない。野放図なカオスに陥った組織は崩壊へと向かう。そうではなく、ある程度のゆらぎを生み出すようにメンバーの自由度を拡張したり、あるいは逆に組織を引き締めたり――その程度は難しいが――といった試みが重要になることである。

それは、リーダーが意図的に組織をゆらぎやカオスへ振り向けるのがよい、ということを意味しているのではない。意図的におこなえば、それは操作的になってしまう。トップダウンで組織にゆらぎを注入するという行為自体、ここで問題にしている自己組織化ではないことに注意が必要である。組織というものは根源的にトップの思惑どおりに動いたりするものではない。一人ひとりの自発的な活動の結晶として組織は変わり活力が生まれる。一人ひとりの活動から全体にシナジーをもたらす風土を醸成することがリーダーの役目である。

通俗理論によれば、組織内のゆらぎやカオスはさまざまな方法によって喚起されるという。たとえば、新製品・新事業の開発や情報創発資源への投資を用いる方法、成員に危機感を喚起するようなリーダーシップの発揮、異なる思考・行動様式を持った人材を登用する方法、ローテーションやQC運動などの人事・教育システムによる組織管理、等々である。しかし、本章で問題にしているゆらぎやカオスとは、経営者がよく口にする、組織に「活をいれる」ないし「揺さぶり」をかけて「社員を奮起させる」ための手段ではない。これは従来の経営組織論でいえば、成員の士気を高める問題であるにすぎない。これは組織運営の重要な課題ではあるが、それと組織の新たな秩序形成とは概念的には別問題である。なるほど、トップの経営者がこうした手段に訴え、企業の活性化に役立てていることはよく知られている。またそれは、熾烈な競争のもとで企業が生き残っていくためには、必要な経営のノウハウでもある。けれども、ゆらぎやカオスをそうした問題と同一視したのでは通俗理論となる。

カオスやゆらぎを管理するという発想は組織とりわけ企業の進化にとって重要な問題である。従来の組織均衡を中心テーマに掲げてきた経営組織論では、ゆらぎはとかく組織の基盤をぐらつかせ危うくする要因とみなされ、《ゆらぎ潰し》としての管理という発想があった。これに対し、自己組織化パラダイムでは《ゆらぎの支援》としての管理が重要である（これを管理と呼ぶのが適切かどうかはべつにして）。ゆらぎは新たな情報創造の試みであり、既存の組織の発想や枠組みには収まり切らない、あるいはそれでは処理しきれない秩序の兆しである。だから、ゆらぎと新たな情報創造は同じことを別様に表現したものである。

以上の四特性を備えた自己組織化は非管理型の自己変革というべきものである。次節では、日本選手権で七連覇の偉業を成し遂げた、神戸製鋼ラグビーチームを事例に分析してみる。このチームの特徴は、「アンチ犠牲的精神」と「システムは最後」、「通念を打破したチームメイク」、「型破り」と「アドリブ・ラグビー」、「監督制の廃止」などにある。これらはチームを構造破壊に導くのではなく、活力あるシステムの創造をもたらした。

4　脱管理のゆらぎ型組織——神戸製鋼ラグビーチームの事例

神戸製鋼ラグビー部（Kobe Steelers）は一九八九―九五年、ラグビー日本選手権で七連覇の偉業を達成した。それ以前に、同じ七連覇を達成した新日鉄釜石チームが、従来の日本スポーツ界の体質のうえに頂点を極めたのに対し、神戸製鋼チームはまったく新しい体質を備えたチームとして輝きをはなったことが注目に値する。その体質とは、チームリーダーである平尾誠二の独創性によって導かれたものであり、創造的破壊という言葉に象徴される体質である。その背景には、《システムは最後》とする組織哲学があった。それはすでに取り上げた自己組織化特性——創造的な「個」の営みを優先する、ゆらぎを秩序の源泉とみなす、不均衡および混沌を排除しない、コントロール・センターを認めない——を典型的に備えている。神戸製鋼チームは、絶えずチームの現在に否定形を突きつけ、自己変革を続けることで一歩ずつステップ・アップを遂げたチームであり、創造的破壊によって自力で自らを変えること、つまり自己組織化力にその強さの秘密があった(46)。

〔1〕個の優先——システムは最後

このチームの特徴は、第一に、個の発想を優先することにある。西洋の個人主義では当たり前ともいえることであるが、象徴的なのは、かつてキャプテンであった平尾がしきりと口にする《アンチ犠牲的精神》と《システムは最後》である。システムが最後ということは、選手を決められた枠に押し込めるのではなく、個性を持ったメンバーを編集してチームを作りあげることが組織のパワーアップに不可欠だということである。換言すれば、上に立つリーダーはメンバーの個性を最大限活かすよう組織を編集すべきこと、これが「システムは最後」という言葉に込められた意図である。彼はラグビーとは個人の自己実現でなければならず、チームのためにおこなうものではないという。これはメンバーがチームのために犠牲になるのではなく、みずから納得のいく競技を心がけることを強調するためのスローガンであり、創造的個の営みを優先させることである。

日本のスポーツ界では伝統的に、自分を捨ててチームに貢献する犠牲的精神が美徳とされる傾向が強く、ここから発生する悲壮感をよしとする風潮が支配的であった。そこには、チームの勝利のために個人を犠牲にする集団主義ひいては管理主義の発想がある。平尾は、こうした伝統的な発想に正面から異論を唱えてチーム作りをした。通常、スポーツチームは他のチームとの試合に勝つことを第一目的とするが、チームの目標達成が優先すると、それへ向けての選手の役割が強調され、選手の自己主張が二の次にされがちである。しかし、《アンチ犠牲的精神》というスローガンには、個人を優先することが結果的にチームの競争力を高めるという主張が込められている。

個人主義がまずあって協調性を身につけるためにチームスポーツをする欧米諸国とは異なり、協調性が過度に強調されがちな日本では、逆にチームスポーツでは個人の自己主張や個人主義を発揮できなければならないとする。個人を犠牲にしなければ成り立たないチームに存在価値はなく、個人に犠牲を強いるような指導はかえってチーム力を低下させるというのである。

選手を枠にはめるのではなく、それぞれの個性を認めながら、それらを編集してまとめあげることで、チームのエンパワーメントをはかる。こうしたチーム作りこそは、神戸製鋼チームを他のそれとは決定的に違うチームにした要因である。日本のラグビーチームは各メンバーの体力が弱いため、システム化しなければ勝てないと考える傾向にある。システム化することで、各人の力を足し算ではなく掛け算しようとするのであるが、本当は、システム化することで個人の力を低下させていることが多い。

最初からシステムを優先するから、つまり全体の容量を決めているから「母数（基本的な力）が全然大きくなってこない」。個々人の能力が上昇しないと、いくら組織を上手に作ってもいいチームにならないのであるから、個々人のエンパワーメントを優先して、これを前提に選手をうまく組み合わせてチーム作りをすべきなのである。組織が先にあるのではなく、個人が先にあって、これを素材にして組織を作る発想を重視することである。

《アンチ犠牲的精神》と《システムは最後》に象徴される理念は、いわゆる集団主義と形容されてきた、日本型組織編成の在り方に多くの示唆を与えるものである。日本のサラリーマンは、しばしば「会社人間」（companyfirst person）といわれ、会社に貢献するために自分を犠牲にしてきた。こうした歪みをもたらす最大の原因が、日本的経営のもとでの、企業による社員の《囲い込み》である。日本の企業社会はサラリーマンを組織に囲い込むことで、社員個人の合理性を満足のいくかたちで通せない仕組みを作りあげてきた(47)。年功序列制度、終身雇用、企業別組合という三種の神器に象徴される日本的経営は、戦後日本が置かれた労働力状況のもとでの、合理的な人材活用システムであったが、それは企業組織全体の合理性を追求するのに優れていても、その構成員である社員個人の合理性追求を犠牲にしがちである。日本的経営は、組織の合理性を貫徹させはするが、従業員の合理性をしばしば犠牲にする。その犠牲のうえに、日本の高い経済力が築かれた。しかし、こうした囲い込みの結果、集団思考が発生し、批判的思考が麻痺すると同時に、意思決定におけるもたれ合い、横ならび、内集団に対する依存性などの特性が生み出され、成員のエンパワーメントと諸個人を基礎とした集団や組織作りのノウハウが開発されない状況がもたらされた。日本の組織のリストラクチャリングを考えるにあたっては、《アンチ犠牲的精神》と《システムは最後》の理念のもとに、個々人の能力を最大限に発揮できるよう、また個々人の自己実現を支援するような組織作りをすることが必要である。

さて、「個」を優先することは欧米流の発想では自明であり、取り立てて自己組織化の特徴であるわけではない。じっさい、神戸製鋼チームは西洋の個人主義をチーム作りに導入しているが、単にそれで終わっているわけではない。創造的破壊というスローガンのもとで、さまざまな自己組織化能の発揮がなされている。

［2］　通念の打破——変則的なチーム作り

組織が自己変革を遂げるには、リストラクチャリングにより不要な構造部門を切り捨てたり、業務の機能効率化のためにリエンジニアリングを進めたりするだけでは不十分である。構造や機能の変革を自己目的化した試みだけでは、小手先の変革に終わってしまう。組織存在の意味づけを問い直す《リミーニング》が不可欠であり、そのもとで構造や機能を変える必要がある。

平尾が神戸製鋼チームのキャプテンに就任した年に、(1)周囲の意表を突く大胆なメンバーのコンバート、および(2)従来のポジションが持つ機能の転換を実行しチームにゆらぎを発生させた。すなわち、それまで彼自身が務めていたチームの「司令塔」と呼ばれるスタンドオフのポジションに、その経験がまったくない新人を抜てきしたのである。企業組織でいえば、その筋で実績がない平社員を一気に取締役本部長に抜てきするような人事である。同時に、彼は「司令塔」の役割を担うポジションをスタンドオフから別のポジションに転換した。

これは平尾の哲学であるスペースラグビーを体現したものである。彼は、ヨーロッパスタイルの格闘技としてのラグビーではなく、空間の空いたところにボールを運ぶ、球技としてのラグビーによって勝利することをめざした。格闘技をすれば日本は勝算が低く、球技を展開することが重要と考え、ポジションが持つ従来の役割を変えたのである。新人の抜てき、ポジションの役割変更と型破りなことをおこなった。要するに、格闘技に代えて《球技》を前面に押し出したのである。こうした型破り（ゆらぎの発生）によって、神戸製鋼チームは斬新なチームメイク（新たな秩序形成）をおこなった。

この型破りを理由なく筋道も立てずにおこなっても効果は得られない。型を破るということは、従来の地位と役割に囚われない行動や関係を重視することであり、それにはそれなりの考えが必要である。彼のスローガンは《型のないラグビー》であり、それはゆらぎやカオスを排除しないということを含意する。つまり、構造化し型にはまったプレイしかできないチームは強くならず、これを避けるためにチームはいつも変えるのがふつうであるという哲学である。

企業組織でも、伝統的なパターンを変更することに対しては抵抗がある。これまでやってきたことを今さら変えてざわめきを起こしても、大した成果が見込めるわけではないから、従来通りのやり方でよいとする意見が多々ある。しかし、組織は変わることが定常と思えばよい。

［3］　型破り——アドリブ・ラグビー

平尾がキャプテンであったV1—V3期はバックスを中心としたパスワーク、スペースラグビーなど球技性で勝負をし、V4—V6期はキャプテンが替わり格闘技性の重視へ転換した。球技性でノウハウを蓄積しているので、これに格闘技性を追加してパワーアップをはかったのである。そしてV7を、球技性と格闘技性を総合する「タフ&スピード」のスローガンで達成した。

ラグビーは野球などとは異なり連続競技が多く、また攻防もめまぐるしく変わるスポーツである。ポジションはフォワードとバックスに大別されるが、必ずしも自分のポジションの競技に専念すればよいというわけにはいかない。その他のスポーツに比べてルールも最小限である。だからほんらい、型にはまった競技では済まない。しかし、日本のラグビー界では《型》が重視されてきた。

神戸製鋼チームの特徴は型のないラグビーを標榜していることにあった。個々の選手にあわせてチームを作るのであるから、最初から型があってそれに個人をはめるのではなくて、個々の選手を前提にして、彼らの能力が活かされるようにチームを作る。そのためにチームはいつも変わることになる。また、競技の仕方もアドリブ・ラグビーが推奨される。

平尾の口癖は《型のないラグビー》、《チームをいつも変えていたい》である。その最初の試みがパスで勝負する球技性のラグビーであった。この型破り（混沌）は七連覇の過程において、次々と試みられた戦法変化を特徴づけるものであった。神戸製鋼が成し遂げた全日本選手権七連覇の過程を貫く特徴は、スペースを有効に使って素早くボールを展開させる球技と、各人の判断によるアドリブ・ラグビーを実施したことである。だから、神戸製鋼の競技には決まった《型》はなく、戦法が変幻自在に変わる。選手の顔ぶれは毎年のように変わるので、競技の仕方もこれに応じて変える。ある年に採用された戦法が固定することはなく、次の年メンバーが少しでも変われば、戦法を変化させて、相手チームの予測をつかなくさせる。

こうした性質は《カオスの縁》の特徴である。それは一見秩序のない状態であり、先がどうなるか予測不可能な状態をあらわすが、だからといってまったくでたらめな状態でもない。ちょっとしたゆらぎの不規則な相互作用によって、新たなパターンを生み出す相転移の力が含まれる。そこでは、秩序を解体させることなく新たな情報創発が活性化する。カオスの縁は新たな情報創発が活発に発生する領域、システムが励起（ハイな）状態にある場所、自己組織化のためのゆらぎが多発する領域である。神戸製鋼チームの試みはこうした混沌を積極的に取り込んで、みずから新たなチームへと自己組織化していく力を備えていた。

［4］ 脱管理——監督制の廃止

このチームのもうひとつの特徴はコントロール・センターを認めないことにある。一九八四年に監督制を廃止している。ラグビーの監督は、試合中は観客席で見ているだけで、選手に指令を与えることができず、試合に参加している選手だけの判断で試合のやり方を決めなければならない。そこで監督は不要であるということになった。

管理を中心にした組織運営の問題点は、それがゆきすぎると成員の自主性が損なわれ、新たなアイディアや付加価値創造が起こりにくくなることである。スポーツの場面でいうと、自分で考えて練習に取り組み、試合に臨むことが少なくなることである。日本では、プロフェッショナルとアマチュアの区別なく、選手の自主性を活かしたスポーツはあまり見られない。ラグビーもその例外ではない。学生であれ社会人であれ、主流になっているのは監督主導型のラグビーである。神戸製鋼でもかつては管理主義が中心で、「やらされるラグビー」がおこなわれていたが、一九八四年に監督制を廃止して、キャプテンを中心とする体制を開始した。

《システムは最後》の哲学にとって、個々の選手の力量を高める作業が重要である。管理によって選手を型にはめるのではなく、異質な個性を編集し、まとめあげることがキャプテンシーの基本である。また、個人技をどう高めるかのノウハウを提示するのがキャプテンの役割である。個人の発想が生きるラグビーは、欧米ではごく当たり前のことだが、それができない日本社会の仕組みに問題があるだろう。そのためにもシステムは最後という組織哲学をじっくり検討する必要がある。

スポーツに限らず組織が絶えず自己変革し、高い組織力を身につけるには、まず個人ありきが大前提である。この条件が満たされて初めて、固定観念としての《型》を破るゆらぎの試みが発生する。それらは一時期、組織に混沌をもたらすかもしれないが、その混沌を排除することなく、そのなかから成員の協働によって創意工夫を生み出していくことが必要である。さらにその際、管理主義的な上からの制御を最小限にすることが重要である。あくまで、成員の自主性を尊重して、内側から新たな様式を形成する条件を整えるのである。こうすることで初めて、《自己組織化力》があらわれる。

5　結　論

エンパワーされた働き手は、既存の発想と組織のしがらみから解き放たれ、活きいきと働くようになるはずである。また、エンパワーされた組織はゆらぎや異質な試みを統制するのではなく、新たな秩序形成へ向けて支援するようになるはずである。このようにいうと、それは絵空事にすぎないと批判されるかもしれない。しかし、本章で議論したエンパワーメントの発想は、そのルーツを「生の哲学」にまで遡りうるものであり、人と組織の在り方の基本にかかわるものである。

冒頭で、組織メンバーの悲観論《ペシミズム》と虚無感《ニヒリズム》の問題指摘をおこなったが、実はこれらはニーチェが『力への意志』において、克服すべき対象として掲げたものである。ニーチェにとって力への意志とは、自発的で、常に新しい方向性や形態を模索することを可能にする意欲であり、まだ承認されていない新しい価値創造のための隠された原理である。だからこそ、彼はこの本の副題を「すべての価値の価値転換の試み」としたのである。

企業組織のリストラクチャリングとリエンジニアリングが叫ばれて久しい。リストラクチャリングは業態構造の再編（日本ではほとんど従業員の首切りのことになっている）、リエンジニアリングは業務過程の無駄を省いて徹底的な効率化を進めることである。リストラクチャリングは構造の問題であり、リエンジニアリングは機能の問題である。しかし、その先何をするのか。無駄なセクションを整理統廃合し、業務プロセスを効率化するだけでは、前向きな対応ではない。企業が何をめざし、どのような方向へ進むべきかを見定めることが重要である。

業態のリミーニング（再意味付け）を視野に入れたリストラクチャリングとリエンジニアリングでなければ、企業の生き残りは危うい。さらに、重要な点は、リストラクチャリングやリエンジニアリングだけの組織変革では、人々の意識は悲観論と虚無感に陥る可能性が高いことである。仕事に生きる意味を感じさせることが抜け落ちているからである。このような状態が広まることは、企業にとってまた社会にとって致命的な事態である。

ニーチェにとって「力」とは他者に対する支配欲（＝世俗的権力）のことではなく「生きる力」をあらわす。支配欲としての権力が横行するのは、人々の生きる力が萎えていることの証拠である。人を支配するという既成の価値評価に囚われることは、存在の生成という視点を欠落させることであり、新しい価値創造をもたらす力への意志の性質を見誤ることである。この力が萎えると生の沈殿現象が起きる。それは存在（生きること）の意味が消滅することであり、自己が所属する組織や周囲の環境に対してただ否定するだけの反応をもたらす。

人間がほんらい持っている無限の可能性を引き出して、環境変化に右往左往することなく、内から爆発する内破の力で絶えず生成変化を遂げること、これが力への意志であろう。人がこうした力を発揮して企業が活性化するような組織へ転換するには、管理を超えたエンパワーメントの仕組みを導入するほかない。

註

（1）ウルリッヒ・ベックらによる再帰的近代やアンソニー・ギデンズによるハイモダニティの議論を参照。Beck, Giddens and Lash（1994），Giddens（1990）.

（2）Jencks（1977）.

（3）Lyon（1994，訳 p. 22）．ポストモダン論は一九八〇年代、近代社会の地殻変動をあらわす思想として世界的にもてはやされたが、日本ではその実質的な内容を深めることもなく、バブル経済の崩壊とともに「もう古い」と捨て去られた観がある。しかし、欧米ではさまざまな角度から議論の積み重ねがなされており、ポストモダンの擁護派と反対派のあいだで生産的な論戦が展開されている。ライアンは、その経緯を踏まえつつ、ポストモダン概念のルーツをたどり、近代のどこが枯渇しているのか、ポスト産業社会とどう違うのか等を交通整理することで、ポストモダンとは何か、にわかりやすく答えようと試みている。

（4） Inglehart（1977）.

（5） なお、彼は精力的に国際比較調査を実施し、脱物質的価値が産業社会に浸透している経験的証拠を集めている。Inglehart（1989; 1997）参照。

（6） 一九五八年いらい毎年、一万人を対象に実施されている「国民生活に関する世論調査」（内閣府大臣官房政府広報室、二〇〇二）では、一九七三年より、これからの生活において重きを置きたい点を、「物の豊かさ」か「心の豊かさ」か、で尋ねている。この結果によれば、一九七五年までは「物の豊かさ」のほうが「心の豊かさ」よりも重要であるとする意識が高かったが、その後両者は拮抗状態を続け、一九七九年に「心の豊かさ」が「物の豊かさ」を上回ったのを機に、その後は「物の豊かさ」より「心の豊かさ」に重きを置きたいと答える人の割合が増え続けている。

（7） Bell（1976, 訳上 pp. 86–88）.

（8） Lash（1990, 訳 pp. 64–65）.

（9） 本書第2章参照。渡辺（1994, p. 21）。

（10） Maslow（1987）.

（11） 本書第2章参照。渡辺（1994, pp. 23–32）。

（12） Koslowski（1987, 訳 p. 134）.

（13） Koslowski（1987, 訳 p. 163）.

（14） Lash（1990, 訳 p. 8）. 訳書では脱分節化は脱‐分化と翻訳されているが、脱文化と紛らわしいため、本章では脱分節化という訳語を用いることにしている。

（15）Lash（1990, 訳 p. 251）.

（16）Lash（1990, 訳 pp. 25–26）. およびその後の説明を参照。

（17）Waterman（1994）.

（18）バッキンガム（2005）.

（19）Seifter and Economy（2001）.

（20）『科学的管理法の原理』の「はしがき」でフレデリック・テイラーは人間よりもシステムを優先する必要性を強調した。この表現に管理哲学の基本が象徴的に示されている。彼が科学的管理法を編み出す背景にあった問題は、生産コストを引き下げると同時に高賃金を約束することが可能な生産効率の実現にあった。Taylor（1911）.

（21）ポストフォーディズムと柔軟な専門化については、以下の書物を参照。Piore and Sabel（1984）, Koch（2006）.

（22）Piore and Sabel（1984, 訳 p. 62）.

（23）山崎（1987, p. 171）。

（24）今田（1997）および小橋・飯島（1997）も参照のこと。支援学を提唱した書物として、私も書き手として参加している、支援基礎論研究会（2000）がある。

（25）舘岡（2006）。

（26）舘岡（2006, pp. 127–132）。

（27）なお、認知科学の立場から意思決定の支援を扱ったものとして、小橋（1988）が参考になる。

（28）今田（2005, p. 247）。なお、ここでの支援の議論は、第6章「支援型の社会システムへ」の議論を参照したものである。

（29）今田（1997）。

（30）Adams（1996, p. 5）.

（31）青木幹喜（2000）は、二〇〇〇年に発表したエンパワーメント論にかんするサーヴェイ論文で、次のように問いかけている。「経営学においてエンパワーメントという言葉がどういう意味で使われているのかに関しても、それを権限委譲と考える人もいれば、もう少しそれをサイコロジカルに捉える人もいるといったように、その定義からして確定したものが見あたらない。また、なぜあえてエンパワーメントという言葉を使う必要があるのか、エンパワーメントが権限委譲と同義だとしたら、古くから使われてきた権限委譲という言葉を単にエンパワーメントという言葉に今風に化粧直ししただけなのか。それとも、もう少し深い含意があるのかといった疑問もわく。そして、エンパワーメントというコンセプトを使用することによって、経営の諸問題のうち何が解決されるのか、何が変わるのかといった諸問題も浮かび上がる」と。なお、その後、青木（2006）はエンパワーメント概念を経営学に導入し、従業員の自発的な取り組み・自律性を促すマネジメントと位置づけて「新しい戦略を創造しうる能力」を引き出すためのキーワードとみなしている。

（32）Conger and kanungo（1988）.

（33）Thomas and Velthouse（1990）.

（34）Norden-Powers（1994）. Johnson（1992）も参照のこと。

（35）Beirne（2006）.

（36）本節での議論については以下の拙論を参照。今田（1993b; 1994; 2003）。

（37）Nietzsche（1887, 訳 p. 91）.

（38）生命の躍動については、Bergson（1907, 訳 pp. 109–120）を参照。

（39）Deleuze（1956, 訳 pp. 41–42）.

（40）自己組織化の理論は自然科学分野で登場したものであるが、私はこれを社会理論のパラダイムとして位置づけ直す試みをおこなった。今田（1986）を参照。

自然科学分野の業績としては、Nicolis and Prigogine（1977）の熱力学における「散逸構造の理論」およびこれとほぼ同一の論理を持った Haken（1976）の「シナジェティクス」および Maturana and Varela（1980）の「オートポイエシス」(autopoiesis) などが代表的である。

日本で、自己組織化を社会科学の視点から取り上げた試みが、一九八〇年代後半から九〇年代初頭にかけて輩出しているが、それらを代表するものに先の拙著のほか須藤 (1988)、正村 (1989)、江口 (1990)、吉田 (1990)、小畑 (1991)、今田 (2005) などがある。

(41) これらの理論は、Prigogine (1980)、Nicolis and Prigogine (1977)、Haken (1976)、Varela (1979)、Maturana and Varela (1980) などで展開されている。

(42) 大沢 (1984)。

(43) 1/fゆらぎについては、武者 (1980) を参照。

(44) 自己組織化を促す四条件については、今田 (2005, pp. 28–34) を参照。

(45) Gleick (1987, 訳 p. 22)にこのわかりやすい説明がなされている。

(46) 本節の議論については、今田 (1998) を参照。

(47) 今田 (1993a)。

(今田高俊)

5章　グローバル時代の仕事と政府の政策

1　「欧州社会モデル」と政策論争

「欧州社会モデル」（European Social Model）は、「ヨーロッパ的」でないばかりでなく、あまり「社会的」でもなく、さらに「モデル」ですらない、と言われてきた[1]。この社会モデルが、有効な福祉制度を備えて不平等を制限する、ということを意味するならば、先進国の中には、ヨーロッパよりヨーロッパ的であるといえる国もある。例えば、オーストラリアとカナダは、ＥＵ拡大後の新規加盟国のほとんどは言うに及ばす、ポルトガルとギリシャよりも、不平等の撤廃に関して高い水準を誇っている。欧州社会モデルはどのように定義されようとも、基本的には経済的繁栄および富の再分配に依存するという意味で、純粋に社会的な概念ではない。また、ヨーロッパ諸国の間には、福祉制度や不平等の程度などの点において大きな隔たりがあるので、それは単一のモデルではないというのである。

このように欧州社会モデルをめぐっては、基本的には福祉国家を母体としながらも、多くの異なった定義がなされている。例えばダニエル・ヴォーン・ホワイトヘッド（Daniel Vaughan-Whitehead）は、欧州社会モデルを構成する一五の要素をリストに挙げている(2)。ひとまずここでは、欧州社会モデルは単一の概念ではなく、価値、成果、および願望の混じりあったものであり、その実現のされ方や実現の程度はヨーロッパ諸国の間でさまざまに異なるものである、と結論づけておこう。

欧州社会モデルの背景には、一連の一般的な価値観がある。その中には、社会横断的にリスクを共有すること、社会的連帯を脅かす不平等を封じ込めること、活発な社会介入を通して最も弱い立場にある人々を保護すること、産業においては直接的な対立ではなく対話を養うこと、そして、社会・経済的市民権のための豊かな枠組を社会全体に提供すること、などが含まれる。

［1］　過去と未来

欧州社会モデルの支持者と反対者が、多少なりとも共有しているのは、現在、欧州社会モデルは、大きな困難に直面している、あるいはすでに失敗に終わろうとしている、という認識である。しかしながら、ここで我々は、より大きな文脈の中に状況を布置することから議論を始めてみるべきであろう。一九六〇年代および一九七〇年代は、現在に比べると、高い経済成長、低い失業率、そしてすべての人を対象とする社会保障が存在し、市民が今日よりはるかに安心していられた時代であると考える人々もいる。彼らはこの時代を福祉国家の「黄金時代」と呼んでいる。こうした見方をする人々にとってみれば、欧州社会モデルは、外部の圧力、特に自由化と結びついた外圧によって「攻撃」され、次第に弱体化した、あるいは部分的に解体されたものと映る。

しかし、現実はもっと複雑である。この期間においても、スペイン、ポルトガル、ギリシャおよびほとんどのEU後期加盟国では、福祉制度は脆弱で不適切なものであり、決して黄金時代と呼べるような時期ではなかった。より進歩的な福祉制度を備えていた国々においてさえ、全てが輝かしいものであったとは言えない。その時代は、大量生産制と官僚的なヒエラルヒーによって支配され、そこでの管理方式は、多くの場合、独裁的なものであった。また、多くの労働者が組立てラインでの労働に従事し、ほとんどの女性は希望しても仕事に就くことができなかった。若年層においては、わずかな割合の人々だけが高い教育を受けることができ、提供される健康・医療サービスの範囲は、現在と比べてはるかに限定されたものであった。老齢者は厳格な定年制によって引退へと追い込まれていた。国家は一般に、国民を能動的市民としてではなく、受動的な臣下として扱っていた。過去三〇年にわたる福祉制度の変化のうちのいくつかは、これらの欠陥の修正を目指して行われたものであり、進歩的で、かつ必然的なものであった。

もちろん、世界は「黄金時代」以来、大きな変貌を遂げた。欧州社会モデル、そしてEUそのものが、大部分、両極化した世界の産物である。「混合経済」およびケインズ的福祉国家は、西ヨーロッパを、一方ではアメリカ市場自由主義から、また他方では国家中心的ソビエト共産主義から区別する概念として役立ってきた。ベルリンの壁の崩壊、つまりヨーロッパの九・一一[3]は、ヨーロッパ諸国においてアイデンティティの問題を生じさせ、EUの性格をほぼ完全に変えてしまった。その問題は、フランスとオランダによるEU憲法案拒否という事実に反映されるように、いまだに解決されていない。

西洋におけるケインズ主義の終焉、およびソビエト共産主義の崩壊は、同じ流れの中で起きたものである。つまり、グローバル化の進展、世界的な情報秩序の隆盛、製造業の縮小（とその低開発国への移行）、さらには新たな形態の個人主義と消費者権力の拡大、といった一連の現象と同じ流れの中で起きたものである。そしてこれらの変化の潮流は過ぎ去ったものではない。その衝撃の影響は今日も続いているのである。

「欧州社会モデル」という言葉は、歴史的に古いものではない。それはせいぜい一九八〇年代の初めごろから使用され始めた言葉である。ちなみに「社会的ヨーロッパ」(social Europe) という言葉はもっと古いものである。「欧州社会モデル」の概念は、自由市場的な考え方が優勢になってきたまさにその頃に導入されたものである。欧州社会モデルの概念は、これらの新たな正統派自由市場主義と対比させて、「ヨーロッパ的アプローチ」の特徴を再定義する試みの一部であったのである。

以上述べてきた潮流は根本的なものではあるが、今日の欧州社会モデルが抱える問題が、地球規模の環境変化だけに由来するものではないということを認識することは本質的なことである。欧州社会モデルの中心的困難のうちのいくつかは内部的なものであるか、あるいは、より広い世界のマクロな変容とせいぜい緩やかな関係で結ばれているに過ぎない。その変容の中には、人口構造の変化(特に高齢化、年金問題、および出生率の激減)、片親の家族の増加による家族構成の変化、貧困な女性および子供の増加、労働市場の改革が進まないことによる高い失業率などが含まれている。

EU一五カ国がアメリカと比較される場合に特にそうであるが、ヨーロッパが直面している困難が控えめに表現されることがある。(4) そうした意見によれば、ヨーロッパの人々はライフ・スタイルの選択を行ったのである。ヨーロッパの人々は、あるレベルの可能な経済成長と引き換えに、アメリカ人よりも多くの余暇を享受している。いくつかのEU加盟国の生産力はアメリカのそれに匹敵するものであり、ヨーロッパのより強力な福祉制度のおかげで、EU諸国はアメリカよりもワーキング・プア(働いていても貧しい人々)の数が少ないのである、と彼らは言う。

しかし、最近の研究が実証するように、こうした意見は説得力に欠けるものである。[5] ＥＵ一五カ国の平均成長率は一九八〇年代以来、相対的な低下を見せている。一国当たりのＧＤＰは、この期間のアメリカの水準の七〇％に達していない。アメリカはこの間、より高い成長率を達成したのみならず、マクロ経済を見てもより安定した傾向を示している。一人当たりのＧＤＰをアメリカと比較した場合に顕著になる違いのうち、およそ三分の一は低い平均労働生産性に、三分の一は低い就業率に、そして三分の一は短い労働時間に由来するものである。しかしながら、これらのいずれをとってみても、単純にライフ・スタイルの選択の結果だということはできないし、またこれらは全て欧州社会モデルの安定性に影響するものである。ＥＵにおいて二〇〇〇万人が失業中である。さらに九三〇〇万人の経済的に不活発な人々がいる。この数字は、アメリカよりもはるかに大きな数字である。高齢の労働者（五五歳以上）の就業率は、日本で六二％、アメリカでは六〇％であるのに対し、ＥＵでは四〇％である。

確かに、これらの違いのうちのいくつかは、ヨーロッパ人の「余暇を好む傾向」、および、アメリカ人よりも均衡のとれた「家庭と仕事のバランス」から帰結するものである。しかし、ヨーロッパには、若者、そして五五歳以上の人々を含む、働きたくても働けない多くの人々が存在し、そのことは移民にも当てはまる。アメリカは、移民を労働市場に統合するにあたって、ＥＵ諸国よりもはるかにうまく事を運ぶことができた。二〇〇二年のＥＵ一カ国における居住国の国民でない人々の失業率は、国民の二倍であった。これに対し、アメリカでは、両者の割合はほとんど同じである。ＥＵ拡大は、「余暇を好む傾向」とはかけ離れた一連の問題をもたらした。拡大は、ＥＵの人口を二〇％増加させたが、ＧＤＰの増加はわずか五％であった。不平等と結合力（cohesion）の問題は、ＥＵ全体でも、ＥＵ諸国内部でも深刻さを増している。

したがって、最近では「欧州モデルの安定性」はますます疑わしいものになった、という結論は当を得ているようである。[6] より高い経済成長率とより大きな雇用創出を達成することが最優先されなければならない。なぜなら、現在の低成長と高い公共支出を継続させることはできないからである。

[2] 相互学習の可能性

ヨーロッパの福祉制度において、相互の学習を制限する「経路依存性」（path dependency）がどれくらい浸透しているかに関して、政策専門家の間で激しい論争が巻き起こっている。ゴスタ・エスピン－アンデルセン（Gøsta Esping-Andersen）の研究によると、主に三つあるいは四つのタイプの「福祉資本主義」がヨーロッパに存在するという。[7] (1)第一は、高い課税と福祉国家内で提供される多くの雇用機会に基礎を置く北欧型、(2)第二は、主として給与総額に応じた貢献に基づく中央ヨーロッパ型（ドイツとフランス）、(3)第三は、低い課税基準と目標を定めた政策を特徴とする「残余的な」福祉制度の形式であるアングロサクソン型、である。アンデルセンが最初に識別したこれら三つのタイプに加え、第四のタイプとして、さらにかなり低い課税基準を持ち、家族からの供給に大きく依存する地中海型（イタリア、スペイン、ポルトガル、ギリシャ）がある。[8]

アンデルセンは、トービン・イベルセン（Torben Iversen）およびアン・レン（Anne Wren）[9] によって定式化された「サービス経済トリレンマ」から多くの示唆を得ている。「サービス経済トリレンマ」の考え方によれば、先に挙げた異なるタイプの福祉システムに横断的に政策を実施することは制限される。つまり、この考えによれば、現代のサービス経済において、財政均衡、所得均衡、そして高い雇用率の三つを同時に達成することは不可能である。政府は、これらの目標のうちの二つならば、同時期に実現することができるが、三つ全てを同時に達成することはできない。これら異なるタイプのシステムが区別されるのは、これらのシステムが選択した政策の組み合わせが異なっているからであるともいえる。

例えば、北欧諸国では、福祉国家は雇用主として振る舞い、公共部門におけるサービス業の職の数を増大させる。税率は非常に高くなければならないし、常に借り入れ金の水準が高くなる傾向が生ずる。イギリスとオーストラリアのようなアングロサクソン系の国々は民間部門において多くの雇用を創出し、財政面での規律を維持することができた。しかし貧困の水準は高い。これと対照的に、ドイツ、フランスのような中央ヨーロッパ型では、不平等を緩和し、(少なくとも近年までは) 予算を抑制することに重点をおいてきた。しかしながら、これらの国々は雇用が伸びないことに悩まされている。

しかし実際のところ、経路依存性はどの程度影響力を持っているのだろうか？「トリレンマ」は本当なのだろうか？ アントン・ヘメリック (Anton Hemerijk) らは、これらを実証する証拠が「驚くほどあてにならない」ものであることを示す説得力ある主張を行っている[10]。スカンジナビアの最近の歴史は、健全な国家財政、低い不平等および高水準の雇用の実現が現実に可能であることを示唆している。逆に、現在のドイツの失業率の高さと公的負債の増大を見れば、トリレンマのうちの一つだけしか達成されないこともあり得る、ということがいえる。また、様々な「タイプ」の区別は、あまり明確なものではない。例えば、北欧諸国の状況は相互に非常に大きく異なっている。またドイツとフランスが同一のタイプに属するかどうかも明白ではない。イギリスは「残余的」福祉国家であるとされているが、現在のイギリスの課税水準はドイツとほぼ同じである。国民保健サービス (NHS : National Health Service) の形で、イギリスはヨーロッパでもっとも「社会的な」医療システムを持っている[11]。ヘメリックは、変化する状況に最もよく適応してきた福祉国家は、他のモデルからさまざまな部分を借用し、「混成型モデル」を創り出している、と結論づけている。この結論は説得力のあるものであると考えられる。以下の議論では、モデル間での相互学習の可能性は非常に大きいことを示したい。

2 「新欧州社会モデル」から何を学ぶことができるか?

今まで述べてきた困難を念頭に置いた上で、競争力と社会的公正を組み合わせることに関して、ヨーロッパの過去数年の経験が我々に示してくれることを述べてみる。我々は今日の成功物語を、用心深く観察する必要がある。それらの成功物語は、明日になれば失敗物語に変わってしまうかもしれないからである。しかし、それらはさしあたって我々に最良の推測を提供してくれる。次に述べることはあくまで概要であり、詳細はこれから発展させることができるであろう。そして常に詳細の中に論争の種があるということも忘れてはならない。

(1) 雇用創出

経済成長と雇用創出を最優先するのは正しいことである。適切な最低賃金を伴った高い雇用水準が望ましい理由は一つだけではない。職に就いている人の割合が増えれば、社会投資および社会的保護に、より多くの資金が運用可能になる(他の条件が同じであれば)。また、職を持つことは貧困から抜け出す最良の方法でもある。平均七〇%以上の労働力を就業させることを目指すリスボン・アジェンダの目標は、原理的にはまったく非現実的であるというわけではない。しかし、雇用比率がこの数字をはるかに下回る国々においては、すべては改革する意思があるかどうかにかかっている。

もちろん、より多くの仕事を生み出すことに関係する要因は数多い。しかしながら、ヨーロッパの中で七〇%以上の雇用率を誇っている国々がすべて、活発な労働市場政策を実施していることは単なる偶然ではない。こうした政策は、失業中であるか、あるいは失業に脅かされている労働者に訓練の機会を提供し、さらに労働者と空きポストを積極的にマッチさせるものである。これらの政策はスウェーデンで何年も前に初めて導入されて以来、広く採用されてきた。それらすべては同種のものではない。最も効果的なのは、再訓練と再雇用のために、社会的パートナーシップと恩典への普遍的アクセスをうまく結合させること、つまり「フレキシブルな安定」(flexicurity) である。

他国への導入可能性については疑念が残るけれども、デンマークの事例は広く引用されている[12]。失業率の高い国々では、政治指導者を含む多くの人々が、デンマークの政策に関心を示している。実際に導入するのは政治的にきわめて難しいことが判明したとはいえ、ドイツの「アジェンダ2010」はそうした導入の最も重要なケースである。フランスでもいくつかの改革が導入されており、フランスでは「デンマーク・モデル」が流行しているといわれる[13]。

(2) 税　率

政治的右派は、競争が激しくなる世界で成功できるのは税率の低い経済だけである、と主張している。しかし、その主張に反するような実例が明らかになっている。ＧＤＰに対する課税の割合と経済成長、あるいはＧＤＰに対する課税の割合と雇用創出との間には、直接的な相関は見られないのである。しかしこの税率には恐らく上限があるであろう。かなり長期にわたって先進国の中で最も税率が高かったが相対的に見ると一人当たりの所得水準は著しく低下したスウェーデンの事例は、このことをよく示している。しかし、国家の規模よりも重要なのは、国の諸制度の有効性と、経済・社会政策の内容である。

(3) 労働市場の柔軟性

労働市場の柔軟性（フレキシビリティ）は、成功した国々の政策的枠組の本質的な部分である。それはアメリカ式の簡単に雇って簡単に解雇する雇用の方式を意味するものではないが、技術進歩が加速する時代においては、「雇用され得る能力」（employability―積極的に先に進むことができる能力）が第一義的な重要性を持つことになる。技術の変化への対応が重要であるため、移動はしばしば同じ職務内でも起こる。ＥＵ一五カ国の経済では、一九九五年から二〇〇五年の間に使われた技術の八〇％が開発されてから一〇年未満の技術であると推定されるのに対して、労働力の八〇％は訓練開始から一〇年以上経過した労働者である。

今日の経済において競争力を保つためには、すべての製品、資本および労働市場は柔軟性を持たなければならない。「柔軟性」は雄牛へ突きつける赤い布のようなものである。特に柔軟性が労働市場に適用された場合には、規制緩和を意味し、労働者を経済的により不安定にし、ワーキング・プアを増大させる。柔軟性の拡大は、事実、規制緩和を伴うものである。つまり、革新と技術的進歩を妨げる規則や規制を取り除き、再構築するための規制緩和である。柔軟性の拡大はコストなしには不可能であり、何らかのトレードオフが必要となる。しかし、大規模な失業が存在する地域、特に長期の失業者が多い地域においては、柔軟性の拡大に伴う社会的・個人的コストがいかに大きいかということは、いくら強調しても強調し過ぎることはない。

雇用創出の統計的数字は、示唆に富むものである。現在ほとんどすべての先進国で、四半世紀前よりも多くの仕事がある。数少ない例外は、スウェーデン、フィンランドおよびスペインである。アメリカでは四五％以上の職がこの四半世紀の間に創出され、カナダでも同程度、日本では二四％が創出された。一方、ＥＵ諸国においては、雇用率の増加はわずか平均四％であった。アメリカで生み出された新たな職のうちの高い割合（およそ半分）が熟練労働か、もしくは専門的職業であった。そして、しばしば与えられる解釈に反して、相対的な意味で利益を得た人の大部分は、女性、および黒人を含むマイノリティであった。

現在のアメリカにおいて、企業規模が上位二五位までの企業のうち、六社を除くすべてが一九六〇年の段階では非常に小規模であったか、あるいは存在すらしていなかった。これと対照的に、ヨーロッパでの事情は全く異なる。ヨーロッパでは、一九六〇年には、現在の上位二五企業はすべて存在していた。ヨーロッパの問題は、革新的な小さな会社が大企業に成長しない、ということである。実際国によっては、企業が政府の定めた規則や規制から逃れるために、懸命になって規模を小さく保っているケースも少なくない。イタリア北部では、成功した小さな企業が多く存在するが、規制の適用外にとどまるために、従業員一〇〇〇人未満の規模を維持しており、同じようなことがドイツでも起きている。二〇〇〇人未満の従業員の会社は共同決定に関する法律を遵守する必要がない。そこで、この水準以下にとどまるために、規模を縮小し、事業を可能な限り下請けに任せようとする企業が存在するのである。

労働市場がこのような進展を見せる中で、現在、ヨーロッパの政治に関して互いに対立する二つの展望がある。フランス社会党は、イギリス、オランダ、デンマークのような他の政府とは異なる解決策を試みている。社会党は、費用の大半を政府予算から支出し、七〇万の最低賃金の職を民間部門と国家部門において半分ずつ創出することを提案している。一九九九年前半までに、約一〇万の雇用が創出された。それらはすべて国家部門あるいはボランティア部門だった。党の第二の戦略は、週三五時間の労働時間制度を従業員二〇人以上の企業で導入するというもので、二〇〇〇年一月の実施を予定していた。

週三五時間の法定労働時間の規定は労働のフレキシブル化に逆行するように見えるが、実際には、柔軟性を促進する兆しがいくつか見られる。フランス人の雇い主は、この法定労働時間にうまく適応するために、より多くのパートタイム労働に加え、シフト制労働と週末労働を導入しようとしている。こうした変化が起きるなら、社会党の狙いは実を結ぶかもしれない。しかしその一方で、この制度があまりに厳格に適用されるとしたら、改革の必要性が無くなるどころか、むしろ必要な改革を妨げることになりかねない。

左翼の評論家の中には、積極的な労働市場政策は、問題解決には本質的に無関係であると言う人々もいる。なぜなら、まず第一に仕事がもともと存在しなければならないからだというのである。雇用創出の最も重要なメカニズムは経済成長であるが、経済成長はそれだけでは労働市場の抱える問題を解決することはできない。EU諸国では、一九八四年から一九九四年の間に平均経済成長率は二・三%であったが、新たな職の数は取るに足りないわずかな増加を示しただけである。

「柔軟性」は、評判の悪い言葉であり、特に左派の間では悪評が高い。彼らにとって、柔軟性の拡大は、資本主義的競争のために従業員の要求を犠牲にすることを意味する。しかし、労働市場に関する規制の内容は、少なくとも、どの程度規制するかということと同じくらい重要である。多くの労働権は今後も残るであろうし、残るべきである。それらの権利の中には、代表権と協議権、労働条件の規制、差別を禁ずる法律などが含まれる。アイルランドは、こうしたEU労働法をすべて実施しながら、驚異的な成長を遂げてきた。[14]

実際、多くの労働者が、家族の要望に応えるためにフレキシブルな労働やパートタイム労働を欲している。また、柔軟性は、現代社会における日常生活の様々な傾向にかなり適合的である。いつ、どこで、どんな仕事に就くかということも含め、一世代前に比べると、ほとんどの市民が、はるかに幅広い選択肢の中から自分に合ったライフ・スタイルを選ぶということに慣れている。

(4) 知識経済

ずいぶんもてはやされている「知識経済」は、単なる空虚な用語ではない。つまり、この言葉はリスボン・アジェンダにおいて発明されたものであり、インターネット・バブルが崩壊した時に意味を失ってしまったという見方は適当ではない。この言葉は、正確には「知識・サービス経済」と呼ばれるべきである。EU一五カ国では現在、製造業従事者は、平均して全就業者のわずか一七%で、その割合はまだ下がり続けている。別の言い方をすれば、八〇%以上の人々が知識産業やサービス業で働くことによって生活費を稼がなければならないということである。

知識経済はまだ完全に支配的というわけではないが、徐々にそうなりつつある。グローバル化のより広範な諸局面と結びついて、経済活動の本質における重要な変化を引き起こすことになった。情報技術、および通信技術は新しい経済を推進する強力な手段となったが、そこでの主役は、物質的な商品を直接生産しない知識労働者である。そのような労働者のノウハウは企業にとって最も貴重な形態の財産である。マイクロソフトのような企業の価値を評価するために、今まで企業価値を測るために慣習的に用いられてきた土地、工場、原料のような評価基準は、あまり役に立たない。企業の市場価格に比べると、企業の有形資産は非常に小さい。企業の帳簿価格に対する市場価格の比率は、有形資産と販売価格の差を表すものであるが、ゼネラル・モーターズの値は一・六に過ぎないのに対して、マイクロソフトの値は一三以上である。

今日の経済において活発な分野は、金融、コンピューター、ソフトウェア、テレコミュニケーション、バイオテクノロジー、および通信事業である。アメリカでは、テレコミュニケーション分野は自動車製造業と自動車部品製造業を合わせたよりも多くの人々を雇用している。またアメリカでは、健康・医療産業の年間売上高は、石油精製業、飛行機・自動車製造業、材木搬出業、鉄鋼業、海運業のすべてを合わせた額よりも高い数字を示している。

もちろん、製造業はいまだに重要である。今日では、製造業はある程度、非西洋諸国へ再分配されるようになった。しかしながら、小売活動と流通活動がそうであるように、ほとんどの製造工程が情報技術と密接な繋がりを持つようになった。また、アイデア、イメージ、ブランドネームは、収益を上げる上で製造の効率よりも重要になった。効率的な製造は、収益を上げるための必要条件であり本質的なものではあるが、十分条件ではないことは明らかである。

社会や地域は、農業経済から、古いスタイルの産業化の段階を経験することなく、知識経済へと移行することができる。農産物市場が金融市場に取って代わられたシカゴの五大湖周辺の地域が、その一例である。活発な議論を呼んだ「インドのシリコンバレー」、バンガロールもまた一つの事例である。

新しい経済では、イノベーションとニッチ・マーケティングが非常に重要であるために、製品サイクルが、かつてよりもはるかに早く動く傾向がある。日本の自動車製造業界は現在、二年間のサイクルで動いているし、日本の電化商品メーカーは三カ月を一サイクルと考えている。金融市場は最も早く動く。ほんの数時間しか商品としての価値を持たない商品もある。数時間の間に競争相手に追いつかれてしまうのである(15)。

「我々は大きいものが小さいものを打ち負かす世界から、速いものが遅いものを打ち負かす世界へ移行した」という言説は適切なものである。一九八五年に、インテルは以前のチップよりはるかに効果的に機能する新しいマイクロプロセッサーをリリースした。IBMはその当時顧客に、IBMの最新のコンピューターを購入すれば、その後五年間は時代遅れにならないことを保証する、と言っていた。IBMはインテルのチップに関心を示さなかったので、インテルはコンパックと取引した。やがてコンパックはIBMの巨大なビジネス部門を買収することになったのである。

また、我々は、重いものが軽いものを打ち負かす世界から、軽いものが重いものを打ち負かす世界へと移行しようとしている(16)。『エンサイクロペディア・ブリタニカ』の事例がそのことをうまく説明してくれるだろう。『エンサイクロペディア・ブリタニカ』は二世紀の間、世界の百科事典の中のベストセラーとして他の追随を許さなかったが、一九九〇年代前半、CD−ROM版で出版された二つの百科事典（そのうちの一つはマイクロソフト社製）によって追い抜かれることになった。古典的百科事典である『エンサイクロペディア・ブリタニカ』は、大きく、巻数が多く、全面的な改訂は一〇年に一度であったのに対し、CD版の百科事典は、書籍形式の百科事典の一〇分の一の価格で、より多くの内容が含まれているうえ、三カ月ごとにアップデートされるものだった。

『エンサイクロペディア・ブリタニカ』の出版社は、抜本的な対抗戦略をとった。彼らは、百科辞典の全内容をインターネット上に載せ、加入者に一日当たりの料金を課すという方式をとることにより、CD−ROM版を打ち破ることができた。この方式により、内容を一時間ごとにアップデートすることができ、CD上に保存されるよりもはるかに多くの詳細な情報を利用できるようになった。このシステムは、ウェブサーバーに接続できる加入者がウェブ上のすべての情報を資源として利用できる「ホットなリンク」を生み出したのである。ブリタニカ社は、購読ライセンスのサービス提供者となり、多くの教育機関と協定を結んだ。一九九九年の一〇月、ブリタニカ社は『エンサイクロペディア・ブリタニカ』の中の四四〇〇万語すべてを、インターネットで無料公開すると発表した。ブリタニカ社は、その費用支出分を、電子商取引（e－コマース）と広告収入で賄う計画であるという。しかし、この新たなやり方は、今後二〇〇年間、有効であり続けるだろうか？　それはとうていあり得ないことのように思える。

政府は、消極的な防御に回るならば、新しい経済における有効な役割を果たすことができないであろう。右に述べたような変化が起きる時、市民はこれまでと同じように政府の力を必要とする。しかし、国家による介入は方向転換をする必要があるし、他の機関との協力が不可欠になるであろう。

我々は、「金融」、「製造」、「知識」を一つの三角形として、知識経済の影響を考えることができる。古い経済では、製造業はこの三角形において支配的な位置を占めていた。金融市場は、もちろんそれ自身の活動を持ってはいたが、工業生産の要請に連動して動いていた。グローバル化する経済では、金融市場はより一層、自律の度合いを高めている。金融市場は、事実上、製造業者の活動を精査する役割を果たしている。知識は、生産性向上の鍵となる要素としてますます重要になり、製造に従属する度合いは以前よりもはるかに低くなっている。市場に関する利用可能な知識が複雑さを増すのに伴い、金融市場はますます多様化している。工業資本の制御と金融市場の規制は、依然として中道左派政権の主要な課題である。しかし、三角形のもう一方の点である知識は、さらにもっと重要になってくる。政府は情報経済の潜在能力を十分に発現させるための「情報基地」を構築する必要がある。

知識経済において完全雇用は可能である。前述したようなヨーロッパ経済のいくつかは、それを達成している[17]。しかし、それには代償を支払わねばならない。知識経済で創り出される雇用の三分の二以上は熟練労働である。これらは、いわゆる「魅力的な仕事」であり、さらに増加する傾向にある。EU一五カ国では、一九九五年から二〇〇四年の間に、高度な資格を必要とする仕事の割合が二〇％から二四％に上昇した。

未熟練労働の割合は三四％から二五％に低下したが、依然として多くの人々が店舗やスーパーマーケット、ガソリンスタンド、喫茶店などで働いており、未熟練労働に従事しなければならない状況にある。最低賃金は、未熟練労働を排除してしまうほど高く設定することはできない。さもなければ、未熟練労働に付随する管理職や熟練労働も無くなってしまう。最低賃金は、ワーキング・プアがいなくなるように適切なレベルで設定される必要がある。また、でき得る限り人々がこうした未熟練労働から脱出できるようにしなければならない。

(5) 教　育

教育投資、大学の拡大、情報通信技術の普及は、欧州社会モデルの近代化にとって重要な部分である。フィンランドは情報通信技術の先導者であり、同時に強固な福祉制度をもつ国として興味深い事例である。マニュエル・カステル（Manuel Castells）が指摘したように、フィンランドの例は、「規制が緩和された環境の中ではハイテク経済はシリコンバレーを見本としなければならない」という命題が誤ったものであることを示している[18]。フィンランドは、情報技術の浸透度がアメリカよりも高く、一九九六年から二〇〇〇年の間の成長率は五・一％であった。また同時に、フィンランドは、社会的公正さと税基盤の大きさにおいても、すべての先進国の中で最上位に近い。カステルは、フィンランドは他の国にとっての希望となる、と結論づけている。フィンランドは、わずか三世代前まではでは、とても貧しい農業国だったのである。

教育は、経済効率の上昇と市民社会の統合の両方を推進することのできる主要な公共投資である。教育は静的な形では知識経済への投資になり得ないが、知識経済の働きによってそうしたものになり得る。教育は人生の為の準備であると伝統的に考えられてきたが、こうした態度は、より多くの人々が教育を受けられるようになるにつれ広まっていった。初等教育は国民全員の義務となり、さらに中等教育が義務となった。高等教育もより多くの学生を受け入れるようになり、拡大していった。しかし、教育は大人として出発するのに必要な何らかの資格を獲得するためのものであるという基本的な考え方はあまり変わっていない。

教育は、個人が生涯を通じて発達させることができる能力という点に焦点を合わせ、再定義される必要がある。伝統的な学校や教育機関は、その他の多様な学習の仕組みに包囲され、ある程度破壊されていくかもしれない。例えば、インターネット技術は、多数の聴衆に教育を受ける機会をもたらすかもしれない。古い経済秩序の中では、仕事に必要な基本的能力は、比較的不変であった。学習能力（そして、古い習慣を捨てることができる忘却の能力）は、知識経済の中で働くためには不可欠である。昔ながらの古い技術を使用していては、新奇なマルチメディア・アプリケーションを作ることはできない。なぜなら、その仕事はほんの少し前には存在しなかったからである。

政府にとっては、幼少期から始まり高齢になっても続く教育プログラムを開発し、「生涯教育」を強調する必要がある。専門的な諸技能のトレーニングは多くの仕事を渡り歩くためには必要であるかもしれないが、より重要なのは、認知的および情緒的能力の開発である。無条件の恩典供与に依存するといった政策ではなく、節約を奨励し、教育のための資源およびその他の個人的な投資機会の利用を促すような政策が重要である。

（6）企業に対する政策

競争力の無い産業を保護する政策、また、国を代表する大企業を優遇する政策は、せいぜい過渡的に使用することができるに過ぎない。困難を抱えている産業への政府の投資は、企業が調整と革新を実施する間は、苦しい時期を切り抜ける助けになるかもしれないが、より積極的な介入は、反生産的であるか、悲劇的なものにさえなる可能性がある。もし一九八〇年代にＩＢＭが国家を代表する大企業として選ばれ、政府によって保護されたとしたら、アップル社、マイクロソフト社、インテル社など業績を伸ばしていた競争相手は、おそらく凍死の憂き目にあっていたことだろう。こうした産業においては、少なくとも現時点では、アメリカが世界を主導する位置を得ているのである。

アメリカ政府が情報技術産業においてそうしたように、政府はこうした発展に関連して供給側《サプライ・サイド》に立ってイニシアティブを取ることもできる。科学技術関連分野への投資は、この意味で一つの重要な要因である。企業家精神の促進を手助けするような環境を作ることはもう一つの重要な要因である。これもまた民間産業だけでなく国や市民社会に関わる事柄である。

企業家たちは、古い左翼と新自由主義者の両方から処刑前のわずかな懺悔期間をもらっている[19]。左翼は、企業家を、利益追求のために労働力からできるだけ多くの剰余価値を引き出そうとする利己的な人々と見てきた。新自由主義理論は、市場の需要によって意思決定がなされる競争市場の合理性を強調する。しかしながら、成功した企業家というのは、イノベーションを行う革新的な人々である。なぜなら、彼らは他の人が見逃した可能性に目を向けたり、他人が回避したリスクを請け負ったり、時にはその両方を行うからである。企業家文化を奨励しない社会は、創造的なアイデアから湧いてくる経済エネルギーを生み出すことができない。社会的で市民的な企業家は直接市場の中で働いている人々と同じように重要である。このような意欲と創造性が、経済においてと同じように、公共部門、および市民社会において必要だからである。

企業家のイニシアティブを促進する政府の政策は、雇用創出に役立つであろう。企業家が中小企業の設立を目指したり、あるいは技術革新を進めたりする場合、こうした企業家のイニシアティブに対して援助が与えられるべきである[20]。多くの国々、特にヨーロッパの多くの国々は、雇用創出に関して、いまだに公共部門を含む既存の経済機関に大き過ぎる期待を寄せている。「顧客が文字通り労働者のために買い物をすることができる世界」では、企業家精神によって裏打ちされた新しい着想が無ければ、競争は生まれない。企業家精神は職を生み出す直接的な源泉であり、またそれは、職業生活における過渡期に、人々が自営業を営む機会を与え、技術開発を促進する。政府の政策は、企業家精神を直接支援することができる。つまり、ベンチャー・キャピタルを設立したり、また福祉制度を再構築することによってベンチャー企業の業績が悪化した際には保護を与える（例えば、毎年課税されるのではなく、二年か三年ごとに課税されるという選択肢を与えるなど）制度を提供することもできる。

また、家族に優しい雇用制度を支援する政府の政策は、雇用の創出を助けることができる。政府は家族に優しい職場政策、つまり「公」と「私」の共同作業によって達成できるようなものを奨励するべきである。[21] 子育て支援の水準は、個別企業によって異なるのと同様、国によって大きく異なる。子育て支援だけでなく、在宅勤務やサバティカル制度などの他の勤務形態の採用によって、雇用と家庭生活を協調させることができる。企業が人的資源を強調すればするほど、企業は家族にやさしい最良の職場環境を提供しようとして互いに激しく競争するようになるであろう。また、そうした企業を支援する政府は、自国内への投資を魅力的なものにするであろう。

(7) 経済的不平等

「社会は、より不平等になりつつある」とよく言われるが、多くの点でこの言説は正しくない。例えば、女性、同性愛者、および身体障害者の地位は過去三〇年間にほとんどすべての地域で向上している。所得の不平等は、この期間にほとんどの先進国で増大したが、この傾向が現在緩やかになっている兆しもある。この面で再び主導的位置を占めるようになった北欧諸国をはじめとして、きわめて平等主義的な状態を維持している社会もある。

収入と富の不平等はほとんどの先進国において一九五〇年から一九七〇年の間に減少したと一般的に認識されている。一九七〇年代前半以降、多数の先進国で不平等は大きくなったが、すべての社会でそうであったわけではない。少なくとも公式の統計に基づく測定によれば、先進国間での不平等の程度はかなり異なる。所得の平等の度合いが最高水準にある国々の中には、北欧諸国、ベルギーおよび日本が含まれる。中水準に入る国には、イギリス、フランス、オランダやドイツなどがある。公式の統計によって測定した場合に所得の不平等が最も大きい国は、アメリカ、イスラエル、イタリア、オーストラリアである。

アメリカはすべての先進国の中で、所得の配分において最も不平等な国である。人口の一%の最富裕層の獲得する所得の割合は過去二〇—三〇年間で実質的に増加している。これに対して、最下層の人々の平均所得は停滞または減少している。貧困層を「収入が平均所得の五〇％以下にある人々」と定義すると、一九九〇年代前半のアメリカの貧困層は人口の二〇％である。ちなみにこれは、この数字が四％であるノルウェー、スウェーデンの五倍である。また、カナダとオーストラリアの貧困層の割合もそれぞれ一四％、一三％と高い数字を示している。

ＥＵ諸国の所得の不平等の平均レベルはアメリカより低いが、公式の統計と測定によれば、貧困はＥＵにおいて広範囲にわたって存在する。先ほどの定義（収入が平均所得の五〇％以下にある人々という定義）を用いれば、ＥＵ域内において一九九八年に五七〇〇万人が貧困状態の中で暮らしていた。その貧困層のおよそ三分の二が、フランス、イタリア、イギリス、ドイツという最も大きな国々に住んでいる。

経済的不平等は概して増加傾向にあるとはいえ、「先進国が以前よりも不平等になりつつある」と言い切ってしまうと語弊があるだろう。イタリアのように、通常の統計によれば不平等が緩和されたことが示される国もある。さらに一九九六年以降、アメリカでは、所得の不平等の増大傾向は逆転している。また、貧困レベル以下の生活を送る人々の数も減少している。一九九八年には、アメリカの貧困層の数は、一九九二年と比べて、およそ五〇〇万人少なくなった。この期間にアメリカの黒人とスペイン系住民の収入は一五％上昇した。

不平等の増大を打ち消す他の変化もある。例えば女性の地位は、社会的・文化的な局面におけると同様に、経済的局面においても、以前よりはるかに男性と等しくなった。世論調査データによって測定される「社会的平等」の指数も上昇している。ある論者が言ったように、「私の感覚では、現在、人々は平等であることに多く気を使うようになり（人々は、なぜ彼が自分より優れていると評価されるのか、また、なぜ自分が彼女の言うことを聞かなければならないのか、と考える）、公平な立場にいることにこだわる。権威とされる人の発言をすべて信じるということはなくなり、従順な立場にいることを受け入れなくなった」。ほとんどの先進国では、同性愛者や身体障害者などの社会的スティグマ（負の烙印）を押された人々の地位は、より完全な社会的承認を得る方向へと向上してきた。

このような変化の帰結は複雑なものである。例えば、現在貧困層の中で子供と女性の割合が高いという事実は、部分的には、女性がもっと幅広い分野で様々なものを獲得してきたことの結果でもある。シングルマザーの数は増加した。結婚している女性に比べると彼女らの平均収入は低い。片親の家庭の数が増加した理由の一つは、女性の自立が増大したことである。女性は以前よりも、不満な結婚から積極的に離別するようになったし、未婚の母の数も上昇した。

不平等と貧困に関する正式な統計は毎年ごとの総計という形で出され、個々人のライフ・サイクルを通じての経済状況の変化に関するデータは提供されない。我々はこのような変化について最近まで知る術がなかった。ほとんどのアプローチが、貧困を長期的な状態と仮定していた。個人に関する詳細な研究でさえ、そのほとんどが、個々人が貧困に陥る経過に関わるものであり、貧困から脱出する過程には注意が払われていない。一般的に、調査の時点で貧困状態にある人だけが、面接調査や研究の対象となっている。さらに、多くの研究対象は、貧困が長期にわたって持続している都心のスラム街に住んでいる人々などのように、全体として貧困を代表しているとはいえない集団に集中している。

最近の研究は、貧困についての我々の考え方、そしてそれを減少させるための政策についての我々の考え方を改めるべきであることを示唆している。多くの国の統計データが、貧困が長期にわたる社会的支援を要求する永続的な状態ではないことを示している。驚くほど多くの人々が貧困状態からの脱出に成功している。しかし、これまで考えられてきた以上に多くの人々が人生のある時期に一時的な貧困状態を経験している。ドイツの研究者達は、

「収入が平均の五〇％以下」という定義を用いて、一九八四年と一九九四年の間に三〇％以上の西ドイツ人が、少なくとも一年間の貧困状態にあったことを明らかにした。この数字は、貧困者数をこの一〇年間にわたって年ごとに見た時の最大値の三倍である。貧困から脱出した人々の大半は貧困の境界線付近にとどまってはいなかった。彼らは時には、国内平均所得の三分の二の所得水準にまで達することができた。しかし、その半数以上はこの一〇年の間に、少なくとも一年間は貧困状態へと逆戻りしている。

我々は「平等」と「包括」の価値を守り続けなければならない、しかし、だからといってそのために、全員がスカンジナビア人になる必要はない。少なくとも、そのことが高い税率を意味するならば、である。北欧の国々で不平等が少ない一番の理由は、税金と財産の移動による富の再分配ではない[22]。その主な理由は、彼らの人的資本への投資が優れていることである。福祉国家の四つの類型で見ると、貧困のリスクは、教育水準と直接関係する。二五歳から六四歳の人口の高等教育の就学率は、北欧型と中央ヨーロッパ型の福祉国家において最も高く（それぞれ七五％と六七％）、アングロサクソン型と地中海型において最も低い（六〇％と三九％）。

早期の教育によって非常に多くの能力が決定されるゆえに、これに対して多くの投資をしなければならない。早期教育と保育への投資は子供の貧困を減らす鍵となる要因である。

（8）　エコロジー

エコロジーに関する議論は、これまでよりもさらに前面に押し出されるべきである。この問題を前面に押し出すためには、一九八〇年代にドイツの緑の党が最初に先鞭をつけた、「生態学的近代化」（ecological modernisation）の議論を通じて行うのがもっとも適切である。この議論は、その前の世代が考えていた「成長の限界論」に対する意識的な反論として展開された。生態学的近代化とは、経済成長と両立する環境分野での革新を、可能な限り求めていくことを意味する。それには、環境により優しい行動をとるために、グリーン・テクノロジーを開発すること、また消費者や企業に対して、市場に基礎を置く、あるいは税金に基礎を置くインセンティブを提供することなどが含まれる。

しかしながら、生態学的な政策は、ただ単に技術的・経済的なものではない。それは同時に政治的なものでなければならない。生態学的近代化は、他の改革と同じように、国家を含む多くの異なった集団の利益と衝突する。京都議定書に関する国際的な合意を得ることの難しさが、そのことをよく物語っている。

(9) 高齢化

人口の高齢化は、単にもう一つの「問題」として考えられるべきではなく、一つの「機会」として捉えられるべきである。我々は、何がなされるべきかについてはよくわかっている。ほとんどの国における困難は、状況を変えるために政治的意志を召集することができるかどうかによる。我々は、子供により多くを投資し、さらなる節約を心がけるように若者達を説得しなければならない。高齢化の主な原因は、平均寿命が延びたことだけではなく、低い出生率にある。国家は、より多くの子供を持つインセンティブを人々に提供し、福祉面での適正な措置を用意しなければならない。

人々に節約を促進または強要するためにどのような革新がなされようとも、厳しい年金問題を解決する主要な方法は一つしかない。高齢者をより長く仕事に就かせるよう動機づけることである。このような目標は必ずしもネガティブなものではない。五五歳以上、または六五歳以上の「高年齢」が、かつてのように無能力を示す要因でないならば、我々は、職場の内外で年齢による差別に対抗していかなければならない。

(10) 公的サービスの改革

国家そのものの改革、そして公的サービスの改革を継続することは、欧州社会モデルの未来にとって、以上に述べてきたことと同様に重要である。脱中央政権化と多様化への流れは、今日の要請である。簡潔に言えば、これらの流れと社会統合との間のバランスをうまくとることが肝要である。EU内の各国家の権力が拡大したり縮小したりすることによって国家間の関係が変わるのは、今日では多層的ガバナンスが不可避であることを示す一つの例である。しかしながらこれは単なる一例に過ぎない。もちろん公的サービスの民営化の問題やそれらをNPO団体へ移譲するという問題については、引き続き議論が広まっていくであろう。公的サービスは商業機関と同程度に（もしくはそれ以上に）、利用者のニーズに応えていくべきである。

欧州社会モデルの改革と雇用創出のために、ケインズ的解決策を提唱する者もいる。フランソワ・オランド（Francois Hollande）は、物価の安定を管理するヨーロッパ中央銀行を雇用創出事業にも関わるように説得することによって、ヨーロッパにおける経済的統治を強化することを提案している[23]。オランドは、法人税をヨーロッパ内で統一し、輸送、通信、エネルギー分野での大規模な事業を、借り入れ金によって、ヨーロッパ規模で立ち上げるべきであるという。

しかし国家レベルではどこの国でもうまくいかなかった事業を突然、超国家レベルで実施したところで、どうしてうまくいくだろうか？　ヨーロッパのために何らかの新たなインフラ・プロジェクトを立ち上げることは、考えてみるに値する。特に情報通信技術分野においてはそうである。しかし、これは雇用創出の手段としてのみ考えられるべきではないし、雇用創出が第一義的な目的ですらあるべきではない。

異論もあるが、欧州社会モデルの将来は、ケインズ的ヨーロッパか、規制緩和されたアングロサクソン型ヨーロッパか、という二つの選択肢のいずれかにあるわけではない。EU憲法が拒否された場合に備えて、実はヨーロッパには「Bプラン」があったのだ、と言う論者がいる。このプランというのは、トニー・ブレア（Tony Blair）が支持した、「自由化と規制緩和のイギリス型プラン」のことである。(24) しかしこの主張は、政治的に見ても、また分析的に見ても意味をなさないものである。ブレアは他の全てのヨーロッパの政治指導者と同じように、憲法条約に署名調印したのである。

もっと重要なことは、欧州社会モデルの未来は、アングロサクソン型（特にこのことがイギリスをモデルにするということを意味する場合）になることはないということである。イギリス以外の国々は、イギリスが達成したことから教訓を得ることができる。要するにイギリスは、高い就業率を誇り、EU一五カ国の中で公的サービスへの投資をここ数年間に積極的に増加させた唯一の国であり、貧困率を大幅に低下させた。しかしながら、イギリスの公的サービスの水準は、いまだに大陸の最高水準に大きく遅れをとっており、経済的不平等については進歩は見られるものの、不平等の度合いは大きいままである。

3 改革への指針

従来の思考は、三種類も四種類もある福祉資本主義にやや目が眩んでいたようである。しかし今、EUとその加盟国は、相互間にいくら大きな溝が存在していようとも、他の領域におけると同様に、この領域においても国家間の収束を推し進めるべきである。欧州社会モデルに関する中心的な困難は、特定の国だけのものではなく、構造的なものである。このグローバル化の時代においては、困難に対する解決策の多くを、原則として一般化することができるであろう。

繰り返し述べると、将来の欧州社会モデルはイギリス型モデルではないだろう。また、それはおそらくフランス型モデルでも、スウェーデン型モデルでも、デンマーク型モデルでもない。以下に描出される特性は、いわば一種の理念型を表すものであり、それらを導入する具体的な方法は、改革を実行する国によって異なるかもしれない。新たな欧州社会モデルのための枠組みは、全体として以下のような特性を持つと考えられる[25]。

(1) ネガティブな福祉からポジティブな福祉への移行。ウィリアム・ビバリッジ（William Beveridge）が「戦後体制としての福祉国家」のための提案を展開した時、彼は他の論者と同様に、福祉国家を是正装置として考えていた。彼の革新の焦点は、無関心、不潔、欲望、怠惰、病気という五つの悪を撃退することにあった。これらの課題はどれも忘れてはならないものである。しかし、我々は、今日、これらをより積極的なものにするためにより多くを求めるべきである。言い換えれば、我々は、教育、学習、富、人生選択、社会や経済への活発な参加、および健康な生活を促進すべきである。

(2) このような目標のためには、市民の積極的な同意が必要である。このような目標はしたがって利益と同時にインセンティブを、権利と同様に義務を前提とする。市民権と福祉の結合は、T・H・マーシャル（T. H. Marshall）が彼の古典的公式で示したように、単なる権利の拡大によってのみもたらされるものではなく、権利と義務の混合によってもたらされるものである[26]。受動的な失業保険給付金はほとんど完全に権利と見なされ、主としてこの理由によって機能不全に陥った。積極的な労働市場政策を導入し、健康な失業者が国から援助を受けた場合には仕事を探す義務があること、そしてこれを履行しなければ制裁を受けることを明確にしなければならない。

(3) 伝統的な福祉システムは、個人から国や共同体へと、リスクを移譲しようとするものであった。「安定」とはリスクが無いこと、あるいはリスクを減らすことと定義されていた。しかし、実はリスクは多くの肯定的な側面を持っている。人々は生活を改善するためには、しばしばリスクを冒す必要がある。加えて、急速に変化する環境においては、個人が変化に適応できること、さらにもし可能ならば、変化から積極的に成功を引き出すことができることが重要になる。このことは、企業家にも労働者にもあてはまる。また、経済界についてと同様に、離婚やその他の社会的変化の影響を受けた人々についても言える。リスクを創造的に利用するということは、安定を放棄することを意味するものではない。物事がうまいくいかないときには援助が得られることを知っていることが、リスクをうまく利用できる条件であることが多い。以上述べたことは、積極的な労働市場政策における「フレキシブルな安定」の論理の一部であると考えられる。

(4) 新欧州社会モデルは多くの面で貢献的でなければならない。様々な無料のサービスが高尚な目標を掲げて設定されるかもしれない。しかしこれらは、本質的な困難に直面する傾向がある。これらの無料サービスは、需要を抑制するメカニズムをほとんど持たないので、利用したい人が殺到して過剰利用の状態に陥ってしまう。その結果、単純に富裕層が脱退していくだけになる。つまり二層のシステムが展開されがちである。貢献は、比較的小さいものであっても、サービス利用に対する責任ある態度を促すことができる。したがって、受益者負担の原則、つまり直接的利用者からの貢献、という原則は、年金、健康保険から高等教育にいたるまでの様々な公的サービスにおいて、ますます重要な役割を持つようになると考えられる。

(5) 新欧州社会モデルは脱官僚的でなければならない。以前に存在した福祉国家はほとんどすべて、市民を受動的臣下として扱ってきた。集産主義（collectivism）は今日では受け入れられないし、また受け入れられるべきでもない。しかしかつてはこのような集産主義が受け入れられていた。脱官僚化は、脱中央集権化と地方への権限委譲を促進し、生産者の利益に勇敢に立ち向かうことを意味する（興味深い例として、一九九〇年代前半にスウェーデンとデンマークの健康保険と教育の分野で起きた変化を参照されたい）。これらの努力は民営化とは明確に区別されるべきである。民営化は、これらの目標を追求するための潜在的な手段の一つであるにすぎない。

新欧州社会モデルのより詳細な政策について、以下一二の要点を挙げる。

(1)　累進所得税は不平等を制限する手段として適所に残る。すべての産業国における税引後所得は、課税前の所得よりも平等なものとなる。現在、画一的な（累進的でない）所得税の制度を実施している国家は、（支払い対象に貧困層を含まないことを基本として）累進的な結果が出ることを担保するべきである。企業への課税は、もし高すぎるなら、下げるべきである。累進的な要因を可能な限り導入するということと共に、労働に対する課税から消費に対する課税へ、という大きな流れが存在する。

(2)　状況によっては柔軟性も求められるとはいえ、財政面での慎重さは、福祉予算の原則である。この原則は長期的なものであり、将来必要となる年金を支払っていく予算もこの中に含まれなければならない。GDPの規模から言えば、課税率は国際的標準に照らした場合高くなるが、重要なことは課税水準よりも総合的な政策の組み合わせである。

(3)　インセンティブと義務の適切なバランスを取りつつ、活動的な労働市場のための政策が実施される。それらの政策によって、高齢者グループも他のグループと同様に、労働市場へ参入することができる。国家は訓練と再教育に柔軟に関わっていく。障害者として登録された人々を活動的な職へ復帰させる措置については特別の配慮が必要である。

(4) 雇用の創出は、成長を促進し貧困を抑制するにあたって、中心的役割を果たす。貧困から脱出する最も良い方法は、最低賃金以上の賃金を得ることができるきちんとした職を保ち続けることである。

(5) パートタイム労働は積極的に奨励される。それは、ライフ・ステージの変化に適応すること、また仕事と生活のバランスをとることに積極的に適応することの一環である。パートタイム労働は不名誉なものとはされず、フルタイム労働と同じように利益を生むものとみなされる。特に女性の労働を細切れにすることは避けるべきである。

(6) すべての政策の基礎には、平等主義がある。新欧州社会モデルの総括的目標は、経済的活力と社会的公正を結合することにある。富裕な人々の数は少なく、貧困な人々の数は非常に多いので、富裕層を痛めつけることよりも、貧困層の生活を改善することの方がずっと重要である。特に子供の貧困は、焦点を当てられるべき問題である。子供の貧困率が低い社会は、多くの点で他の社会よりも平等主義的な傾向にある。

(7) 固定的な貧困と社会的排除に対処するため、的を絞った戦略が用いられる。その戦略の中には所得税の軽減や、税控除制度の利用が含まれるかもしれない。フランス、オランダおよびベルギーで最近取り入れられた就業者に対する税控除制度（prime a l'emploi, labour tax credit, work tax credit）は、アメリカとイギリスで以前に導入されたものと非常に似通っている。

(8) 下級サービス業従事者の昇進機会が可能な限り確保されることに注意が向けられる。これは、政府が訓練を提供することだけではなく、職務の再設計に向けて雇用主と協力することを意味している。生涯学習は無意味な空言ではなく、資格取得の機会となる、現実味あるものとなる。

(9) 利益と貢献との関係は、裕福な人々の脱退が最小になるような構造に設定される。

(10) 政府は、これまでよりも高齢者に対してより少なく支出し、若年層に対してより多くを支出する。特に、保育、幼年期の教育に注意が向けられ、子供を持つインセンティブを高めることに重点がおかれる。

⑾　科学、技術、および高等教育への投資は、産業政策においても、また新しい仕事の創出という点においても重要視され、影響力をもつ。

⑿　すべての政策は、それらが与える生態的影響の観点からチェックされる。各国政府は彼らが京都議定書で設定した目標を拘束力のあるものとして扱う。メンバー国は署名し、委員会で設定された短期・長期の環境目標に向けて努力する。二〇〇三年の提案では、化学会社が、製品を市場に出す前に毒性がないことを示すことが義務化された。また、長期の計画においては、二〇五〇年までに水素経済への完全な移行を目指す提案などが盛り込まれている。

右に述べたのは、新欧州社会モデルはこのようなものになるだろうという最良の予測である。この予測される新欧州社会モデルは、新しい加盟国を含むヨーロッパの前進のための非常に現実的な道のりを示している。もちろん、いくつかの国では改革にあたっての実践上、政治上の障害は、まだとてつもなく大きい。一般的に言っても、現在我々が識別できる最良の実践においてさえ、困難と疑念が残っている。例えば、ギリシャ、アイルランド、ポルトガル、イギリスなどのように、不平等が著しく、子供の貧困が一般的である国々が、どのようにしてこれらの問題を根本的に軽減することができるのだろうか。ヨーロッパ経済の改善のために移民は実際必要であるが、右翼的ポピュリズムの増大と、より広範な大衆の感情によって妨害されるかもしれない。デンマークやオランダなど、新欧州社会モデルの具現に最も近い国々さえもが、そのような影響の犠牲となった。さらに、より大きなグローバルな環境は、中国、インド、および他の発展途上国の世界市場における影響力が増大したために、急速に変化している。

フランスとオランダでのEU憲法案についての国民投票において、「ノー」の投票をした人々の間では、移住と外部との競争に対する恐怖が大きく影響した。以下、この問題について述べることにする。

4　市民の不安、公正な競争、不公正な競争

国民投票は意見を評価する手段としては悪名高く、信頼できないものである。それらはほとんど常に実際の質問以上の意味内容を表してしまう。さらにEU憲法の国民投票は非常に珍しいものだった。国民投票が憲法条約のような長くて複雑な文書について行われることは、めったにない。フランスとオランダで多数の反対票が投じられた後、人々がそれぞれ彼らの偏見の命ずるがままにこれらの結果を解釈し、楽しい一日を過ごしたとしても不思議ではない。

世論調査は、状況を推測するためのもっと信頼できるデータ源を提供してくれる。フランスとオランダで有権者が最も憂慮した問題は、実は憲法そのものではなかったことが判明している。フランスとオランダの投票者の七五%が、さらに驚くべきことに、反対者のうち六六%の人々が、依然としてヨーロッパには憲法が必要であると考えているのである。彼らが心配していたのは主として、社会的、経済的な問題だった。特にフランスでは、欧州社会モデルを形成する社会保障など福祉に関する条項についての不安が広がっていた。

今では有名になったポーランドの配管工達は、国民投票において――もちろん彼らは不在であったが――大きな役割を果たした。新しい加盟国による不当な税金競争、および「社会的投げ売り」（ソーシャル・ダンピング）に対しては、一般大衆だけではなく、政治的指導者も不安を感じている。法人税の標準化への要求、および「サービ

ス指令」（Services Directive）についての懸念の背景には、こうした不安要因が存在する。ヨーロッパにおける一つのはっきりとした分断線は、知識社会とそれにリンクする開放的なコスモポリタン的世界から提供される機会を生かすことができる人々と、それらの機会を拒絶したり、こうした世界に敵対的になったりする人々との間に引かれる。

しかし、正当な根拠のある不安と、誤った認識に基づく不安を区別すること、また、重大な政治問題とポピュリズム的な圧力とを当面、切り離して考えることは、きわめて重要である。貧しい国々からの社会的投げ売りによって、豊かなEU諸国の生活水準は実際にどの程度脅かされるのであろうか？　その結果として、EUの中で「底辺に向かう競争」が開始されるのだろうか？　ヨーロッパにおいては、まだアメリカにおけるほど注目されてはいないものの、最近になって、これらに関連する新たな問題が前面に出てきた。それは、西洋諸国よりはるかに賃金水準の低い貧しい国々への、サービス業のアウトソーシングである。

EU拡大に伴って下方への競争が起きるかもしれないという恐怖は、誤ったもののようである。こうした恐怖は以前にも、二つの異なった文脈において表明されていた。一つは、拡大は一般にグローバルな競争を激化させるという点に関わるものであり、もう一つは地中海諸国で行われた早期のEU拡大に関する文脈においてである。経済的グローバリゼーションはヨーロッパ的福祉国家を縮小するのではないか、という多くの人々の心配は、ほとんど根拠のないものであることがわかった。GDPにおける税収入の割合は、イギリスなどのいくつかの例外はあるものの、ほとんどすべての先進国で上昇していない。先に指摘したような、欧州社会モデルが直面する重大な困難のいくつかは、外部的というよりも、むしろ内部的な問題である。

ポルトガル、スペイン、およびギリシャのEU加盟による経済的影響についての研究によれば、より裕福なEU

諸国に対する、マイナスというよりむしろプラスの効果が示されている。三カ国の中では、福祉プログラムの削減は皆無であった。逆に、福祉制度は過去二〇年間で強力な拡大の傾向を示した[27]。多くの国々では、EUに加盟した当初は、富める国はより豊かになり、貧しい国は相対的により貧しくなると考えられていた。たとえまだ大きな格差が残存するとしても、このシナリオは誤りであることが判明した。EUは「収斂のメカニズム」[28]として機能したのである。

拡大の現段階では、新規加入国は相対的により貧しい国々であり、以前より積極的な税政策を採用していると主張することはもちろん可能である。しかし、その格差の程度は、先進諸国と貧しい国々を世界レベルで比較した時の差ほどには大きいものではない。

先に述べた「サービス指令」についてのいくつかの懸念要素は、真剣に受け止められるべきである。なぜならこの「サービス指令」は、公的サービスの正常な機能を直接脅かす可能性があるからである。しかしそのようなことがなければ、国内への資本投資は、新規加盟国の成長を促進し、より裕福な国々に対してもプラスの影響を与えるものだろう。

法人税の標準化は、たとえそれが望ましいとしても、達成される可能性はきわめて低い。ヨーロッパ単位での労働基準の統一が達成される可能性の方が高いのではないだろうか。おそらく、達成可能な最大限の事柄は、すべての国にとって受容可能な最低限の処方箋に過ぎないであろう。ヨーロッパレベルでの社会的パートナーの間の（たとえば経営者同士、労働組合同士の間の）対話は、ある種の合意を生み出すかもしれない。しかしながら、経営者連合は大企業のためには発言するが小企業のためにはあまり発言しないということ[29]、また労働組合は、失業者の利益よりむしろ労働者の利害を代表する傾向がある、ということに注意するべきである。

5　アウトソーシング

おそらくすべての先進国にとって迫りくる脅威であろう、増大するアウトソーシングの影響についてはどうだろうか？　過去三〇年間に起きたEU諸国での製造業の縮小傾向は、部分的には海外への生産移転に起因するが、ほとんどは工業技術の変化により労働力需要が減少したことによるものである。その影響を最も直接受けたのは、低熟練の労働者、特に未熟練の肉体労働者である。

アウトソーシングの新しい形態は、以前とまったく異なるものである。この新たな形態のアウトソーシングの範囲は、まさに現在の産業経済が、雇用の創出を全面的に依存している領域、つまり多岐にわたるサービス産業に関わるものである。さらに、それらは社会経済的に下層の人々だけではなく、より豊かな階層の人々にも影響を及ぼす。医療専門家、会計士、ジャーナリストといった専門家は、開放的な貿易と製造業の進歩が可能にした低価格の製品から利益を享受してきたが、これまでは彼ら自身の職業が海外へ移転する心配をする必要はなかったのである(30)。

質問紙調査の結果によれば、アメリカでは、過去においては、このような職業集団が自由貿易の強力な支持者であった。しかし、アウトソーシングの増大に伴って、この状況は一変した。一九九九年の時点では、年収一〇万ドル以上の人々の五七%が自由貿易を支持していたが、二〇〇四年にはその割合は二八%にまで低下した。現在みんなが獲得しようとしている知的技能が、簡単に他の場所へ移転してしまうとしたら、一体何が起こるだろうか？

国際的アウトソーシングの到来への反応は、人によって大きく異なる。米国の新聞は、センセーショナルな報道で持ちきりである。例えば、『フォーチュン』誌は二〇〇五年八月号において、「国家最大の不安――『競争に勝ち残れるのか?』」という特集を組んだ[31]。『ニューヨーク・タイムズ』のジャーナリストであるトーマス・フリードマン(Thomas Friedman)は、我々は二〇〇〇年に新しい時代に入ったと述べた。それは、ミレニアムの周期としてではなく、世界がフラット化したという事実によるものである。フラットというのは、経営者が彼のグローバルなサプライ・チェーンをすべて集めて会議を主催することができるスクリーンと同じくらい、世界がフラットになったということである[32]。経営者が「グローバル化3.0」と呼ぶものは、情報通信技術の大幅な値下げとその進歩によって、大企業だけではなく、世界中の個人と集団に力を付与しているのである。

学界の解説は、より冷静な見解をとる傾向にある。アウトソーシングの実際の範囲に関して、アメリカも他の主要な政府も、正式な統計を取っておらず、測定することは難しい。フォレスター・リサーチ社は、EU一五カ国内の仕事の二%が、今後一五年間に国際的アウトソーシングの危機にさらされると予測している(言語の要因のため、この二%のうち、かなりの割合がイギリスから出ていく仕事であると予想される[33])。

アウトソーシングが世界全体の繁栄に資することは明らかである。アウトソーシングは、一定量の雇用喪失を引き起こすとしても、それは効率を上昇させ、結果的に先進諸国の経済に恩恵をもたらす。マッキンゼーの研究によると、アメリカ経済は一ドル分のサービス産業の生産がインドにアウトソースされるごとに、一・一四ドルの利益を得る。これとは対照的に、ドイツの経済は一ユーロ分の生産がアウトソースされると、二ユーロの損失をこうむる。この差を見ると、先に指摘したことが納得できる。この差は、労働市場の違い、という言葉によってほとんど完全に説明される。アメリカでは、より多くの離職者が、より早く生産的な仕事に就くことができる[34]。ある論者がいうように、アウトソーシングは「非常に重要な追加業務[35]」をヨーロッパの労働市場改革に対して課するのである。

ヨーロッパ人の中には(その中には多数のEU憲法反対者が含まれていると考えられるが)、外部から切り離され、世界的問題を他の人々に押し付けることで満足するような、「眠るヨーロッパ」を希望する者もいるだろう。また、現在アメリカで噴出しているような保護貿易主義への回帰の要求が必ず出てくるであろう。保護貿易主義とポピュリズムは、同時に発生しがちである。「共通農業政策」（Common Agricultural Policy）の形で、ＥＵはすでに、保護貿易主義の一形式を実践している。これは自国の消費者をほとんど支援しないもので、貧しい国々にとって重大な問題を引き起こす政策である。ポピュリストの政治家が何を言おうと、中期的な共通農業政策を改革しなければならないし、保護貿易主義の要求に対しては絶対に抵抗しなければならない。

事実上、経済の中心的な部門での保護貿易主義への逆戻りは、有力な選択肢にはなり得ない。永続的な新しい関税の導入は、ＷＴＯでの交渉を経なければならないだろう。輸入品の価格は上がり、輸出は減少し、ヨーロッパは大きな代償を受け入れざるを得なくなるであろう。いずれにしても、サービスの輸出は容易に抑えることはできない。ＥＵは実際のところ世界市場で競争する以外に選択肢は無いのである。欧州社会モデルの改革は、こうした方向性を反映し、支持していかなければならない。

「ヨーロッパは独自の社会的モデルを持つ余裕があるのか」との問いは常に投げかけられる疑問である。しかし、我々は恐らくその問いを反転させ、「ヨーロッパは社会的なモデルを持たずにやっていける余裕があるのか」と問うてみるべきなのかもしれない。アメリカにおける不平等のレベルは、将来、深刻な問題を引き起こすかもしれない。例えば、アメリカには、世界一良い大学があるかもしれないが、非識字率の割合もまた先進国の中で最も高い。国際評価プログラム（Programme for International Assessment）によれば、アメリカの一五歳の学力は、二九カ国中二四位以下にランクされ、問題解決能力のテストでも二四位であった。知識経済そのものがグローバル化している現在、改革された欧州社会モデルは、ヨーロッパがアメリカよりも高い順位にあることを意味するようになるかもしれない。

世界に誇れる最良のヨーロッパとは、どのようなものであろうか。それは次のような特性を合わせ持つことになるかもしれない。①フィンランドの情報通信技術、②ドイツの工業生産性、③スウェーデンの平等性、④デンマークの雇用率、⑤アイルランドの経済成長、⑥フランスの健康・医療制度、⑦ルクセンブルクの一人当たりのＧＤＰの水準、⑧（ＥＵ外であるが）ノルウェーの教育水準、⑨イギリスのコスモポリタニズム、そして⑩スペインの気候。これらの組み合わせは、もともと風刺として発案されたものである。しかし、結局のところ我々は、（スペインの気候を除いて）こうした目標を高らかに掲げるべきではなかろうか？

6 結 論

欧州社会モデルの改革を要求することは、一つの重要な課題であるが、それを実践することは、全く別の問題である。本章において示唆してきたように、我々は、何がなされなければならないかについてはよくわかっている。問題は、それを実行に移すことである。我々は、ヨーロッパの最良の事例から多くを学ぶことができるが、改革はすべての国々に横断的に、継続的過程として実行されなければならないであろう。イギリスを除けば、順調に改革を進めている国々は皆、小さい国家である。論理的には、小さい国は大きい国よりも容易に改革を進めることができるが、同時に国家規模が小さいことは脆弱さにも繋がる。

ラディカルな改革は、ほとんどいつも危機的な状況の後に来る。それは、不変的に苦痛を伴い、より長期的な利得追求のために、短期的な社会的・経済的負担を必要とするかもしれない。北欧の国々は、一つの見本となるかもしれないが、それらは一九八〇年代後半から一九九〇年代前半にかけての一連の深刻な経済危機の後に達成されたものである。イギリスでの改革は、「ヨーロッパの病人」と言われた状態が長い間続いた後に行われた。サッチャー政権によって実践されたその改革は、公共のサービスに共感を示さず、福祉国家を概して非効率的とみなすものであった。改革は、労働市場と組合の力を抑制することを目指して実行されたが、経済的不平等を制限することには無策であった。不平等は、一九八〇年後半のイギリスの特徴であった。一九九七年に労働党が政権を取り戻してから導入された新政策にもかかわらず、今日でもこうした不平等はまだ明白に残っている。オーストリアとオランダでの変革は、合意をより重視するやり方により、サッチャリズムによる構造的な損害を蒙ることなく達成された。しかし、それはまた、危機へと繋がる長期の経済的衰退の後に、達成されたものである。

近い将来にとって、基本的な問いは次のようなものである。つまり、ドイツ、フランス、およびイタリアにおける危機意識は、既得権者による抵抗を克服できるまでに高まっているのだろうか？　今までのところ、左派、右派いずれの政府も、広範囲にわたる改革を進めるには至っていない。結果として、それぞれの政府は、高い失業率と高い不完全就業率の続く、維持不可能な福祉国家を抱えている。しかし、すでに蒸気は圧力釜から吹き出し始めている。それぞれの政府は、よりラディカルで、改革的な政府を作り上げるかもしれない。

ヨーロッパレベルでは何を達成することができるだろうか？　欧州委員会は直接的影響力のない領域での改革を試みてきたが、こうした歴史を繰り返すことは、推奨できない。いわゆる「開放的調整方法」（open method of co-ordination）はもともと、一九九七年に「ヨーロッパ雇用戦略」の一環として導入されたものであるが、その後拡大されて、「リスボン戦略」を含むようになった。「開放的調整方法」は中央でベンチマークされた目標に依存するが、これらの目標は加盟国を拘束するものではない。

この「開放的調整方法」は、せいぜい小さな成功しか収めていない。リスボン戦略の基本原理はそれが八年前に宣言された時と同じように、今日でも適切なものである。すでにこの戦略の方向へと方向転換した国々もあった。これらの国々には、他の国に比べて、この戦略に対する感受性があった。しかし、前述の三つの国を含むほとんどの有力な国々は、この戦略の基本原則を無視した。例えば、ドイツでシュレーダー首相の政権下で作成された改革文書「アジェンダ2010」は、リスボン戦略についてほとんど言及していない。また、ドイツとフランスは、成長・安定協定に示された禁止事項を蹂躙することによって、委員会に対して彼らの権力を主張した。

もし、「リスボン戦略は単一市場の形成への大きな前進をもたらしていないし、また重要な労働市場改革をも実現していない[36]」ということが立証されるなら、何がなされるべきであろうか？　「さしあたり今最も強調されるべきことは、単一市場を完成することである」という意見もある。その理由は、単一市場を完成させる過程が、労働市場と福祉の改革を最も必要とする国々において、こうした改革を推進するための追い風となるからである[37]。

註

（1）Dianantopolou（2003）.

（2）Vaughan-Whitehead（2003）.

（3）Friedman（2005）.

（4）例えば、Rifkin（2004）を参照。

（5）特に、Sapir *et al.*（2003）を参照。

（6）Sapir *et al.*（2003, p. 97）.

（7）Esping-Andersen（1989）.

（8）四番目のタイプを最初に識別したのはモーリツィオ・フェレッラのようである。Ferrera（1998）.
（9）Iversen and Wren（1998）.
（10）Hemerijck（2002）.
（11）Barysch（2005）.
（12）デンマークは一九九〇年代前半に社会保障政策を根本的に改訂した。短期間の通知で労働者を解雇することができ、離職手当は高くない。しかし、失業保険給付金は四年間にわたって支払われ、低賃金労働者は給与の九〇％までを受け取ることができる。一定期間給付を受けた後は再教育を受けなければならない。再教育には組合から市民団体まで、幅広い機関が関わりを持ち、高度に地方分権的なやり方で提供される。失業者は地方の雇用部局が提供する雇用か再教育を受け入れることを義務づけられる。
（13）Barbier（2005, p. 1）.
（14）Wickham（2004）.
（15）Tapscott（1997）.
（16）Friedman（1999）.
（17）しかしながら、障害・疾病保険の給付を申請する人々の数が増加するという問題もある。例えば、スウェーデンでは、二〇〇四年に、労働年齢の人々の六％が、病気休職中であるか、もしくは障害者として登録された。
（18）Castells and Himanen（2002）.
（19）Leadbeater（1999）.
（20）Müller-Rommel（1998, p. 201）.
（21）同右。
（22）Sapir（2005）. www.bruegel.org で入手可能。
（23）Hollande（2005）.

（24） Moscovići（2005）を参照。
（25） 異なる定式化が Aiginger（2005）においてなされている。ヨーロッパの福祉の将来については、Aiginger の明敏な著作から多くを学んだ。
（26） Marshall（1950）.
（27） Guillen and Matsaganis（2000）.
（28） Tsoukalis（2005, p. 55）.
（29） Bean *et al.*（1998）.
（30） Amiti and Wei（2005）.
（31） “America Isn’t Ready”, *Fortune*, August 8, 2005.
（32） Friedman（2005, p. 7）.
（33） Kirkegaard（2005, p. 6）.
（34） 同右。
（35） Kirkegaard（2005, p. 1）.
（36） Sapir（2005, p. 13）.
（37） 同右。

（アンソニー・ギデンズ）
（渡辺聰子訳）

終章　グローバル・モデルとしてのハイブリッド型人的資源政策

1　新たな価値の創造とハイブリッド化への展望

本書序章および第2章で述べたように、資本主義経済の高度化に伴って世界の先進諸国における価値観はポストモダン的な定型に収斂する傾向にあり、組織や仕事に関する意識や欲求は相互に類似したものになりつつある。つまり、先進国間で比較すると、人々の仕事意識や組織内行動のパターンにおける個別社会相互間の相違は、拡大するのではなく、縮小の方向に向かっている。産業化が始まって以来、長い歴史的過程を経て、それぞれの個別社会に固有な組織経営の様式が形成されてきたわけである。しかし、今、先進国の人々の仕事意識はポストモダンの方向へ大きく変化し、企業活動はますますグローバル化している。本書においては、こうした新しい仕事意識と経営環境に適合する人的資源政策を提示してきた。

第2章で述べたように、仕事意識の変化の方向性は先進国に共通したものであるが、こうした変化がどのように個人の行動に影響を与えているかということは、その個人が組織内のどの職務階層に属するかによって異なってくる。そこで第3章において、全雇用者を、四つのグループ、すなわち①幹部経営者、②ゴールドカラー（管理職、専門職、起業家、コンサルタントなど）、③ブルーカラーおよびホワイトカラー下級職・サービス業雇用者、④フレックス雇用者（期間雇用者およびパートタイム雇用者）に分け、職階ごとの政策を検討した。それぞれの職階に対する有効なモティベーション政策を検討するにあたって、人事管理のシステムとしては異質であり対極的な特性を持つとされる日本型とアングロ・サクソン型の諸慣行を比較検討し、両者から有用な部分を取り入れることによって、グローバルに適用され得るモデルの構築を試みた。つまり日本型とアングロ・サクソン型の相互補完的な融合によるハイブリッド（混成）型の人的資源政策のモデルである。

①の幹部経営者のグループに対しては、日本型とアングロ・サクソン型の企業統治、それぞれの優れた点を取り入れた政策を用いることによって、それぞれのインセンティブ制度の問題点を是正していく必要がある。②のゴールドカラーは、組織の活性化と新たな価値の創造に最も重要な役割を果たすことが期待されるグループである。仕事意識のポストモダン化が最も顕著であり、「自己実現至上主義者」である彼らに対しては、戦略的プロセスに参加させ、企画を実現する機会を与え、成果に見合った報酬を与えることによって創造的能力を発揮させることができる。③のブルーカラーおよびホワイトカラー下級職・サービス業雇用者に対しては、成長と達成の機会をできるだけ与えるべきではあるが、これが常に可能であるとは限らない。しかし仕事そのものに意味を見出しにくい場合でも彼らの社会的欲求（集団や組織に帰属し、同僚や仲間に受容されたいという欲求）に応えることによってモティベーションを高めることができる。このグループに対しては、伝統的日本型経営の長所である「人間主義的アプローチ」が有効である。④のグループでは、個々の雇用者の置かれているライフ・ステージや経済社会的状況も多

様で、一様に論ずることは難しいが、多くの場合、雇用の安定、正社員との格差の縮小、正社員への昇格などがインセンティブとなる。

それぞれの職務階層について見ると「国」による差異、あるいは「国」が代表する社会文化的背景による差異は、ここ数十年間にわたって減少する傾向にある。つまり個人のモティベーションのあり方を規定する変数としては、「国」よりも「職階」の方が大きく関係するということである。したがってそれぞれの職階に対して有効な政策は、先進国の組織に対して一般的に有効であるといえる。もちろん、同じ職階に属している人々の間でも動機、情緒、経験、あるいは能力には個人差がある。さらに産業社会の高度化に伴って人々の仕事に関わる欲求はますます多様化する傾向にある。こうした複雑性を認識したきめ細かい個別の対応にできる限り配慮する必要はあるが、多数の構成員より成る大組織の運営において、経営の現実的要請に応えるという目的のためには、それぞれの職階に適合するシステムを構築し、実施していくことが最適な方法であると考えられる。

日本型、アングロ・サクソン型、それぞれのシステムから異なった部分を取り入れた相互補完的なハイブリッド型モデルを構築するにあたって、それぞれのシステムのどの部分が有用であるかは、対象となる職階によって当然異なってくる。したがってそれぞれの職階に対して異なったコンビネーションの混成型が出来上がるわけである。特にゴールドカラーに有効な政策とブルーカラー雇用者やホワイトカラー下級職・サービス業雇用者に有効な政策との間には大きな違いがあり、コンビネーションは、きわめて対照的なものとなる。

ゴールドカラーは、今後企業が新たな価値を創造し、収入を創出していく上で、最も大きな貢献が期待されるグループである。この階層の社員の自己実現の欲求に効果的に応え、彼らにリーダーシップを発揮させ、彼らから創造的能力を引き出すことができるかどうかは、企業にとっては死活を制する重要な課題となる。新たな製品や新たな市場を開発するための創造性は、人々の自己実現の欲求に働きかけることによって最も効果的に引き出される。したがって、経営者は社員一人一人、特にリーダーとしての潜在的能力を持った社員一人一人の自己実現の欲求に適合するような発展機会を用意しなければならない。

ここでは、第4章で言及されているロバート・ウォーターマンの「指導付き自治システム」と呼ばれる方法やノーデンーパワーズの「エンパワーメント」の概念が有効に適用され得る。同章で説明されているように、「指導付き自治システム」というのは、可能な限り管理を緩め、既成概念にとらわれない、柔軟な役割分担や専門分化を行うためのシステムである。その基本的な考え方は、リーダーは必要な情報と資源を与え、目標を伝えるだけで、あとは成員の自由に任せるというものである。またノーデンーパワーズの「エンパワーメント」とは、管理を最小限に縮小し、社員が精神を自由に解き放ち、高度の目的や自己実現を達成できるような環境を作ることによって、彼らに力を与え、彼らの潜在能力を引き出すことである(1)。

今や経済の中心は知識産業にあるといわれる。苛烈な競争、グローバル化、急速な技術の進歩に対応するため、企業にとっては効率と同時に、創造性、イノベーション、スピード、フレキシビリティなどがますます重要になってきた。知識産業においては特にそうである。知識産業においては、これまでの資本主義生産において最も重要な要因であった「資本」に替わって、知的な力、つまり知的資産を創造する人材が生産の最も重要な要因となる。したがって知的な仕事、知的資産を創造する人材の確保が企業活動の鍵となる。しかし人材は、金銭の資本と違って、意志を持っており、拘束することはできない。いかに知的人材を活用できるか、彼らに進んで創造するような環境とインセンティブを用意することができるかが、企業の競争力を左右する。知的生産の中核となる創造的知的人材の多くは、ゴールドカラーである。ゴールドカラーに対しては、第3章で述べたように、彼らの「自己実現至上主義」に応えるべく、欧米型の能力主義、成果主義を適用し、能力や成果を処遇に十分に反映するようなインセンティブ制度を適用する必要がある。

さらに組織全体が機能するには、知的生産の中核となるゴールドカラー、そしてこれを支えるホワイトカラー、さらに創造されたアイデアを実施するブルーカラー（ショップ・メンバー）やフレックス雇用者の貢献が必要である。ゴールドカラーに有効な政策とブルーカラー雇用者やホワイトカラー下級職に有効な政策の間には大きな違いがあることは先に述べた通りである。

ブルーカラー雇用者およびホワイトカラー下級職に対しては、雇用の安定、健康・安全の管理、仕事の編成や勤務体制における自由度の拡大など雇用条件や職場環境に関わる要因が有効なインセンティブとなる。また社会的欲求に関わる人間関係面での満足がこのグループにとっては大きなインセンティブとなる。

本当の意味での従業員の参加を促進するような労働過程の再編成が可能であれば、自律や自己実現など、より高次元の欲求に応えることも不可能ではない。経営者はこのグループに対しても個人的な成長と達成の機会をできるだけ与えるべきではある。しかし現実には、彼らの作業内容の性格上、これが常に可能であるとは限らない。仕事そのものに意味を見出しにくい場合には、彼らの社会的欲求の満足が彼らのモティベーションを維持する上で特に重要になる。彼らの社会的欲求に応えることによって、こうした仕事に従事することから生ずる疎外感を緩和し、彼らの職場満足度を高めることができる。このグループに対しては、伝統的日本型経営の特性である人間主義的アプローチが有効である。

伝統的な日本型経営の特徴の一つは、企業内の階層による格差が小さいことである。こうした平等主義は、上級職や管理職を動機づける上で大きな障害となることは前にも述べた通りである。しかし階層間の給与格差を小さくし、階層を超えた昇進を行うという「日本的平等主義」、さらに経営者自らが現場に入って従業員に接触するという「日本的人間主義」は、従来より、下級職、特にブルーカラーの管理には有効であった。こうした日本的アプローチは、彼らの自尊心を満足し、彼らの帰属意識や職場に対する誇りを高める上で役立ってきた。平等主義的・人間主義的アプローチは、ブルーカラーの社会的欲求を満足する上ではきわめて有効であり、また自我の欲求（自尊心に対する欲求、および社会的地位や評判に対する欲求）の満足にもある程度貢献している。このような方式は、欧米で操業する日系企業においても活用されており、欧米企業においても有効に適用され得るものであると考えられる。

フレックス雇用者はその仕事内容も個人の社会・経済的背景も多様、仕事に対する意識も多様である。彼らの多くは雇用の安定と労働条件の向上を求めており、正社員との処遇面での格差の縮小、正社員への昇格機会の確保は基本的な課題である。しかし実際には、正社員への昇格を希望する人も多い反面、正社員に課される時間的拘束を望まない人も多い。こうした人々については、社会的欲求の充足など、昇進・昇格以外のインセンティブが有効になる。ブルーカラーやホワイトカラー下級職・サービス業雇用者と同様、フレックス雇用者においても社会的な側面、人間関係面での満足が従業員の職場満足度の重要な要因となることが多い。彼らの社会的欲求に応え、職場において醸成される自然な集団性や社会性を支援することがモティベーションの増進に繋がるものと考えられる。特に作業内容そのものに人の意欲をそそるような要因が含まれていない場合には、このような人間関係的アプローチが必要になる。

序章で述べたように、ここ数年来、ＥＵ域内全体で社会民主主義的な雇用政策が進められている。こうした政策の中心となっているのは「仕事と生活のバランス」を重視する「家族に優しい」労働立法であり、こうした政策はすべての職階に適用されるべきものである。しかしこのような政策と並んで、他の職階に比べて雇用条件の上で特に不利な立場にあるフレックス雇用者を対象として、彼らの地位の向上を図るための政策も実施されている。こうした政策は、フレックス雇用者の地位を向上することによってワーク・シェアリングを推進し、失業者を減らそうという失業対策の一環でもある。

たとえばオランダでは、一九九六年には、賃金、保険、社会保障におけるフルタイム雇用者とパートタイム雇用者との差別を禁止する法律が制定され、一九九八年には「フレキシビリティ・セキュリティ法」が成立し、人材派遣業の規制緩和、パートタイム雇用者に加えて派遣労働者の地位の向上が法令化された。さらに二〇〇〇年には、労働者が労働時間の増減の権利を持つことを認める「労働時間関係調整法」が施行された。(2) こうした法律の制定は、正社員とフレックス雇用者の格差を是正していく上で有効である。

モティベーションの増進と成果の向上を図るためには、実施可能な職階別のハイブリッド型人的資源政策モデルを構築し、積極的に現場に適用していくことが重要であることは本書で述べてきた通りである。実際に多くの企業の経営の現場において、たとえ異質なものであっても、効率を高める効果のあるものは積極的に取り込んで相対的競争力を高めようとする姿勢は、近年特に顕著になっている。生産、部品製造、資材調達、資本の調達など様々な企業活動の分野でハイブリッド化は自然発生的に進んでいく傾向にある。こうした過程を通じて、多様な価値観と自由な新規参入を許容し、純粋な市場モデルの原型により近い「アングロ・サクソン型」と、組織の安定を重視する「日本型」の両者の長所を選択的に取り入れたある種のグローバル・モデルが自然発生的に形成されていく可能性は高い。こうしたプロセスの中で、第5章で説明されたような社会民主主義的な「ヨーロッパ・モデル」からその優れた部分を取り入れることも必要である。

「もの」と違って社会文化的要因に規定される「ひと」を扱う人的資源管理の分野では、こうした自然発生的な融合は他の分野におけるよりも起こりにくい。しかし第3章で述べたように、自動車産業など、日本企業が大きな成功を収めている産業分野では日本型の人事管理方式が部分的に欧米企業に取り入れられている。そうした過程を通じて異質な様式同士の融合が起こり、そのようにして形成されたハイブリッド型システムがさらに他の産業分野に波及的に採用されるという現象が見られる。

2 職階別成果主義——分配と手続きの公正

序章でも触れたように、組織内の人員の能力を活用し、組織全体の業績を上げるためには、「成果主義」、つまり「仕事の成果を公正に評価し、その評価に基づく処遇をする」という原則に基づいて人事管理を行うべきだとの考え方は、今では広く受け入れられるようになっている。特にゴールドカラーを中心とする創造的知的人材にその知的な力や創造性を発揮させるためには、成果主義の活用が不可欠である。ゴールドカラーは、チャレンジの場や才能を伸ばす機会を求めている。したがって、彼らに対しては高い評価基準を設定し、チャンスを与え、自らの仕事を企画・実行する権限を与え、成果が上がればそれに見合った報酬を与えることによってモティベーションの増進を図ることができる。彼らは、達成した成果に対して正当な評価を受けることに意義を感じる。

しかしながら、リストラの一環としての画一的な成果主義の導入は、現場に混乱と断絶と士気の低下をもたらすことも多い。ここで重要なことは、第3章で述べたように、職階別かつ多層的な政策が必要であるということである。つまり、組織全体を考えた場合、成果主義は選択的に導入されなければならない。なぜなら期待される成果の内容は職階によって異なるし、また成果がどの程度、報酬などの処遇に反映されるべきかということも職階によって異なるからである。また前節で述べたように、仕事に関わる欲求や期待も個人がどの職階に属するかによって異なる。したがって成果主義の導入に対する態度も自ずと異なってくる。また組織において求められる役割も職階によって当然異なってくる。

成果を処遇に反映する度合いは、与えられている権限の大きさに対応すべきである。なぜならその社員が上げられる成果の範囲は、与えられている権限の大きさによって限定されるからである。上位の管理職では、大きな権限が与えられており、それにもかかわらず成果が上がらなければ、それは本人の責任である。しかし下位の職で、与えられている権限が小さい場合は、たとえ成果が上がらなくてもそれは必ずしも本人の責任ではない。上の階層では高い成果基準を設けて成果によって決まる報酬部分を大きくし、職位が下がるにしたがって成果によって決まる報酬部分を小さくすることが適当であろう。実際、多くの企業では、基本給以外に実績に応じて支払われるボーナスなどの功績奨励給の割合は、低い職位では低く、高い職位では高く設定されている。たとえば、ある米国企業では、全報酬に占める功績奨励給の割合は、係長レベルで基本給の一五％、課長で三〇％、部長で五〇％、役員で八〇％などとなっている。

ブルーカラーでは成果が報酬に反映される度合いは通常きわめて低い。たとえば英国の石油会社B社では、労組は個人レベルでの成果の反映に反対しており、同じ職務に対しては同じ給料を求める。したがって個人に対するボーナスはない。会社全体の業績によって決まる少額のボーナス（全員に対して同額が支払われる）があるだけである。会社によっては、ボーナスの配分をチームに任せる試みもなされている(3)。チームの成果を会社や部門の成果と連動させ、さらに個人の成果をチームの成果と連動させ、会社としてのガイドラインを示した上で、チームのボーナスをどのように個人に配分するかについてはチームに任せるといった方法である。しかし、一般にブルーカラーに対して功績奨励給制度を用いている企業は少なく、また用いている場合でもその額は少額である。

このように、設定されるべきインセンティブの種類や期待される成果の内容、また成果が処遇に反映される度合いは職位によって異なる。個々の社員のモティベーションやコミットメントを維持するためには、個々の社員がこのようにしてそれぞれに対して設定された枠組みの中で「自分は公平に処遇されている」と感じることが重要である。つまり個々の社員は分配の結果が公正なものであることを認める必要がある。これは社会学の文献において「分配の公正（分配の正義）」（distributive justice）と呼ばれる領域である。

ウェーバーが指摘するように、近代資本主義の発達に伴い、経済合理的思考が、他の伝統的な規範に代わって圧倒的に重要な規範になった。経済合理性が支配的な規範となっている現代の組織においては、個人は組織の中での交換関係をこうした規範に基づいて評価する。個人は労働の結果として報奨（経営資源、職位、権限、金銭的報酬など）を得た時、自分が成した貢献や費やした労力に照らしてフェア（公正）なものであるかどうかを評価する。フェアであれば満足し、彼らは会社への義務を果たすことでそれに応じる。

組織で働く個人は、彼が費やすことを期待されている労力、つまり「労働支出」（labor bargain）に関して、経営者と暗黙の取引をする。彼が求める条件は、彼が仕事そのものから得る本質的な喜び、報酬の水準、報酬の公平さなどに関する認識、および経営者との相対的な力関係などの総合的な結果として出てくるものである。個人がどれだけの労力を費やしてもよいと考えるかということは、個人の仕事へのコミットメントの水準を示す重要な鍵となる指標の一つであり、また同時に仕事に対する満足度が態度や行動として表れたものであるとも考えられる。

組織で働く個人が、こうした社会的交換に関して、その交換が個人に利益をもたらすものであるか、それとも逆に個人を搾取するものであるかを判断する時の基準は、通常極めて相対的なものである。ジョージ・ホマンズやピーター・ブラウによれば、組織の成員が、特定の社会的交換に関して、その交換が個人に利益をもたらすものであると判断すれば、組織の構造を協調関係と見て是認するであろうし、それともその交換が逆に個人を搾取するものであると判断すれば、組織内の階層を支配－服従関係と見て攻撃を志向することにも繋がる。組織の成員がこのいずれの行動をとるかは、次の要因によって決まる。(4)

(1) 人は報酬と貢献が見合うことを期待するが、この期待が満足されるか否か。つまり、行為が期待した報酬を受けなかったり、予期しない罰を受けたりする時、人は怒りを感じ、攻撃的な行動をとる傾向がある。

(2) 報酬と貢献が見合っているかどうかの判断は、自分と類似した準拠他者との比較に大きく影響される。つまり準拠他者との比較に基づいて評価した時、期待する利益量が得られない時、分配の不正義の認識が発生し、その結果、相対的剥奪に対する怒りが生ずる。期待を上回る利益量が得られた時には、相対的有利への罪の意識が生ずる。

では、「公正な交換」とはどのようなものであろうか。社会的交換が繰り返されるうちに、交換される社会的利益の需要と供給によって現行交換率が確定されるようになる。この現行交換率が適正な交換率として社会的に是認されるようになり、社会的規範として定着する。(5)

この社会規範としての交換率は、個人が交換関係に満足するか、あるいはそれを搾取と感じて怒りを覚えるかを決定する時の基準として機能する。しかし、実際に個人が日常的に判断の基準として使うのは、準拠集団との比較であり、準拠集団の成員達が受け取る平均的報酬は、何が相対的に充足的な経験であり、何が相対的に剝奪的な経験であるかを評価するための基準となる(6)。さらに個人が交換関係の公正さを判断する際に、しばしば大きな影響力を持つのは、個人と類似し近接した準拠他者との比較である。つまり個人の相対的充足感（あるいは剝奪感）は、準拠他者との比較によって規定される部分が大きい(7)。

社会的交換関係において自らが「搾取」されている、あるいは「分配の不正義」という不利益を被っているという認識は、「準拠他者」との比較というきわめて相対的な評価を通じて形成されることが多い。しかし準拠他者が個人に近接する狭い範囲にいる人々であるか、あるいはもっと広範囲にいる人々を含むか、あるいはもっと広くグローバルなレベルで比較可能な人々を含むか、つまり個人が準拠集団を選択する時にどの範囲まで思考を広げるかは、個人がこれまで体験した社会化の過程（家庭、学校、職場、その他の場での体験）によって決定される。

先に述べたように、公正な分配がなされ、貢献の結果として得た報酬に満足した時、人は会社への義務を果たすことでそれに応じる。しかし社員からより大きな力を引き出すためには、「分配の公正」に加えて「手続きの公正」（procedural justice）が担保される必要がある。現在企業がさらに業績を伸ばすためのイノベーションや創造性を生み出すためには、義務のレベルを超えた自発的な協力、つまり積極的に協力しようという場合に限って明らかにされるような知識の提供や共有が必要となる。特に知識産業においては、これは業績を向上させる上で欠くことのできないものである。こうした知識の共有や創造力の発揮は、義務としての労働以上のコミットメントと信頼があって初めて可能になる。

こうしたコミットメントと信頼を得るためには、分配の結果が公正であることをメンバーが認めるだけでなく、結果に至るまでのプロセスについても公正であることを認める必要がある。これが「手続きの公正」と呼ばれる領域である。つまり結果や成果に至るまでのプロセスに関わる規範や基準が適切であるかどうか、意思決定への参画が認められているかどうか、発言の機会が与えられているかどうか、要求や苦情への対応がなされているかどうかといった事項がこれに含まれる。最近の調査の結果からも、手続きが公正であると信じている管理職は、コミットメントと信頼が高い水準にあり、またそれが積極的な協力に結びついていることが明らかになった[8]。逆に手続きに公正さが欠けると感じた管理職は、その気持ちを胸に収めたままぐずぐずしていたという[9]。

有効なモティベーション政策を実施するためには、(1)組織の中の異なった集団それぞれのニーズに適合するインセンティブの設定、(2)それらのインセンティブを公正な手続きにより公正に分配するためのシステム、(3)そのシステムが適切に機能することを保障する仕組み、(4)それを実施する人事管理スタッフの教育訓練、といった一連の一貫した制度の整備が必要になる。また人々が自由に話し合い、意見や苦情があれば気楽に発言できるようなオープンな企業風土があればこうしたシステムが機能しやすいと言われる。

教育訓練の内容としては、人事評価に関する講義を聴くこと、ビデオを見ること、実際に小集団でロール・プレイング（role playing）を行って討論することなどが含まれる。二〇〇五―〇六年の面接調査の対象となった企業の多くで、人事評価に関する教育訓練が行われていた。しかし一方でこうした教育訓練を全く行っていない企業もあり、また行っていても十分でないと感じている企業もあった。

英国の大手石油会社B社では、こうした教育訓練を行っており、チームを率いる若い管理職は、評価の公正については細心の注意を払うという。彼は次のように話す。

私が管理しているチーム（単位）では、成果（業績）によるボーナスの差は小さいが、成果が認められているかどうかを示すものとしてこの差は意味を持つ。自分の評価能力が問題になるので部下全員に平均点を与えることはできない。全体の額は決まっているので、数人のメンバーに良いボーナスを与えるためには、彼ら以外の誰かの分を減らさなければならない。他の人達の成績がそれ程悪くない時でもやはり差をつけなければならない。三〇人のチームでやるのは一〇〇人のチームでやるよりも難しい。EU全体で平等（equity）が重視されるようになり、公正に関するみんなの意識が高まっており、管理職に対する大きなプレッシャーになっている。きちんとやらなければ部下は苦情を言ってくる。彼らは互いにいくら貰ったか知っており、「私はこれだけ仕事をしているのにあの人よりボーナスが低いのはなぜか」といった苦情が出る。だから私は、常に自分の決定について弁明できるように準備していなければならない。苦情が来た場合には「あなたはこれが出来なかったから」などと説明する。(10)

評価をより公正で客観的なものにするため、直属の上司による評価に加えて社内および社外の顧客による評価を取り入れている企業は多い。社内・社外の顧客に対して意見聴取（sounding）を行い、評価に関連するより客観的な情報を集める。これは非常に時間のかかるプロセスであり、たとえば前述のB社では人事管理専門のスタッフが毎年一カ月をこのために使っている。(11) 公正な評価は公正な分配の前提であるが、評価をより公正なものにするために各企業では以上述べたような様々な工夫をしている。「評価と分配の公正」という問題は、どの組織においても非常に重要な問題になっている。(12) 第2章でも述べたように、ここ三〇―四〇年間にわたる脱工業化、それに伴う職業階層構造の変化と生活水準の向上は、人々が仕事に対して抱く期待と欲求に大きな変化をもたらしている。現在では、多くの人々が仕事を単なる物質的報酬の手段としてではなく、自己実現の場として捉えるようになり、彼等にとって仕事は自負心を満足し、人生に意義を与える重要なものになっている。自己実現を重視する人々は、達成した成果に対して正当な評価を受けることに意義を感じる。こうした傾向は今後も継続するものと考えられる。各企業では、評価と分配をより公正なものにするためにより一層の努力が求められるであろう。

（渡辺聰子）

註

（1）本書第4章参照。
（2）根本（2002）。
（3）Liu（2003）.
（4）Homans（1961）.
（5）Blau（1967, p. 153）.
（6）同右。
（7）準拠他者との比較が、個人の相対的充足感（あるいは剝奪感）を規定する重要な要因であるという事実が一般的に認められるようになったきっかけを作ったのは、サミュエル・ストゥーファー（Samuel Stouffer）らによる米国陸軍兵士の士気に関する研究（一九四九―五〇年）である。Stouffer *et al.*（1949–1950）.
（8）Kim and Mauborgne（2003）.
（9）同右。
（10）二〇〇五年八月、渡辺がB社で人事担当者に対して実施した面接調査による。
（11）同右。
（12）Green（2006）, Foot and Hook（2005）.

索　引

ア

アウトソーシング　253-254
アルデファー，C. P.　48
アングロ・サクソン型市場主義　1-2
EU 憲法　250
インセンティブ（誘因）　33, 45, 97, 273
　長期——　97, 100-102
ウォーターマン，R.　164
X 理論　51
エンパワーメント　179-183
欧州社会モデル（European Social Model）　219-220, 222, 244
　新——　226, 246-249

カ

外国人株主　107-108
科学的管理　3, 34, 37, 40-43
獲得型個人主義　78-81
家族に優しい恩典（family-friendly benefits）　24
株式持ち合い制度　11, 107
株主革命　107
株主資本主義　9, 22-23, 109
株主資本利益率（ROE）　9, 23, 109
株主代表訴訟　12, 109
企業家精神　237
QC サークル　54-56
共通農業政策（Common Agricultural Policy）　255
協働システム　19-20
経済合理性　270
経路依存性（path dependency）　224-225
権利主張主義　83-84
高度情報化社会　71
功利主義　80
顧客満足度　9
国民保健サービス（NHS）　225
コスロフスキー, P.　159-160
ゴールドカラー　111, 113-114, 262-264
混合経済　221

サ

サッチャリズム　26
サービス経済トリレンマ　224-225
サービス指令（Services Directive）　250-252
参加型管理　60-61
シェアード, P.　104
自己実現（self-actualization）　73
　——至上主義　72-76, 111, 262
　——の欲求　47, 65, 263
自己組織化　189
自己組織性　184
仕事と生活のバランス（ワーク・ライフ・バランス）　10, 84, 266
仕事の充実化（job enrichment）　53
市場原理主義　2
自然共生主義　89
持続可能性　23-25, 29
持続可能な成長　91
時短　127
支配システム　18-20
社会的責任　24
社会的欲求　34, 46, 121, 138, 266
社会民主主義　2, 25
収斂論　4, 17, 68-71

準拠他者　271-272
新自由主義　2, 26
人的資源論　35, 43
新労働党モデル　26
ステークホルダー　6, 9-13
ストック・オプション　97, 100-101
スミス，A.　12, 80-81
スミス，V.　61
成果主義　23, 265, 268
生態学的近代化（ecological modernisation）241-242
疎外論　73

タ

脱管理　210
脱工業化　67-68, 71
脱物質主義　88-89
脱分節化　152, 158, 160-163
知識経済　230, 235
知識産業　264
テイラー，F.　37
手続きの公正（procedural justice）272
テンニース，F.　89
ドーア，R.　5
ドラッカー，P.　14

ナ

中根千枝　69
ニーチェ，F.　185
日本型経営　3, 121
人間関係論　34
ノーデン－パワーズ，C.　181

ハ

ハイブリッド型人的資源政策　5, 141, 262
ハーズバーグ，F.　52-53
バーナード，C.　19-20
反権威主義　85-87
ハンディ，C.　103
非公式組織　139
ビバリッジ，W.　245
貧困層　239, 248
福祉国家　25
福祉資本主義　224
ブラウ，P.　271
ブルーカラー　115-118, 129
ブルジョア的価値観　86
フレキシビリティ・セキュリティ法　267
フレキシブルな安定（flexicurity）227, 246
フレックス雇用者　7, 13, 15-16, 130, 135, 138, 266
フレックス・タイム　10, 24, 127
プロフィット・シェアリング　103
分配の公正（分配の正義）（distributive justice）270
ベック，U.　82
ベラー，R.　83
保護貿易主義　255
ポストフォーディズム　166
ポストモダニズム　72, 111
ポストモダン　5, 68, 142, 149, 151-152
　──化　5, 49, 65-66, 73, 76, 117
ホドソン，R.　60-61
ポピュリズム　255
ホマンズ，G.　271
ホワイトカラー　128-130

マ

マグレガー, D.　37, 50
マクレランド，D.C.　98
マーシャル，T.H.　245
マズロウ，A.　35, 44, 46-48
マルクス，K.　44-45, 73
ミル，J.S.　80

ミルズ，C. W.　128
メイヨー，E.　139
モティベーション（動機づけ）　33, 38-40, 43-45, 95, 113, 118, 135, 273

ヤ

ゆらぎ　190-195, 197-199

ラ

ラッシュ，S.　155
リスボン・アジェンダ　226, 230
倫理的個人主義　78, 80
レイオフ　119-120
レッセ・フェール（自由放任主義）　2
労働支出（labor bargain）　270
ロック，J.　78
ロール・プレイング（role playing）　273

ワ

Y 理論　51
ワーキング・プア　222, 228, 234
ワーク・シェアリング　125, 127, 267
ワークチーム　58-59

文　献

Adams, Robert, 1996, *Social Work and Empowerment*, London：Macmillan Press.

Aiginger, Karl, 2005, "Toward a New European Model of a Reformed Welfare State," *United Nations Economic Survey of Europe*, 1.

Aldefer, C. P., 1969, "An Emprical Test of New Theory of Human Needs," *Organizational Behavior and Human Performance*, No. 4：142-175.

Amiti, Mary and Shang-Jin Wei, 2005, "Fears of Service Outsourcing," *Economic Policy*, April 2005.

青木昌彦，2003,『比較制度分析に向けて』［新装版］NTT 出版.

青木幹喜，2000,「経営におけるエンパワーメント――そのコンセプトの変遷」『経営情報科学』12：1-20.

青木幹喜，2006,『エンパワーメント経営』中央経済社.

バッキンガム，マーカス，2005,「八万人への調査が明らかにしたエクセレント・マネージャーの資質」『ダイヤモンド・ハーバード・ビジネス・レビュー』30(11)：151-159.

Barbier, Jean-Claude, 2005, "Apprendre Vraiment du Danemark?" *Connaissance de L'emploi*, No. 18, July 2005.

Barnard, Chester I., 1946, *The Function of the Executives*, Cambridge, MA：Harvard University Press（山本安次郎・田杉競・飯野春樹訳，1968,『新訳 経営者の役割』）.

Barysch, Katinka, 2005, "Liberal versus Social Europe," *Centre for European Reform Bulletin*, August/September 2005.

Bass, Bernard M., 1985, *Leadership and Performance Beyond Expectations*, New York：The Free Press.

Bean, Charles *et al.*, 1998, *Social Europe：One for All?* London：Centre for Economic Policy Research.

Beck, Ulrich, 2000a, *What Is Globalization?* Cambridge, UK：Polity Press.

Beck, Ulrich, 2000b, *The Brave New World of Work*, Cambridge, UK：Polity

Press.

Beck, Ulrich, 2006, *Cosmopolitan Vision*, Cambridge, UK：Polity Press.

Beck, Ulrich, Anthony Giddens and Scott Lash, 1994, *Reflexive Modernization：Politics, Tradition and Aesthetics in the Modern Social Order*, Cambridge, UK：Polity Press（松尾精文・小幡正敏・叶堂隆三訳，1997，『再帰的近代化——近現代における政治，伝統，美的原理』而立書房）.

Beirne, Martin, 2006, *Empowerment and Innovation: Managers, Principles and Reflective Practice*, Cheltenham, UK: Edward Elgar.

Bell, Daniel, 1973, *The Coming of Post-Industrial Society*, New York：Basic Books（内田忠夫ほか訳，1975，『脱工業社会の到来——社会予測の一つの試み』ダイヤモンド社）.

Bell, Daniel, 1976, *The Cultural Contradictions of Capitalism*, New York：Basic Book（林雄二郎訳，1976-1977，『資本主義の文化的矛盾』（上・中・下）講談社）.

Bellah, R. N., R. Madsen, W. M. Sullivan, A. Swider and S. M. Tipton, 1985, *Habits of the Heart：Individualism and Commitment in American Life*, New York：Harper and Row（島薗進・中村圭志訳，1991，『心の習慣——アメリカ個人主義のゆくえ』みすず書房）.

Bentham, J., 1961, *An Introduction to Principles of Morals and Legislation*, Garden City, NY：Doubleday（originally published in 1781）.

Berg, Peter, Eileen Appelbaum, Tom Bailey and Arne L. Kalleberg, 2003, "Contesting Time：International Comparison of Employee Control of Working Time," Presented at 13th World Congress of the International Industrial Relations Association, Sept. 8-12, 2003.

Bergson, Henri, 1907, *L'Évolution créatrice*, Paris: P. U. F（松浪信三郎・高橋允昭訳，1966，『創造的進化』（ベルグソン全集 4）白水社）.

Blau, Peter M., 1967, *Exchange and Power in Social Life*, New York：John Wiley & Sons（間場寿一・居安正・塩原勉共訳，1974，『交換と権力』新曜社）.

Brown, Marvin T., 1991, *Working Ethics:Strategies for Decision Making and Organizational Responsibility*, San Francisco：Jossey-Bass Publishers.

Castells, Manuel and Pekka Himanen, 2002, *The Information Society and the Welfare State*, Oxford：Oxford University Press.

Conger, Jay A. and Rabindra N. Kanungo, 1988, "The Empowerment Process: Integrating Theory and Practice," *Academy of Management Review*, 13: 471-482.

Deleuze, Gilles, 1956, "La conception de la différence chez Bergson," *Les Etudes Bergsoniennes*, 4:77-112（平井啓之訳，1989，『差異について』青土社）.

Dianantopolou, Anna, 2003, "The European Social Model: Myth or Reality?" speech at Labour Party Conference, Bournemouth, 29 Sept. 2003.

Dore, Ronald, 1973, *British Factory-Japanese Factory: The Origins of National Diversity in Industrial Relations*, Berkeley: University of California Press（山之内靖・永易浩一訳，1987，『イギリスの工場・日本の工場——労使関係の比較社会学』筑摩書房）.

ドーア，ロナルド（藤井眞人訳），2001，『日本型資本主義と市場主義の衝突』東洋経済新報社.

Drucker, Peter F., 1993, *Post-Capitalist Society*, New York: Harper Collins（上田惇生ほか訳，1993，『ポスト資本主義社会——21 世紀の組織と人間はどう変わるか』ダイヤモンド社）.

江口厚仁，1990，「法システムの自己組織性」『九大法学』60:1-104.

Ellig, Bruce, 1982, *Executive Compensation: A Total Pay Perspective*, New York: McGraw-Hill.

エマソン，トニー，2006，「2006 年度版世界ランキング Newsweek Global 500」『ニューズウィーク』(*Newsweek*) 日本版，2006 年 6 月 21 日号:50-69.

Esping-Andersen, Gøsta, 1989, *The Three Worlds of Welfare Capitalism*, Cambridge, UK: Polity Press.

Ferrera, Maurizio, 1998, *Le Trappole del Welfare*, Bologna: Il Mulino.

Flanagan, Scott C., 1982, "Changing Values in Advanced Industrial Societies: Inglehart's Silent Revolution from the Perspective of Japanese Findings," *Comparative Political Studies*, 1982 (January), 14:403-444.

Foot, M. and C. Hook, 2005, *Introducing Human Resource Management*, Prentice Hall.

Friedman, Thomas L., 1999, *The Lexus and the Olive Tree*, New York: Farrar（東江一紀・服部清美訳，2000，『レクサスとオリーブの木——グローバリゼーションの正体』（上・下）草思社）.

Friedman, Thomas, 2005, *The World Is Flat*, New York：Allen Lane（伏見威蕃訳, 2006,『フラットル化する世界』（上・下）日本経済新聞社）.

Garrahan, Philip and Paul Stewart, 1992, "Management Control and a New Regime of Subordination," G. N. Gilbert, R. Burrows and A. Pollert, eds., *Fordism and Flexibility*, London：Macmillan.

Gerlach, Michael L., 1992, *Alliance Capitalism：The Social Organization of Japanese Business*, Berkeley, CA：University of California Press.

Giddens, Anthony, 1990, *The Consequences of Modernity*, Cambridge, UK：Polity Press（松尾精文・小幡正敏訳, 1993,『近代とはいかなる時代か？――モダニティの帰結』而立書房）.

Giddens, Anthony, 1994, *Beyond Left and Right：The Future of Radical Politics*, Cambridge, UK：Polity Press（松尾精文・立松隆介訳, 2002,『左派右派を超えて――ラディカルな政治の未来像』而立書房）.

Giddens, Anthony, 1998, *The Third Way：The Renewal of Social Democracy*, Cambridge, UK：Polity Press（佐和隆光, 1999,『第三の道――効率と公正の新たな同盟』日本経済新聞社）.

Giddens, Anthony, 2000, *The Third Way and its Critics*, Cambridge UK : Polity Press（今枝法之・干川剛史訳, 2003,『第三の道とその批判』晃洋書房）.

Giddens, Anthony, 2002, *Where Now for New Labour?* Cambridge, UK：Polity Press.

Gleick, James, 1987, *Chaos：Making a New Science*, New York：Viking（大貫昌子訳, 1991,『カオス――新しい科学をつくる』新潮文庫）.

Graham, Laurie, 1995, *On the Line at Subaru-Isuzu*, Ithaca, NY：Industrial Labor Relations Press（丸山惠也監訳, 1997,『ジャパナイゼーションを告発する――アメリカの日系自動車工場の労働実態』大月書店）.

Green, F., 2006, *Demanding Work：The Paradox of Job Quality in the Affluent Economy*, Princeton, NJ：Princeton University Press.

Guillen, Ana M. and Manos Matsaganis, 2000, "Testing the 'Social Dumping' Hypothesis in Southern Europe," *Journal of European Social Policy*, Vol. 10.

Haken, Herman, 1976（1978：2nd ed.）, *Synergetics：An Introduction, Nonequilibrium Phase Transitions and Self-Organization in Physics, Chemistry and Biology*, Berlin：Springer-Verlag（牧島邦夫・小森尚志訳, 1980,『協同現象

の数理——物理，生物，化学系における自律形成』東海大学出版会）.

濱口恵俊，1998，『日本研究原論——「関係体」としての日本人と日本社会』有斐閣.

濱口恵俊・公文俊平編，1982，『日本的集団主義』有斐閣.

Handy, Charles, 2002, "What's a Business for," *Harvard Business Review*, December 2002 : 49-65.

Hemerijck, Anton, 2002, "The Self-transformation of the European Social Model(s)," Gøsta Esping-Andersen, ed., *Why We Need a New Social Welfare State*, Oxford: Oxford University Press.

Herzberg, Frederick, 1966, *Work and Nature of Man*, Cleveland : World.

Herzberg, Frederick, 2003, "One more time : How do you Motivate your employees?" *Diamond Harvard Business Review*, April 2003 : 44-52.

Herzberg, Frederick, Bernard Mausner and Barbara Block Snyderman, 1959, *The Motivation to Work,* New York : John Wiley.

Hochschild, Arlie Russel, 1983, *The Managed Heart : Commercialization of Human Feeling*, Berkeley, CA : University of California Press（石川准・室伏亜希訳，2000，『管理される心』世界思想社）.

Hodson, Randy, 1996, "Dignity in the Workplace under Participative Management : Alienation and Freedom Revisited," *American Sociological Review*, Vol. 61, No. 5, 1996 October : 719-738.

Hofstede, Geert, 1980, *Culture's Consequences International Differences in Work-related Values*, Beverly Hills, CA : Sage Publications（萬成博・安藤文四郎監訳，1984，『経営文化の国際比較』産業能率大学出版部）.

Hollande, Francois, 2005, "L'Europe dans la Tourmente," background document for ECOFIN meeting, Manchester, 9 September 2005.

Homans, George C., 1961, *Social Behavior : Its Elementary Forms*, New York : Harcourt Brace Jovanovitch, Inc.（rev. ed. 1974）（橋本茂訳，1978，『社会行動——その基本形態』誠信書房）.

今田高俊，1986，『自己組織性——社会理論の復活』創文社.

今田高俊，1993a，「日本的経営の転機」『組織科学』27（1）: 4-14.

今田高俊，1993b，「自己組織性の社会理論——ポストモダニズムの社会学をめざして」厚東洋輔・今田高俊・友枝敏雄編『社会理論の新領域《フロンティア》』東京大学出版会，pp. 1-35.

今田高俊，1994，「自己組織性論の射程」『組織科学』28(2)：24-36.

今田高俊，1997，「管理から支援へ――社会システムの構造転換をめざして」『組織科学』30(3)：4-15.

今田高俊，1998，「脱管理を通じた自己組織化――神戸製鋼ラグビーチームを事例として」『現代社会学研究』11：27-48.

今田高俊，2003，「自己組織化の条件」『ダイヤモンド・ハーバード・ビジネス・レビュー』28(3)：88-101.

今田高俊，2005，『自己組織性と社会』東京大学出版会.

Inglehart, Ronald, 1971, "The Silent Revolution in Europe：Intergenerational Change in Post-Industrial Societies," *American Political Science Review*, 65：991-1017.

Inglehart, Ronald, 1977, *Silent Revolution; Changing Values and Political Styles among Western Publics*, Princeton, NJ：Princeton University Press（三宅一郎・金丸輝男・富沢克訳，1978，『静かなる革命――政治意識と行動様式の変化』東洋経済新報社）.

Inglehart, Ronald, 1989, *Culture Shift in Advanced Industrial Society*, Princeton, NJ：Princeton University Press（村山皓・富沢克・武重雅文訳，1993，『カルチャーシフトと政治変動』東洋経済新報社）.

Inglehart, Ronald, 1997, *Modernization and Postmodernizarion: Cultural, Economic, and Political Change in 43 Societies*, Princeton, NJ：Princeton University Press.

Iversen, Torben and Anne Wren, 1998, "Equality, Employment and Budgetary Restraint：The Trilemma of the Service Economy," *World Politics*, Vol. 50.

Jencks, Charles, 1977, *The Language of Post-Modern Architecture*, London：Academy（竹山実訳，1978，『ポスト・モダニズムの建築言語』『建築と都市』臨時増刊号）.

Jenkins, David, 1974, *Job Power：Blue and White Collar Democracy*, New York：Penguin Books.

Johnson, Thomas H., 1992, *Relevance Regained: From Top-Down Control to Bottom-Up Empowerment*, New York: Free Press（辻厚生・河田信訳，1994，『米国製造業の復活――「トップダウン・コントロール」から「ボトムアップ・エンパワメント」へ』中央経済社）.

Junkerman, John, 1982, "We Are Driven : Life on the First Line at Dutsun," *Mother Jones*, 1982（August）, 7.

Kamata, Satoshi, 1982, *Japan in the Passing Lane : An Insider's Account of Life in a Japanese Auto Factory*, New York : Pantheon.

Kim, W. Chan and Renee Mauborgne, 2003, "Fair Process : Managing in the Knowledge Economy," *Diamond Harvard Business Review*, April 2003 : 104-117.

Kirkegaard, J. F., 2005, "Outsourcing and Offshoring," Institute for International Economics, Working Paper Series, March 2005.

小橋康章，1988，『決定を支援する』東京大学出版会．

小橋康章・飯島淳一，1997，「支援の定義と支援論の必要性」『組織科学』30（3）: 16-23.

Koch, Max, 2006, *Roads to Post-Fordism: Labour Markets and Social Structures in Europe*, Aldershot, UK : Ashgate.

国際交流教育財団「日本型システム」研究会編，1992，『日本型システム――人類文明の一つの型』セコタック．

Koslowski, Peter, 1987（2 Aufl., 1988）, *Die postmoderne Kultur : Gesellschaftlich- kulturelle Konsequenzen der technischen Entwicklung*, München : C. H. Beck（高坂史朗・鈴木伸太郎訳，1992，『ポスト・モダンの文化――技術発展の社会と文化のゆくえ』ミネルヴァ書房）．

Lash, Scott, 1990, *Sociology of Postmodernism*, London : Routledge（田中義久監訳，1997，『ポスト・モダニティの社会学』法政大学出版局）．

Leadbeater, Charles, 1999, *Living on Thin Air : The New Economy*, London : Viking.

Lipset, Seymour Martin, 1959, "Democracy and Working-Class Authoritarianism," *American Sociological Review*, 1959（August）, 24 : 482-501.

Lipset, Seymour Martin, 1960, *Political Man*, London : Heineman（内山秀夫訳，1963，『政治のなかの人間――ポリティカル・マン』東京創元社）．

Liu Chuazhi, 2003, "Set Different Incentive Levels," *Harvard Business Review*, 81, January 2003 : 47（*Diamond Harvard Business Review*, April 2003 : 127）.

Locke, John（ed. by C. B. Macpherson）, 1980, *Second Treatise of Government*, Indianapolis, Ind. : Hacket（originally published in 1690）（加藤節，2007，『統治二論』岩波書店）．

Lodge, George C., 1984, *The American Disease*, New York：Alfred A. Knopf, Inc.（宮崎勇・丸茂明則訳，1985，『アメリカ病を超えて』ダイヤモンド社）.

Lyon, David, 1994, *Postmodernity*, Buckingham：Open University Press（合庭惇訳，1996，『ポストモダニティ』せりか書房）.

Macpherson, C. B., 1962, *The Political Theory of Possessive Individualism：Hobbes to Locke*, London：Oxford University Press.

Marsden, David and Richard Belfield, 2004, "Performance-related Pay and Procedural Justice：the Case of Classroom Teachers," CEP Discussion Paper, No. 660, November 2004, Center for Economic Performance, The London School of Economics and Political Science.

Marshall, T. H., 1950, *Citizenship and Social Class*, Cambridge, UK：Cambridge University Press（岡田藤太郎・森定玲子訳，1998，『社会学・社会福祉学論集――「市民資格と社会階級」他』相川書房）.

Marx, Karl, 1844, "Economic and Philosophical Manuscript," T. B. Bottomore and Maximilien Rubel, eds., *Karl Marx, Selected Writings*, New York：McGraw-Hill Books, 1956, pp. 167-177（城塚登・田中吉六訳，1964，『経済学・哲学草稿』岩波文庫）.

正村俊之，1989，「コミュニケーションによる自己組織化」『社会学評論』40(2)：5-20.

Maslow, Abraham H., 1987, *Motivation and Personality*, 3rd ed., revised by R. Frager, J. Fadiman, C. McReynolds and R. Cox, New York：Harper Brothers（1970, 2nd ed.）（小口忠彦訳，1987，『人間性の心理学――モチベーションとパーソナリティ』産業能率大学出版部，原著第２版の訳）.

Maturana, Humberto R. and Francisco J. Varela, 1980, *Autopoiesis and Cognition：The Realization of the Living*, Dordrecht, Holland：D. Reidel Publishing Co.（河本英夫訳，1991，『オートポイエーシス――生命システムとはなにか』国文社）.

Mayo, Elton, 1945, *The Social Problems of an Industrial Society*, Cambridge, Mass.：Harvard University Press.

Mayo, Elton, 1960, *The Human Problems of an Industrial Society*, New York：Viking Press（村本栄一，1967，『産業文明における人間問題』日本能率協会）.

McGregor, Douglas, 1960, *The Human Side of Enterprise*, New York：Mc-

Graw-Hill（高橋達男訳，1966，『企業の人間的側面』産業能率短期大学出版部）.

Mclelland, David C., 1975, *Power: The Inner Experience*, New York: Irvington Publishers.

Mclelland, David C., 1976, "Power Is the Great Motivator," *Harvard Business Review*, March–April 1976.

Mills, C. Wright, 1951, *White Collar*, New York: Oxford University Press（杉政孝訳，1971，『ホワイト・カラー』東京創元社）.

Mitchell, Neil J., 1989, *The Generous Corporation: A Political Analysis of Economic Power*, New Haven, Connecticut: Yale University Press.

三浦展，2005，『下流社会』光文社新書.

モンロー，アン，2006，「儲かる CRS は嘘じゃない」『ニューズウィーク』（*Newsweek*）日本版，2006 年 6 月 21 日号：46–47.

Moran, R. T. and P. R. Harris, 1982, *Managing Cultural Synergy*, Houston, Texus: Gulf Publishing Co.

Moscovići, Pierre, 2005, "L'Europe dans la Tourmente," background document for ECOFIN meeting, Manchester, 9 September 2005.

Müller-Rommel, Ferdinand, 1998, "The New Challengers: Greens and Right-Wing Populist Parties in Western Europe," *European Review*, vol. 6, 1998.

武者利光，1980，『ゆらぎの世界――自然界の 1/f ゆらぎの不思議』講談社.

中根千枝，1967，『タテ社会の人間関係――単一社会の理論』講談社.

Nakane, Chie, 1970, *Japanese Society*, Berkeley, CA: University of California Press.

根本孝，2002，『ワークシェアリング――「オランダ・ウェイ」に学ぶ日本型雇用革命：ゆったりと豊かに』ビジネス社.

Nicolis, Gregoire and Ilya Prigogine, 1977, *Self-Organization in Nonequilibrium Systems: From Dissipative Structures to Order through Fluctuations*, New York: John Wiley & Sons（小畠陽之助・相沢洋二訳，1980，『散逸構造――自己秩序形成の物理学的基礎』岩波書店）.

Nietzsche, Friedrich W., 1887, *Zur Genealogie der Moral: Eine Streitschrift*, Leipzig: Leipzig Verlag von C. G. Naumann（木場深定訳，1964，『道徳の系譜』岩波文庫）.

Norden-Powers, Christo, 1994, *Empowerment: How to Succeed with Vision,*

Leadership and Change, Australia：The Business Library（吉田新一郎・永堀宏美訳，2000，『エンパワーメントの鍵——「組織活力」の秘密に迫る 24 時間ストーリー』実務教育出版）.

Nunn, Clyde Z., Harry J. Crockett, Jr. and J. Allen Williams, Jr., 1978, *Tolerance for Nonconformity*, San Francisco：Jossey-Bass.

小畑清剛，1991，『言語行為としての判決』昭和堂.

大沢文夫，1984，「微生物の行動」石井威望ほか編『生命現象のダイナミズム』（ヒューマンサイエンス 3）中山書店，pp. 35–57.

Piore, Michael J. and Charles F. Sabel, 1984, *The Second Industrial Divide: Possibilities for Prosperity*, New York: Basic Books（山之内靖・永易浩一・石田あつみ訳，1993，『第二の産業分水嶺』筑摩書房）.

Prigogine, Ilya, 1980, *From Being to Becoming: Time and Complexity in the Physical Sciences*, San Francisco: W. H. Freeman & Co.（小出昭一郎・安孫子誠也訳，1984，『存在から発展へ』みすず書房）.

Riesman, David, Glazer Nathan and Denny Reuel, 1953, *The Lonely Crowd：A Study of the Changing American Character*, New York：Doubleday（佐々木徹郎ほか訳，1955，『孤独なる群衆』みすず書房）.

Rifkin, Jeremy, 1995, *The End of Work*, New York ：G. P. Putnam's Sons（松浦雅之訳，1996，『大失業時代』TBS ブリタニカ）.

Rifkin, Jeremy, 2004, *The European Dream*, New York：Tarcher Penguin（柴田裕之訳，2006，『ヨーロピアン・ドリーム』日本放送出版協会）.

Robertson, James, 1985, *Future Work：Jobs, Self-Employment and Leisure after the Industrial Age*, Hants, England：Gower Publishing Co.

Roethlisberger, F. J. and William J. Dickson, 1939, *Management and the Worker：Technical versus Social Organization in an Industrial Plant*, Cambridge, Mass.：Harvard University Press.

Sachs, Stephen, 1982, "Union Negotiates Worker Ownership and Participation," *Workplace Democracy*, 1982（Summer）, 9.

Sapir, André *et al.*, 2003, *An Agenda for a Growing Europe*, Brussels：European Commission, July 2003.

Sapir, André, 2005, "Globalisation and the Reform of European Social Models," background document for ECOFIN meeting, Manchester, 9 September 2005.

Schrank, Robert, 1974, "On Ending Worker Alienation：The Gains Pet Food Plant," Roy P. Fairfield, ed., *Humanizing the Workplace*, Buffalo, NY：Prometheus.

Seifter, Harvey and Peter Economy, 2001, *Leadership Ensemble: Lessons in Collaborative Management from the World's only Conductorless Orchestra*, New York: Henry Holt & Company（鈴木主税訳，2002，『オルフェウス・プロセス――指揮者のいないオーケストラに学ぶマルチ・リーダーシップ・マネジメント』角川書店）.

シェアード，ポール，1997，『メインバンク資本主義の危機――ビッグバンで変わる日本型経営』東洋経済新報社.

支援基礎論研究会編，2000，『支援学――管理社会をこえて』東方出版.

Shipler, David K., 2005, *The Working Poor：Invisible in America*, New York: Random House（森岡孝二・川人博・肥田美佐子訳，2007，『ワーキング・プア――アメリカの下層社会』岩波書店）.

新保博彦，2006，『日米コーポレート・ガバナンスの歴史的展開』中央経済社.

Simmons, John and Barry Bluestone, 1982, "Workers Have Brains, too," *Workplace Democracy*, 1982（Summer）, 9.

Smith, Adam, 1975, "An Inquiry into the Nature and Causes of the Wealth of Nations," in R. Romans and M. Leiman, *Views on Capitalism*, 2nd ed., Encino, CA：Glencoe（originally published in 1776）.

Smith, Vicki, 1993, "Institutionalizing Flexibility in a Service Firm：Paradoxes and Consequences," Presented at the Annual Meeting of the American Sociological Association on August 15, 1993.

Smith, Vicki, 1996, "Employee Involvement, Involved Employees：Participative Work Arrangements in a White-Collar Service Occupation," *Social Problems*, Vol. 43：166-179.

Stouffer, Samuel *et al*., 1949-1950, *The American Soldier*, 3 vols., Princeton, NJ：Princeton University Press.

須藤修，1988，『ノイズと経済秩序――資本主義の自己組織化』日本評論社.

Tapscott, Don, 1997, *The Digital Economy*, New York：McGraw-Hill.

舘岡康雄，2006，『利他性の経済学――支援が必然となる時代へ』新曜社.

Taylor, Frederick W., 1911, *The Principles of Scientific Management*, New York: Norton.

Thomas, Kenneth W. and Betty A. Velthouse, 1990, "Cognitive Elements of Empowerment: An 'Interpretive' Model of Intrinsic Task Motivation," *Academy of Management Review*, Vol. 15 : 666-681.

Tönnies, Ferdinand, 1887, *Gemeinschaft und Gesellschaft : Begriffe der reines Sociologie* (Ferdinand Tönnies, 1957, *Community and Society*, East Lansing, Michigan : The Michigan University Press)(杉之原寿一訳, 1957, 『ゲマインシャフトとゲゼルシャフト――純粋社会学の基本概念』(上・下) 岩波文庫).

辻村明, 1967, 『大衆社会と社会主義社会』東京大学出版会.

Tsoukalis, Loukas, 2005, *What Kind of Europe?* Oxford : Oxford University Press.

牛尾治朗・小林陽太郎, 1997, 「グローバル企業の掟」(対談)『Voice』1997 年 11 月号.

Varela, Francisco J., 1979, *Principles of Biological Autonomy*, New York: North Holland.

Vaughan-Whitehead, Daniel, 2003, *EU Enlargement versus Social Europe?* London : Elgar.

渡邉正裕, 2006, 「ビジネスマン『地位と年収』の見取り図」『プレジデント』2006 年 7 月 31 日号 : 33-53.

渡辺聰子, 1990, 「米国における対日意識の長期的傾向に関する定量的研究――世論調査結果の分析を中心として」『社会学評論』第 41 巻 1 号 : 55-64.

渡辺聰子, 1994, 『生きがい創造への組織変革――自己実現至上主義と企業経営』東洋経済新報社.

Watanabe, Satoko and Ryozo Yamaguchi, 1995, "Intercultural Perceptions at the Workplace : The Case of the British Subsidiaries of Japanese Firms," *Human Relations*, Vol. 48, No. 5 : 581-607.

渡辺聰子, 1997, 『ポスト日本型経営』日本労働研究機構.

Watanabe, Satoko, 1998, "Manager-subordinate Relationship in Cross-cultural Organizations : The Case of Japanese Subsidiaries in the United States," *International Journal of Japanese Sociology*, No. 7 (November, 1998) : 23-44.

渡辺聰子, 2000, 「日本型企業間ネットワーク――その特性と今後の展望」『社会学論集』第 24 号 (2000 年 3 月号) : 1-20.

渡辺聰子, 2002, 「メインバンク資本主義の崩壊と新しい企業統治システムの

構築」『社会学論集』第 26 号（2002 年 3 月号）：19-43.

渡辺聰子，2003，「公式組織の理論をめぐる二つのパラダイム——『支配』と『協働』」『社会学論集』第 27 号（2003 年 3 月号）：1-20.

Watanabe, Satoko, 2005, "The Changing Nature of the Work Ethic：A Comparison of the UK and Japan," *Sociological Studies*, No. 29（March 2005）：19-50.

渡辺聰子，2006，「英国の工場——遺産の功罪と新しい雇用制度」『社会学論集』第 30 号（2006 年 3 月号）：1-26.

Waterman, Robert H. Jr., 1994, *What America Does Right：Learning from Companies that Put People First*, W. W. Norton（野中郁次郎訳，1994，『エクセレント・マネジャー——日本に学び，日本を超えた 7 つの米国企業』クレスト社）.

Watts, Glen, 1982, "Management Incentives：Trick or Treat?" *Workplace Democracy*, 1982（Summer）, 9：2-4.

Western, Ruth, 2004, "The Impact of Long Working Hours on Employed Fathers and Their Families," Presented at the International Conference, Work-Life Balance across the Lifecourse（the University of Edinburgh, UK）, June 30-July 2, 2004.

Wickham, James, 2004, *The End of the European Social Model Before It Began?* Dublin：Irish Congress of Trade Unions.

山崎正和，1987，『柔らかい個人主義の誕生——消費社会の美学』中公文庫.

吉田民人，1990，『情報と自己組織性の理論』東京大学出版会.

好川透，1999，「企業行動の決定要因——所有構造と企業金融の影響」『日本経営学会第 73 回大会報告要旨集』（1999 年 9 月），pp. 179-183.

Yoshikawa, T., 1999, "Effects of Ownership Structure and Corporate Finance on Firm Behavior,"『商学集志』69 巻 1 号.

Zwerling, Daniel, 1980, *Workplace Democracy：A Guide to Workplace Ownership, Participation, and Self-management Experiments in the United States and Europe*, New York：Harper Colophon Books.

著者紹介

渡辺《わたなべ》　聰子《さとこ》
上智大学総合人間科学部教授
主要著書
『生きがい創造への組織変革――自己実現至上主義と企業経営』（東洋経済新報社，1994年）
『ポスト日本型経営――グローバル人材戦略とリーダーシップ』（日本労働研究機構，1997年）
『日本の新たな「第三の道」』（ダイヤモンド社，2009年，共著）

アンソニー・ギデンズ　Anthony Giddens
ロンドン・スクール・オブ・エコノミクス名誉教授
主要著書
『第三の道――効率と公正の新たな同盟』（佐和隆光訳，日本経済新聞社，1999年）
『暴走する世界――グローバリゼーションは何をどう変えるのか』（佐和隆光訳，ダイヤモンド社，2001年）

今田《いまだ》　高俊《たかとし》
東京工業大学大学院社会理工学研究科教授
主要著書
『意味の文明学序説――その先の近代』（東京大学出版会，2001年）
『自己組織性と社会』（東京大学出版会，2005年）

グローバル時代の人的資源論
モティベーション・エンパワーメント・仕事の未来

2008年 4 月22日　初　版
2010年 6 月18日　2　刷

［検印廃止］

著　者　渡辺聰子 アンソニー・ギデンズ 今田高俊

発行所　財団法人　東京大学出版会
代 表 者　長谷川寿一
113-8654 東京都文京区本郷7-3-1 東大構内
電話 03-3811-8814　FAX 03-3812-6958
振替 00160-6-59964
印刷所　株式会社三秀舎
製本所　矢嶋製本株式会社

ISBN 978-4-13-050171-2　Printed in Japan